徐静 主编

文化扶贫的贵州样本

SAMPLES OF POVERTY ALLEVIATION
THROUGH CULTURE IN
GUIZHOU PROVINCE

社会科学文献出版社
SOCIAL SCIENCES ACADEMIC PRESS (CHINA)

本书获中宣部文化名家暨"四个一批"人才自主选题项目、文化和旅游部"文化艺术智库"项目资助。

编委会

前　言

党的十八大以来，脱贫攻坚一直是我党重中之重的工作，是三大攻坚战之一。习近平总书记指出，要加大内生动力培育力度，坚持扶贫同扶智、扶志相结合，注重激发贫困地区和贫困群众脱贫致富的内在活力，注重提高贫困地区和贫困群众自我发展能力。① 习总书记的讲话，把扶贫上升为一个深刻的文化命题。在习总书记讲话指引下，文化系统积极谋划文化扶贫，以扶智和扶志为切入，着力培育内生动力，攻克坚中之坚。

贵州是脱贫攻坚的主战场。2014 年，全省建档立卡贫困人口 623 万，贫困发生率 18%，占全国贫困人口总数的 8.9%，贫困面大、贫困程度深。习近平总书记特别牵挂贵州的贫困群众和脱贫攻坚工作。2014 年 3 月 7 日，习近平总书记参加十二届全国人大二次会议贵州省代表团审议时强调，要扎实推进扶贫开发工作，真正使贫困地区群众不断得到实惠。2015 年 6 月，习近平总书记深入贵州调研脱贫攻坚工作并召开部分省区市党委主要负责同志座谈会，强调要在精准扶贫、精准脱贫上下更大功夫。2017 年 10 月，党的十九大召开期间，习近平总书记参加贵州省代表团讨论时，强调实现第一个百年奋斗目标，重中之重是打赢脱贫攻坚战，希望贵州大力培育和弘扬"团结奋进、拼搏创新、苦干实干、后发赶超"的新时代贵州精神。

中共贵州省委、省政府坚决扛起脱贫攻坚重大政治责任，带领全省各族群众"牢记嘱托、感恩奋进"，坚持以脱贫攻坚统揽经济社会发展全局，着力打好基础设施建设、易地扶贫搬迁、产业扶贫、教育医疗住房"三保障"这"四场硬仗"，推进一场振兴农村经济的产业革命，主攻深度贫困地区脱贫攻坚，特别是还按照习近平总书记的重要指示，大力培育和弘扬新时代贵州精神，通过"志智双扶"，激发贫困地区和贫困群众的内生动力和

---

① 习近平：《在深度贫困地区脱贫攻坚座谈会上的讲话》，新华网，http://www.xinhuanet.com/politics/2017-08/31/c-1121580205.htm。最后访问日期：2020 年 8 月 7 日。

发展能力。全省贫困人口从 2011 年的 1149 万下降到 2014 年的 623 万，再到 2019 年的 30 万，贫困发生率从 2011 年的 33.4% 下降到 2014 年的 18%，再到 2019 年的 0.85%，2020 年完成剩余贫困人口脱贫、贫困县全部摘帽，彻底撕掉绝对贫困的标签，斗志昂扬、朝气蓬勃地开创百姓富、生态美的多彩贵州新未来。

2016 年以来，在中宣部、文化和旅游部的指导下，在贵州省委宣传部、省文化和旅游厅的支持下，课题组开始"文化扶贫的贵州样本研究"，旨在挖掘脱贫攻坚中的非物质因素，彰显脱贫攻坚的文化力量，为补齐脱贫攻坚的物质要素短板贡献精神文化资源。课题组的阶段性研究成果引起学界重视，并促成"2017 特色文化产业与脱贫攻坚（贵州）高峰论坛"在贵州万山举办。论坛引起贵州省委书记孙志刚重视，并做出重要批示强调：文化产业是产业扶贫的重要组成部分，在脱贫攻坚的主战场可以大显身手；文化战线是脱贫攻坚的重要力量，在创造减贫奇迹的伟大时代应该英雄辈出。希望进一步探索文化与扶贫的融合新路，在文化育民、文化励民、文化惠民、文化富民等方面取得丰硕成果，为贵州乃至全国的脱贫攻坚贡献更大力量。

2018 年 7 月，贵州省开始"文军扶贫"脱贫攻坚三年行动并召开动员大会，贵州省委书记孙志刚、省长谌贻琴分别批示，强调"文军系统"要加快舆论扶贫、广告扶贫、文化扶贫、教育扶贫、社科扶贫、挂帮扶贫和网络扶贫等，不断激发全省广大干部群众发起总攻夺取全胜的强大动力，为确保按时打赢脱贫攻坚战做出新的贡献。其间，新时代农民讲习所、新时代文明实践中心等遍布全省各地，"冬季充电"大讲习活动等在广大农村贫困地区广泛开展，"文军扶贫"日益彰显强大力量。

各级领导的高度重视和实践中的探索创新，更加坚定了课题组开展"文化扶贫的贵州样本研究"的信心和决心，同时也明确了进一步研究的方向。课题组先后深入贵州各市（州）、县（区）调研挖掘文化扶贫典型，最终完成《文化扶贫的贵州样本》课题成果，含主体成果、访谈资料辑录、阶段性成果等共 20 余万字，这些成果既是贵州文化扶贫实践探索的理论总结，也为坚持和完善基层文化治理体系、促进乡村文化振兴提供参考借鉴。

目　录

州代表团审议，时任贵州省委书记赵克志向习近平总书记汇报："为了弘扬中华民族传统文化，培育社会主义核心价值观，贵阳建设了孔学堂，现在已经连续举办了130多场中华文化传统讲座。每逢节假日很多家长都带着孩子到孔学堂听课，成了一个很重要的参观学习基地。"听了汇报之后，习总书记有感而发地说："我们要坚持道路自信、理论自信、制度自信，最根本的还有一个文化自信。"这一闪耀着马克思主义中国化理论光辉的讲话，在习总书记紧接着的讲话中得到更深刻的阐述。习总书记强调，"中华民族历来对自己的文化有着强烈的认同感和自豪感，只是到了近代沦为殖民地半殖民地时，文化自信、国民自信受到极大损伤。中国人民在长期的革命斗争中，选择了中国共产党、选择了社会主义制度，走上了改革开放的正确道路，开创了建设中国特色社会主义的新的时期，正在为实现中华民族伟大复兴的中国梦而努力奋斗。只要把我们的优秀文化传承好，核心价值观建设好，就一定能把我们的国家建设成为社会主义强国。王阳明曾在贵州参学悟道，贵州在弘扬传统文化方面有独特优势，希望继续深入探索、深入挖掘，创造出新的经验。"习近平总书记的讲话，不仅是对贵州工作的肯定和鼓励，更重要的是振奋和鼓舞了贵州同志的文化自信，为决胜脱贫攻坚注入了新的强劲动力。

　　贵州贫困面广、贫困人口多、贫困程度深，一直以来都是全国脱贫攻坚主战场。按照国家2011年的贫困划分标准，2011年贵州有贫困人口1149万人，贫困发生率33.4%。而且长期来"夜郎自大、黔驴技穷，天无三日晴、地无三里平、人无三分银"的"三言两语"，一定程度上固化了贵州人的"认命"意识。20世纪80年代，国内一度热议所谓"富饶的贫困"的"贵州现象"，更使得一部分贵州人对贵州缺乏认同，对贵州的发展缺乏信心。近年来，全省上下按照习近平总书记坚定文化自信的重要指示，着力恢复和重建文化自信，勇敢地说出"我们不想总是垫底，我们也想奋力攀高"的心声，发出"构筑精神高地、冲出经济洼地"的宣言，喊出"贫困不除，愧对历史；群众不富，寝食难安；小康不达，誓不罢休"的誓言，凝聚发展团结奋斗力量，协调推进"四个全面"战略布局，守住发展和生态两条底线，培植后发优势，奋力后发赶超，努力走出一条有别于东部、不同于西部其他省份的发展新路，经济发展速度持续多年保持在10%以上，位居全国前列。从2011年到2020年减贫1000多万人，创造了减贫史上的贵州奇迹。全省文化自信得到极大提升，发展自信空前高涨，形成了以提升文化自信增强脱贫动力，进而实现后发赶超的"新贵州现象"。

二 文化扶贫：谱写贵州脱贫攻坚的壮丽新篇

如果说从整个国家层面来看，坚定文化自信是中华民族向世界发出的精神宣言，那么具体到全国各地，这一精神宣言下的行动，更是文化自信的关键命题。正是立足于对这一关键命题的深刻领悟，贵州省把坚定文化自信具体化为文化育民、文化励民、文化惠民、文化富民的行动框架，谱写了脱贫攻坚的壮丽新篇。

以文化育民增强脱贫攻坚能力。贫困地区首先是发展能力弱，能力弱就会缺乏信心和斗志。因此，脱贫攻坚首先要紧扣"扶智"做文章，通过文化育民整合各相关部门力量和资源，大力培育和增强贫困群众自我发展能力。具体来说就是要把增强学习意识、进取意识，把提升创业能力和就业能力，作为文化育民的题中要义抓紧抓实。为此，贵州省全面开展贫困劳动力全员培训促进就业脱贫计划，对有劳动能力未就业贫困对象开展全员培训，突出就业技能、实用技术人才、民族特色手工艺、技能教育长期培训等重点，拓宽劳务输出门路，确保每一个农村建档立卡贫困户家庭至少有一人以上具备就业创业能力，实现就业创业。仅传统手工技艺"十百千万"培训工程，2016 年以来，每年完成 10000 人以上培训，带动数万贫困农户增强脱贫致富能力；"锦绣计划"带动 50 万绣娘依靠少数民族传统刺绣技艺走上脱贫新路；党的十九大代表、贵州省台江施洞镇的国家级非遗传承人吴水根打破苗族银饰工艺传内不传外的规矩，招收 16 个徒弟，徒弟又带徒弟，带动本村近 300 人通过银饰加工走上脱贫道路。全国人大代表、贵州松桃苗绣省级传承人石丽平，通过创办刺绣企业，以"公司＋农户"方式带动 4000 多人靠苗绣技艺实现脱贫。

以文化励民强化脱贫攻坚信心。贫困地区群众不同程度地存在自卑、自轻、自懦、自弃心理。因此，脱贫攻坚更要紧扣"扶志"做文章，强化贫困人口的信心和斗志，点燃贫困人口脱贫致富奔小康的激情和动力。近年来贵州省挖掘特色文化资源，大力弘扬"天人合一、知行合一"的人文精神，全面提升文化自信。建立以贵阳孔学堂为代表的优秀传统文化传承基地，使其成为传统文化的贵州名片；加强以遵义会议纪念馆为代表的长征文化传承基地建设，使其年接待参观人数 500 万人次以上，成为革命文化的贵州名片；近年来持续举办"多彩贵州文化艺术节"，带动全省各地全方位立体化展示贵州阳明文化、长征文化、民族文化、生态文化，进一步增强了贵州人的文化自觉和文化自信；2017 年以来授予黄大发、文朝荣、姜仕坤、李桂莲、李光、张有光、余留芬、邓迎香、杨波、潘学军等脱贫攻坚战线上的典型人物"年份英雄"称号，每年"七一"开展脱贫攻坚优秀表彰，反映脱贫攻坚典型的文艺精品，如电影《文朝荣》、黔剧《天渠》、花灯剧《一路芬芳》、音乐剧《吉它·吉他》等陆续面世，进一步强化了贫困地区群众脱贫攻坚的信心和斗志。

以文化惠民丰富脱贫攻坚内涵。对贫困地区来说，公共文化服务体系建设是脱贫攻坚的重要内容和抓手。牢牢守住脱贫底线，不能拘泥于 2011 年 2300 元扶贫标准线，而要为这个标准注入丰富的文化内涵，推动贫困地区建成符合文化小康标准的覆盖城乡、便捷高效、保基本、促公平的公共文化服务体系。尤其要提升公共文化服务效能，以丰富的群众文化活动，让每个贫困群众都有机会在群体的文化生活中走出个体的自卑和封闭，向更广的领域和人群开放自我，使自身的精神世界更加开放、更加丰富、更加积极、更加进取。为此，贵州省在省委全面深化改革领导小组下面专设公共文化服务专题组，牵头相关省直单位统筹推进贫困地区现代公共文化服务体系建设，狠抓"百县万村"示范点、民族自治县村级综合文化服务中心覆盖工程、文化信息资源共享工程、广电云"村村通"工程，覆盖全省 11 万多个村，贫困地区现代公共文化服务体系建设正强力推进。省、市、县各级文化系统常年常态化开展"送文化下乡"活动，仅 2019 年"我们的中国梦"——文化进万家·多彩贵州百姓大舞台活动开展近 6000 场，惠及民众 2000 多万人次，实现省、市、县、乡、村 5 级有机联动，贫困地区群众的文化生活与精神世界得到极大丰富。

以文化富民拓宽脱贫攻坚路子。文化产品既是特殊的精神产品，也是特殊的经济产品。尤其对贫困地区来说，依托自身的特色文化资源发展特色文化产业，更是一个进入门槛较低，能够吸纳贫困人口就业、创业的包容性产业。近年来贵州积极推动特色文化与产业扶贫深度融合，促进贫困地区传统产业转型发展、特色产业加快发展、新兴产业高端发展，强化贫困地区群众持续奔小康的产业支撑。2016 年，贵州选取 14 个国家级贫困县开展试点工作，以项目扶持的方式开展文化产业扶贫。中央电视台将贵州作为全国首个"广告精准扶贫"项目试点省份，连续三年落地贵州，直接覆盖贫困户达 6.3 万户、26.6 万人。贵州省习水县土城镇，是红军长征中四渡赤水的主战场，近年来相继改造升级四渡赤水纪念馆群，形成了中国红色纪念馆聚集群，年接待游客 200 万人次。贵州省深度贫困县之一的正安县，近年来建成了"两头在外、无中生有"的吉他文化产业基地，2016 年实现吉他产销 300 万把、产值 30 亿元，2018 年实现年产销吉他 600 万把、产值 60 亿元，到 2020 年，可实现产量吉他 1000 万把、产值 100 亿元。在国家藏羌彝文化产业走廊上的贵州省水城县，通过深挖彝族文化资源，将易地扶贫搬迁与文化旅游相结合，建设千户彝寨景区，解决 1000 多户贫困户的易地搬迁和就业。贵州铜仁万山汞矿打造朱砂文化小镇，实现资源枯竭型城市的绿色转型，成为工业文化遗产助推脱贫的典型样本。贵州特色文化产业正在成为产业扶贫的重要组成，在脱贫攻坚主战场上大显身手。

三　提升文化自信：攻克坚中之坚的内在要求

2017 年 6 月 23 日，习近平总书记在山西主持召开了深度贫困地区脱贫攻坚座谈会，为攻克坚中之坚进一步指明方向。习近平总书记在会议上特别强调，要加大内生动力培育力度，注重调动贫困地区和贫困群众的积极性、主动性、创造性，注重激发贫困地区和贫困群众脱贫致富的内在活力，注重提高贫困地区和贫困群众自我发展能力。①

客观地看，深度贫困地区和贫困群众的确自我发展能力更弱、发展自信更差、发展动力更小、发展路子更窄，更需要坚定的信心与斗志，更需要强劲的动力、能力与活力。在 5000 多年文明发展中孕育的中华优秀传统文化，在党领导人民进行伟大斗争中孕育的革命文化和社会主义先进文化，积淀着中华民族最深层的精神追求，代表着中华民族独特的精神标识，是包括贵州在内的深度贫困地区攻克坚中之坚、和全国同步实现全面小康的文化基石。

立足于攻克坚中之坚，要在弘扬中华优秀传统文化中提升崇德向善、奋发向上的自信。"天行健，君子以自强不息；地势坤，君子以厚德载物"。在五千多年的发展史中，自强不息的中华民族创造了博大精深的灿烂文化，

---

① 习近平：《在深度贫困地区脱贫攻坚座谈会上的讲话》，新华网，http://www.xinhuanet.com/politics/2017-08/31/c-1121580205.htm。最后访问日期：2020 年 8 月 7 日。

这是中华民族的"根"和"魂",更是我们今天攻克坚中之坚最宝贵的文化基因。不忘本来才能开启未来。2014年3月7日,习近平总书记参加十二届全国人大二次会议贵州代表团审议时寄语贵州:"王阳明曾在贵州参学悟道,贵州在弘扬传统文化方面有独特优势,希望继续深入探索、深入挖掘,创造出新的经验。"我们要大力弘扬以阳明心学为代表的优秀传统文化,系统梳理传统文化资源,让收藏在禁宫里的文物、陈列在广阔大地上的遗产、书写在古籍里的文字都活起来;要讲清楚中华优秀传统文化的历史渊源、发展脉络、基本走向、独特创造、价值理念、鲜明特色。要努力使中华民族最基本的文化基因与当代文化相适应、与现代社会相协调,以人们喜闻乐见、具有广泛参与的方式推广开来、弘扬起来,切实增强文化自觉、提升文化自信,崇德向善、奋发向上,摆脱贫困,开创未来。

立足于攻克坚中之坚,要在传承革命文化中提升坚定信念、敢于胜利的自信。近代以来,中华民族饱受帝国主义列强的欺凌。中国共产党成立之初仅有50多名党员,便勇敢地担当起民族复兴的伟大使命,带领各族人民奋战30年,推翻帝国主义、封建主义和官僚资本主义三座大山,实现民族独立和人民解放,创造了伟大的革命文化。伟大革命文化中积淀的崇高理想信念和敢于胜利的豪情壮志,是我们今天攻克深度贫困这个坚中之坚最可贵的精神财富。尤其是红军长征转战贵州期间,党中央召开的遵义会议在最危急的时刻挽救了党、挽救了红军、挽救了中国革命。"要运用好遵义会议历史经验,让遵义会议精神永放光芒",习近平总书记2015年6月16日视察遵义会议会址时,对贵州4000万人民的殷切嘱托,正成为贵州今天全面提升文化自信、全力决胜脱贫攻坚最宝贵的精神鼓舞。一切向前走,都不能忘记走过的路;走得再远、走到再光辉的未来,也不能忘记走过的过去,不能忘记为什么出发。消除贫困、改善民生、实现共同富裕,是社会主义的本质要求,是共产党人始终坚守的信念,是永远不能忘却的初心。我们要把中国革命历史当作最好的教科书、营养剂,激励我们坚定革命的理想信念和文化自信,带领贫困地区和贫困群众不忘初心、继续前行、敢于胜利,奋力攻克贫困道路上的"娄山关""腊子口",坚守中华民族伟大复兴的基本底线,完成社会主义共同富裕的最终答卷。

立足于攻克坚中之坚,要在抒写先进文化中提升拼搏创新、后发赶超的自信。新中国成立以来,特别是改革开放以来,我国经济社会发展经历凤凰涅槃,取得巨大成就,完成了中国从世界边缘走向世界舞台中心的华丽转身，成功走出了中国特色社会主义道路，谱写了崭新的社会主义先进文化。善于继承才能更好地创新。社会主义先进文化植根于中华优秀传统文化沃土，形成于中国革命、建设和改革开放的伟大实践，是弘扬以改革创新为核心的时代精神，对以往优秀文化进行创造性转化和创新性发展之后的最新结晶，集中体现了亿万中国人民善于创造和勇于创新的精神状态，是中国人民从富起来到强起来这一伟大历程的文化表达，更是今天我们攻克深度贫困这个坚中之坚最现实、最生动、最有力的精神激励。2017年10月，党的十九大召开期间，习近平总书记参加贵州省代表团讨论时，强调"实现第一个百年奋斗目标，重中之重是打赢脱贫攻坚战"，希望贵州大力培育和弘扬"团结奋进、拼搏创新、苦干实干、后发赶超"的新时代贵州精神。我们要高举社会主义先进文化的旗帜，培育、弘扬新时代贵州精神，用改革开放的巨大成就和脱贫攻坚的典型事迹，鼓励贫困地区和贫困群众勇于在"一穷二白"的基础上团结奋进、拼搏创新、苦干实干、后发赶超，绘出最美明天，抒写崭新篇章。

我们坚信，只要贫困地区和贫困群众全面提升文化自信，就一定能焕发出巨大的内生动力，抛弃"等、靠、要"，拒绝"补、给、送"，就一定能有志气、有信心，努力实现脱贫攻坚的奋斗目标，补齐中华民族伟大复兴的最大短板。到那个时候，我们丢掉的是历史上的贫困，收获的则是整个民族未来的尊严。

第二章 长征遗产：贵州文化扶贫的老区示范

习近平总书记 2015 年 2 月 13 日在陕西主持召开陕甘宁革命老区脱贫致富座谈会时指出："我们实现第一个百年奋斗目标、全面建成小康社会，没有老区的全面小康，特别是没有老区贫困人口脱贫致富，那是不完整的。"[①] 习近平总书记特别重视长征文化遗产的保护利用，在 2019 年 7 月主持中央全面深化改革委员会第九次会议时审议了《长城、大运河、长征国家文化公园建设方案》，强调建设长城、大运河、长征国家文化公园，对坚定文化自信，彰显中华优秀传统文化的持久影响力、革命文化的强大感召力具有重要意义。总书记的讲话，赋予了贵州革命老区利用长征资源构筑精神高地、助推革命老区脱贫攻坚的重要使命。

一 革命老区：经济洼地中的精神高地

1930 年至 1936 年，中国共产党领导的中国工农红军第七军、第八军、第三军、中央红军及红二、红六军团在贵州开展了轰轰烈烈的革命斗争，足迹遍及贵州 68 个县（市、区），先后创建了滇黔桂边区革命根据地、黔东革命根据地、黔北革命根据地和黔西北革命根据地。其中，黔东革命根据地是长征前全国仅存的 8 块根据地之一，黔北、黔西北革命根据地是红军长征在贵州期间创建的，这些根据地为夺取长征胜利、实现中国革命伟大转折做出了重大贡献。

截至 2014 年，被贵州省委、省政府认定的革命老区县（市、区）有 41 个，占全省县级行政区划的 46%，分布在除贵阳、安顺以外的七个市

---

① 《把革命老区发展时刻放在心上——习近平总书记主持召开陕甘宁革命老区脱贫致富座谈会侧记》，新华网，http://www.xinhua.net.com/politics/2015 - 02/16/c - 1114394473.htm。最后访问日期：2020 年 8 月 7 日。

（州），分别是：遵义市的红花岗区、汇川区、遵义县、桐梓县、湄潭县、习水县、赤水市、仁怀市、绥阳县、凤冈县、余庆县，六盘水市的水城县、钟山区、盘县，毕节市的七星关区、大方县、黔西县、金沙县、纳雍县、威宁县、赫章县，铜仁市的沿河县、印江县、德江县、松桃县、石仟县、江口县、万山区，黔南州的罗甸县、瓮安县、荔波县，黔东南州的黎平县、榕江县、从江县、锦屏县、黄平县、镇远县、凯里市，黔西南州的望谟县、贞丰县、册亨县。

（一）贫困是贵州革命老区的最大短板

全省 41 个革命老区县，大多分布于武陵山区、乌蒙山区和滇黔桂区域等少数民族地区，相当部分属高寒山区和石漠化地区，贫困问题、民族问题、生态问题紧密交织，交通水利基础设施薄弱、科学教育文化落后。按照 2011 年农民人均纯收入 2300 元的新的国家扶贫标准，2011 年贵州革命老区农村贫困人口 605 万人，占全省农村贫困人口的 53%。① 老区人民一直都在为脱贫、温饱、全面小康努力，虽然取得了一定的成就，但总体上看，发展还只是在较低层次、较低水平上的较快增长，发展中面临诸多制约因素。

一是地理区位不利。当年，中国的红色革命首先是在敌人统治比较薄弱的地区取得突破。而这些敌人统治薄弱的地区，往往是远离行政中心、经济中心的地区，战争年代红色政权存在的优势条件，现在却成为经济建设的制约因素。而这个特点在贵州表现得尤其突出。贵州当年就是敌人统治薄弱的地区，是远离我国行政中心和经济中心的边缘地区；而贵州的革命老区又主要是当年的黔东、黔北、黔西北、滇桂黔革命根据地，大都位于贵州与周边省份交界地带，是远离贵州行政中心和经济中心的地区，而且相当部分都属于高寒山区和石漠化地区，土地贫瘠、灾害频发，是边缘地区的边缘，长期的大山阻隔，交通不畅，与外界缺少沟通交流而造成信息闭塞、发展机会少。

二是基础设施滞后。贵州革命老区基本上分布在与周边省份的交界处，且都位于山区，以交通、水利为重点的基础设施建设比较滞后，成为经济

---

① 2011 年，全省只有革命老区县 37 个，老区贫困人口是按照当年的统计口径来计算的。2018 年又增加了黄平县、镇远县、凯里市、万山区，合计 41 个革命老区县。

社会发展的严重瓶颈。在交通方面，由于资金有限，造价高，修成的路标准低，虽然村村都修通了到组到户公路，但受资金限制，大部分通组到户公路还是土路，加上没有维修经费，很多道路通行非常难，路况差，安全隐患大，交通事故频发，严重阻碍了经济的发展。同样是修建 1 公里路，造价是地势相对平坦地区的几倍，是平原地区的十几倍。建房用的建筑材料价格要比周边的大中城市高出许多。交通的原因，导致很多革命老区县在生产、建设、民生等方方面面高成本运行。基础设施差严重影响了革命老区仓储、包装、运输、金融、技术、信息等产业的发展。

三是发展能力弱。贵州革命老区县自然条件恶劣、生态环境脆弱，抵御自然灾害的能力弱，历史上就积贫积弱；加之曾经因为支持中国革命而遭到反动统治的残酷报复，经济社会、教育文化事业发展严重滞后，在开放社会条件下应对市场、应对竞争的能力准备明显不够；等等。种种原因导致这些地区的自我发展积累不足、能力不够，对很多事情、项目想不到，即使想到了也难以做到。近年来虽然这些地区盼发展、谋发展的愿望十分强烈，主观上不愿等、不想等，但发展的能力明显不够，客观上是迫切需要得到扶持的地区。

四是外部支持小。总体上看，贵州革命老区没能赶上东部地区和全国加快发展一系列政策扶持的大好机遇。现行的财政、金融、税收、土地、人才政策，对于贫穷落后、基础差、底子薄的老区来说，缺少针对性的扶持，往往会因为土地、金融、税收等方面的规定限制，在发展进程中，放慢或停止建设。比如近年来，上级在各种建设项目上要求采取国家与地方资金配套，贫困老区因资金难筹集，达不到配套要求，该上的项目上不了。又比如扶贫贷款是国家扶贫资金的主要来源，以贴息或小额信贷到户贷款的方式用于支持贫困地区发展各类生产性项目；但是，由于政策性贷款商业化经营，扶贫贷款难以实现所设计的政策目标：银行要保本收利，政府要扶贫，银行方面存在着放贷成本高和回收难的风险，致使贫困老区很难得到扶贫贷款带来的好处。

（二）长征遗产是贵州革命老区的文化财富

毛泽东同志曾经说过："长征是宣言书，长征是宣传队，长征是播种机。"长征不仅是党和红军一次伟大的军事行动，也是一次伟大的文化苦旅。党和红军长征在贵州期间，不仅实现了中国革命的伟大转折，也留下

第一章　文化扶贫：文化自信命题下的脱贫攻坚

　　党的十八大以来，以习近平同志为核心的党中央团结带领全党全国各族人民，统筹推进"五位一体"总体布局，协调推进"四个全面"战略布局，开辟了治国理政新境界，开启了中国特色社会主义新征程。作为"五位一体"总体布局和"四个全面"战略布局重要决策部署的脱贫攻坚，历史地承载了全面建成小康社会的节点使命，书写了中国特色社会主义新征程上的壮丽篇章。其所彰显的不仅是人类减贫史上前所未有的伟大实践，更是这一伟大实践中文化自信的辉煌。习近平总书记专门针对脱贫攻坚，强调扶贫先扶志、扶贫必扶智，特别针对贵州的脱贫攻坚，强调要大力培育和弘扬"团结奋进、拼搏创新、苦干实干、后发赶超"的新时代贵州精神。贵州是全国脱贫攻坚主战场，贫困是贵州决胜全面小康最大短板，也是历史积淀的最长短板，严重影响了贵州人的自尊心和自信心。因此，对贵州来说，增强脱贫攻坚的志气、信心和能力尤其重要。近年来，贵州各族群众在习近平总书记重要指示引领下，在抓好脱贫攻坚各项任务的同时，还特别注重全面提升文化自信、全力决胜脱贫攻坚，斗志昂扬、朝气蓬勃地开创百姓富、生态美的多彩贵州新未来。

一　文化自信：贵州脱贫攻坚的强大动力

　　习近平总书记在庆祝中国共产党成立 95 周年大会上的讲话中要求全党坚定文化自信，使文化自信成为中华民族伟大复兴的精神宣言和战略命题，回应着民族复兴在精神层面的期待和诉求，对强化中国人的文化认同和身份认同、增强中国人的骨气和底气具有重要而深远的意义。

　　而回顾文化自信这一国家战略命题的提出，贵州无疑是一个关键节点。时间回到 2014 年 3 月 7 日，习近平总书记参加十二届全国人大二次会议贵了宝贵的文化财富。这些文化财富，是今天贵州革命老区脱贫致富奔小康的宝贵资源。深入挖掘长征遗产、大力弘扬长征精神，是贵州革命老区脱贫攻坚奔小康的重要选择。

1. 丰富的革命遗址

据贵州省 2010 年革命遗址普查统计，全省现有革命遗址 2078 处（见表 2 - 1），其中从 1919 年到各地新中国成立前形成的革命遗址共 1305 处，其他遗址共 140 处，剿匪斗争遗址共 473 处（贵州省将剿匪斗争遗址也列入普查范围，共 473 处，不列入全国革命遗址普查统计范围）。

表 2 - 1　贵州省革命遗址年代分布表

单位：处

地区 \ 时期	党的创立	大革命	土地革命	抗日战争	解放战争	新中国成立后
贵　阳	4	0	58	12	7	5
遵　义	1	0	264	65	25	36
安　顺	7	0	11	9	11	4
六盘水	1	0	12	1	22	5
黔东南	22	2	129	7	27	28
黔　南	7	1	61	5	10	4
黔西南	3	0	76	6	55	24
铜　仁	8	4	252	5	14	36
毕　节	6	0	67	11	17	17
总　计	59	7	930	121	1305	1464

而其中，长征文化遗址有 900 多处，是全国红军长征文化遗址最多的省份之一。红军文化资源是贵州最宝贵、最重要、最核心的红色资源。以红军文化为代表的贵州红色文化中，有很多在全国具有独特性、唯一性和极端重要性。比如：以遵义会议会址为代表的系列会议纪念地，红军四渡赤水纪念地，强渡乌江纪念地，等等。

贵州的长征文化遗产遍布全省，北至赤水市，南到荔波县，东至玉屏县，西至赫章县、盘县，形成了三线三区。三线是：①贵阳市（息烽集中营革命历史纪念馆）—遵义市（遵义会议会址、红军山烈士陵园、娄山关红军战斗遗址）—仁怀市—习水县—赤水市（红军四渡赤水纪念地、习水县青杠坡战斗遗址、赤水市丙安镇红一军团纪念馆）。②贵阳市（息烽集中营革命历史纪念馆）—黔西县—大方县（红二、六军团战斗遗址）—毕节市（中华苏维埃人民共和国川滇黔革命委员会旧址—红六军团政治部旧址—鸡鸣三省会议纪念碑—贵州抗日救国司令部旧址—草原艺术研究社旧址—毕节烈士陵园—夏曦烈士纪念碑）—赫章县、威宁县（红二、六军团战斗遗址）。③贵阳市（息烽集中营革命历史纪念馆）、镇远县（周达文故居、和平村旧址）—黎平县（黎平会议旧址、红七军军部旧址、毛泽东在黎平住处、红军召开群众大会旧址、黎平"烈士陵园"）等。三区是：①以铜仁市为中心辐射周边的"黔东红色资源区"，包括石阡红二、六军团总指挥部旧址、石阡困牛山红军战斗遗址、思南旷继勋烈士故居、沿河土地弯黔东特区革命委员会旧址、德江枫香溪中共湘鄂西分局会议会址、红六军团木黄会师纪念地等。②以兴义市、盘县为中心的黔西南红色资源区。③以遵义市为中心的黔北红色资源区，包括遵义会议会址、红花岗红军烈士陵园、娄山关红军战斗遗址、赤水红军烈士陵园、习水县、赤水市、仁怀市风溪渡口红军四渡赤水纪念地等。

2. 灿烂的军事文化

红军长征在贵州期间，创造了灿烂的军事文化。以遵义会议为标志的系列重要会议首先解决了军事路线问题，明确地回答了红军的战略战术方面的是非问题，重新确定中央红军新的机动灵活的作战方针，取得了伟大的军事精神成果。在遵义会议后的扎西会议上通过张闻天起草的《中共中央关于反对敌人五次"围剿"的总结的决议》，系统地概述并肯定了以毛泽东为代表的正确军事路线，明确指出，博古、李德"在军事上的单纯防御路线，是我们不能粉碎敌人五次'围剿'主要原因"。

遵义会议期间及以后，中央红军在毛泽东和周恩来等同志的正确指挥下，一反以前的被动局面，实行机动灵活的战略战术，又创造了灿烂的军事物质成果。遵义会议上，根据变化了的情况，改变黎平会议先以黔北为中心，再去川南创建根据地的决议，决定红军渡过长江在成都之西南或西北地区建立根据地。会后，又根据敌情的变化，决定中央红军在川滇黔三省广大地区创造新的根据地。最终根据全国的形势和情况的变化决定北上。中央红军在毛泽东等人的正确指挥下，利用国民党军之间的矛盾，充分发扬红军运动战的优长，声东击西，避实就虚，纵横驰骋于川黔滇边界地区，巧妙地穿插于国民党军重兵集团之间，胜利地粉碎了国民党蒋介石围歼红军于川黔滇地区的企图，创造了具有重要的历史意义的军事物质文化。其中，四渡赤水之战，是中央红军长征中最精彩的军事行动，是以少胜多、变被动为主动的光辉典范，是毛泽东军事生涯中的"神来之笔"。

3. 不朽的文学作品

红军长征在贵州期间，留下了许多宝贵的文学作品。其中最值得称道和传诵的，就是毛泽东的不朽诗词。毛泽东不仅是伟大的政治家、军事家，同时还是伟大的诗人，他把长征这一伟大的军事行动熔铸在笔底诗情中，用雄浑大气的文字展现出红军长征和中国革命伟大转折的辉煌画卷。其中，有很多经典诗词，都与红军长征在贵州的经历有紧密联系。

比如《十六字令三首》。红军长征在经过贵州、云南、四川、甘肃等省时，绝大部分区域都是重重叠叠的高山峻岭，环境十分险恶。毛泽东在翻越山岭的行军途中，有感而发："山，快马加鞭未下鞍。惊回首，离天三尺三。山，倒海翻江卷巨澜。奔腾急，万马战犹酣。山，刺破青天锷未残。天欲堕，赖以拄其间。"贵州遍地是山，《十六字令三首》虽然没有直接提到贵州，但无疑隐含有很多贵州的影子。

比如《忆秦娥·娄山关》。遵义会议后，红军经娄山关北上四川，准备和红四方面军会合，但土城一战使红军受挫，毛泽东当机立断，放弃初始目标，一渡赤水、二渡赤水、二进遵义。其间，经激战打败了扼守娄山关的贵州军阀王家烈部一个师，重占遵义。在娄山关战斗结束之后，毛泽东感慨万千地写下了《忆秦娥·娄山关》："西风烈，长空雁叫霜晨月。霜晨月，马蹄声碎，喇叭声咽。雄关漫道真如铁，而今迈步从头越。从头越，苍山如海，残阳如血。"该词是毛泽东长征途中直接描写贵州的一首伟大词作。其中，"雄关漫道真如铁，而今迈步从头越"已成为鼓舞广大干部群众锲而不舍、顽强不屈、百折不挠的名言警句。

比如《七律·长征》。1935 年 10 月，中央红军越过岷山。回顾长征中红军战胜的无数艰难险阻，毛泽东怀着满腔豪情，写下这首气壮山河的伟大诗篇："红军不怕远征难，万水千山只等闲。五岭逶迤腾细浪，乌蒙磅礴走泥丸。金沙水拍云崖暖，大渡桥横铁索寒。更喜岷山千里雪，三军过后尽开颜。"该诗饱含中国共产党人的豪情壮志，热情洋溢地赞颂了中国工农红军英勇无畏、乐观豪迈、百折不挠的英雄气概和坚毅精神，是长征精神的文学表达。全诗浓缩了长征路上的种种艰险，诗中提到的"乌蒙"，就是贵州毕节等地，"金沙水拍""大渡桥横"也同遵义会议密不可分。可以说，没有红军长征在贵州的转折，就不可能有整个长征的胜利，也就不可能有

《七律·长征》以及《清平乐·六盘山》这些与长征有关的传世名作。

比如《长征组歌》。组歌创作于 20 世纪 60 年代，由肖华作词，晨耕、生茂、唐诃、遇秋作曲，是将 10 个环环相扣的战斗生活场面与各地区的民间曲调与红军传统歌曲融合在一起，汇成的一部主题鲜明、内容丰富、形式新颖、风格独特的歌曲组合。《长征组歌》共分为《告别》《突破封锁线》《遵义会议放光芒》《四渡赤水出奇兵》《飞越大渡河》《过雪山草地》《到吴起镇》《祝捷》《报喜》《大会师》10 个部分。其中《遵义会议放光芒》《四渡赤水出奇兵》反映中央红军长征在贵州的战斗情境。《遵义会议放光辉》歌词："苗岭秀，旭日升，百鸟啼，报新春。遵义会议放光辉，全党全军齐欢庆。万众欢呼毛主席，马列路线指航程。雄师刀坝告大捷，工农踊跃当红军。英明领袖来掌舵，革命磅礴向前进。"《四渡赤水出奇兵》歌词："横断山，路难行。天如火，水似银。亲人送水来解渴，军民鱼水一家人。横断山，路难行。敌重兵，压黔境。战士双脚走天下，四渡赤水出奇兵。乌江天险重飞渡，兵临贵阳逼昆明。敌人弃甲丢烟枪，我军乘胜赶路程。调虎离山袭金沙，毛主席用兵真如神。"《长征组歌》创作至今 50 多年来演出千余场，历演不衰，成为中国合唱史上的精品，被选为 20 世纪华人经典音乐作品之一。

比如民间歌谣。《人人都唱红军歌》（黔北山歌遍山坡，人人都唱红军歌。红军虽走山歌在，娄山唱到乌江河。），《啥时再回还》（柞蚕上树又裹茧，月亮缺了又团圆，茶花三开又三谢，红军离去已三年。亲人哎！啥时再回还?），《延安太阳金灿灿》（听说红军到延安，延安太阳金灿灿。延安的太阳哎！千里照到乌江边。）。（遵义铁匠蒋锡臣唱。贵州省民间文学工作组、贵州省群众艺术馆搜集整理）

4. 伟大的长征精神

长征不仅创造了可歌可泣的战争神话，而且谱写了豪情万丈的精神史诗，铸就了伟大的长征精神。在纪念红军长征胜利六十周年和七十周年的大会上，江泽民同志、胡锦涛同志在讲话中都对长征精神做过重要表述，概括起来：就是把全国人民和中华民族的根本利益看得高于一切，坚定革命的理想和信念，坚信正义事业必然胜利的精神；就是为了救国救民，不怕任何艰难险阻，不惜付出一切牺牲的精神；就是坚持独立自主、实事求是，一切从实际出发的精神；就是顾全大局、严守纪律、紧密团结的精神；就是紧紧依靠人民群众，同人民群众生死相依、患难与共、艰苦奋斗的精神。

贵州在长征精神形成的过程中具有十分重要的地位。贵州是中央红军在长征期间历时最长、发生重大事件最多的省份，是长征走向胜利的转折之地，而这个转折之地上的转折点又是遵义会议。遵义会议确立了中国革命的正确战略战术，使党领导红军完成了具有伟大意义的战略转移，取得了长征的伟大胜利，奠定了中国革命走向胜利的基础。遵义会议确立了中国革命的基本方针原则，中国共产党从此开始在全党范围把马克思主义基本原理同中国革命具体实际结合起来，独立自主地解决中国革命的重大问题。遵义会议确立了毛泽东同志在党中央和红军的领导地位，开始形成以毛泽东同志为核心的党的第一代中央领导集体，开始从根本上改变党内生活不正常的状况，为按照民主集中制原则确立正确的领导制度和维护党的团结统一提供了宝贵经验，标志着中国共产党在政治上开始走向成熟。遵义会议集中体现了坚定信念、实事求是、独立自主、民主团结等精神，是伟大长征精神的重要组成部分。80余年岁月峥嵘，80余年沧桑巨变。遵义会议形成的革命传统、孕育的宝贵精神，始终是推动党和国家事业发展的强大力量。今天，加强对长征及遵义会议的研究，深刻理解遵义会议的精神成果，将有助于我们更加深刻地认识和弘扬长征精神，树立高度的价值观自信，鼓起时代的精神风帆，为中华民族伟大复兴的新长征做出新的贡献。

二　长征国家文化公园：长征遗产助推脱贫攻坚的实践探索

习近平总书记指出，长征是一次理想信念的伟大远征，是一次检验真理的伟大远征，是一次唤醒民众的伟大远征，是一次开创新局的伟大远征。长征这一人类历史上的伟大壮举，留给我们最可宝贵的财富，就是伟大的长征精神。[①] 近年来，贵州省高度重视长征文化遗产的保护传承和开发利用，特别是2019年以来，在党中央的坚强领导下，奋力打造国家长征文化公园贵州重点建设区。长征遗产助推脱贫攻坚进入新时代。

（一）守护红色家园，让长征遗产留下来

普查是保护的前提，为保护长征文化遗产，贵州省开展了大规模的革

---

① 习近平：《在纪念红军长征胜利80周年大会上的讲话》，新华网，http://www.xinhuanet.com/politics/2016 – 10/21/c – 1119165804_ 3.htm。最后访问时间：2020年8月7日。

命遗址普查工作。早在 2004 年贵州省委党史研究室就对全省革命遗址进行了调查。在 2010 年再次进行了普查，省委党史研究室组建普查办，深入各州县开展普查工作，经过一年的辛勤努力，掌握了全省革命遗址数量、状况、分布等基本情况，2014 年编辑出版了《贵州省革命遗址通览》一书，这为之后的遗址保护利用工作奠定了很好的基础。值得一提的是，普查发现，在全省众多革命遗址当中红军长征文化遗址共有 900 多处，约占总遗址 45%，是全国红军长征文化遗址最多的省份之一，这对确定贵州发展红色文化主题意义重大。

在普查的基础上，强化革命遗址文物保护。据 2014 年公布的普查数据，全省革命遗址中：已列入县级以上文物保护单位的共 330 处，占总数的 22.5%，其中国家级文物保护点 69 处，省级文物保护单位 42 处，市级文物保护单位 11 处，县级文物保护单位 208 处；已列为县级以上爱国主义教育基地共 165 处，占总数的 11.3%，其中全国爱国主义教育基地 20 处，省级爱国主义教育基地 27 处，市级爱国主义教育基地 28 处，县级爱国主义教育基地 90 处。根据《贵州省文物保护条例》，在各级政府的推动下，全省大部分革命遗址得到了不同程度的保护，尤其对一些意义重大的遗址进行改建和扩建。

十八大以来，在贵州省委、省政府的高度重视下，先后对龙大道故居、杨至成故居、黔东特区革命委员会旧址等多处革命遗址进行了维修或恢复，丰富和完善了展示内容，更好地发挥了这些遗址的教育作用。在保护的基础上，还加强爱国主义教育和党史宣传，成立党史教育基地，发挥党史教育功能。2013 年 12 月开展了贵州省党史教育基地评选工作，确立了遵义会议会址、王若飞故居陈列馆、息烽集中营革命历史纪念馆等 12 家单位为第一批"贵州省党史教育基地"。2016 年是长征胜利 80 周年，为加强长征文化遗产保护工作，贵州省文化厅、贵州省文物局积极向文化部、国家文物局汇报，争取国家层面对长征文化遗产保护的支持。同时，在文化部和国家文物局指导下，实施了"长征—红色记忆工程"，对全省红军文物进行了再次梳理。2018 年经省政府批准，公布第六批省级文物保护单位 220 处，其中红军文保单位 163 处。在 163 处红军文保单位中，与长征有关的文保单位就有 157 处。贵州长征文物保护力度进一步加大，进入了保护的新时代。

（二）传承红色基因，让长征文化活起来

在重要的长征纪念地建设的长征主题纪念场馆，是传承红色基因的重要阵地，同时也是当地发展红色旅游的重要景观。近年来，贵州省各级党委和政府在红军长征沿线建立了一系列重要的纪念馆、陈列馆。在中央红军长征沿线，先后建立了黎平会议纪念馆、猴场会议纪念馆、遵义会议纪念馆、苟坝会议纪念馆、四渡赤水纪念馆。各级纪念馆建成后，先后纳入国家免费开放序列，在发挥教育功能、促进旅游发展方面起到了重要作用。

比如：遵义会议纪念馆着力于文化事业文化产业"两手抓"，实现社会经济效益"双丰收"。革命老区遵义市的遵义会议纪念馆是为纪念中国共产党历史上具有伟大历史意义的遵义会议而建立的全国第一批革命纪念馆，是国务院首批公布的全国重点文物保护单位。2006年，被中央宣传部、中央文明委评为"全国精神文明创建先进单位"；2007年，被国家文物局评为全国首批"国家一级博物馆"；2008年，被贵州省委、省政府表彰为"全省文明单位"；2009年，被评选为"大国印记：1949～2009中国60大地标"之一；2011年，被中共中央宣传部、中央文明委等评为"全国红色旅游工作先进单位""全国文明单位"。遵义会议纪念馆以抓好纪念馆事业为主线，着力发展文化旅游产业，呈现文化事业、文化产业"两促进"，文物保护维护和开发利用"双丰收"的良好势头。目前，遵义会议纪念馆馆藏文物共1200多件，复制品、替代品近2000件，拥有国家一级文物11件，二级文物20件，工作人员近200人，每年接待观众达400多万人次，取得了显著的政治效益和社会效益。在文化产业打造上，遵义会议纪念馆以文化事业推动文化产业，以文化产业反哺文化事业，形成了良性循环的双赢局面。2007年，遵义会议纪念馆出资组建遵义红色旅游（集团）有限公司，启动对遵义红军街的经营和打造。该馆在红军街打造中，以爱国主义教育为主线，以红色文化带动经济发展，在经济发展中体现红色文化，既考虑经济效益又充分体现政治效益和社会效益，把红军街规划为红色展馆区，纪念品、土特产销售功能区，名优小吃区功能区。现在，整条街道融爱国主义教育、红色文化打造、旅游购物为一体，成为遵义市乃至全省的一道亮丽的风景线，被广大观众和媒体誉为"中国红色旅游第一街"。

抓红色文艺精品，再现红色故事，是让长征遗产活起来，激励老区人民奋发向上的重要方面。贵州非常重视长征文艺精品的打造和传播，先后推出

的重要作品有：1994 年播出重大历史题材电视连续剧《长征》，1996 年播出电视连续剧《遵义会议》，2006 年开播广播直播节目《万里长歌·转折》、播出小说和电视连续剧《雄关漫道》，2011 年播出专题纪录片《扩红·贵州》。近年来陆续推出了大型歌舞杂技剧《红色传奇》《传奇遵义》，开拍电影《先锋》，创作电视剧《十个连长一个兵》《突围突围》《伟大的转折》、文献纪录片《遵义会议》，围绕红军长征在贵州，一系列文艺精品正在涌现。

其中，重大历史题材电视连续剧《长征》曾荣获第八届精神文明建设"五个一工程"奖，是一部极具艺术表现力和感染力的影视佳作。该剧以红军二万五千里长征的历史事件为题材，在浩繁的史实中精心选取了苏区突围、血战湘江、过老山界、通道会议、遵义会议、土城激战、四渡赤水、巧渡金沙、飞夺泸定、翻越雪山、跋涉草地、攻克天险腊子口、突出重围大会师等影响重大、意义深远的重要史实，以磅礴的气势、逼真的场景、扣人心弦的故事情节和惟妙惟肖的人物形象刻画，翔实地再现了中国共产党领导中国工农红军在逆境中战略转移，完成了震惊世界的二万五千里长征的过程。剧中关于红军长征在贵州的内容占全剧 1/3 以上。《雄关漫道》是描写红二、红六军团鲜为人知的长征历程的纪实性长篇小说，是中国作家协会重点扶持作品。其同名电视连续剧被中央宣传部列为纪念红军长征胜利 70 周年重点剧目，由解放军总政治部、中共贵州省委宣传部、中央电视台、八一电影制片厂等联合摄制完成后，于 2006 年 10 月起陆续在中央电视台第一、三、八套节目黄金时段播出，播出后产生了很大的影响；是一部引人向上、催人奋进的艺术作品，与电视剧《长征》一起成为红军长征题材电视剧的并蒂双星。特别是 2019 年，长征主题的电视连续剧《伟大的转折》在央视一套黄金时间播出，文献专题片《遵义会议》在央视中文国际频道《国家记忆》栏目播出，在全国产生积极反响。长征文艺精品的打造，彰显贵州文化形象，扩大贵州文化品牌知名度，鼓舞贵州老区人民的斗志和信心，为奋力脱贫攻坚发挥了重要作用。

此外，一系列红色主题活动，更让群众共建共享长征文化，是让长征遗产活起来，丰富人民群众精神生活的重要方面。比如遵义市连续多年举办红军文化节，不仅带动了当地旅游发展，而且丰富了群众精神文化生活，提升了群众精神生活品质。2016 年以来，多彩贵州文化艺术节中长征文化一直是重点内容之一，通过开展"让遵义会议精神永放光芒""纪念中国工农红军长征胜利 80 周年美术作品展"等长征主题文化活动，带动数万群众积极参与，营造了共建共享长征文化的良好氛围，为老区脱贫攻坚长了精气神。

到 2019 年，全省有各类博物馆、纪念馆 160 余处，其中长征主题博物馆约占 50%，爱国主义教育示范基地 15 个，其中 11 个是红军长征遗址遗迹，省委、省政府命名的省级爱国主义教育基地 161 家，其中约 50% 是长征遗址遗迹，它们发挥了积极有效的教育功能。

（三）发展红色旅游，让长征资源热起来

2004 年在国家出台第一期全国红色旅游发展规划纲要后，贵州于 2005 年先后出台了《2005—2010 年贵州省红色文化旅游发展纲要》和《贵州省红色文化旅游规划》，重点将"长征文化旅游线"作为旅游精品进行开发，着力打造红色旅游产业链，规划建设 6 个在省内外有较大影响的重点红色旅游区，通过资源整合、政策扶持，积极谋划红色旅游的发展。

贵州红色资源表现出多、广、特三大特点，并与其他文化资源相互映衬、交相辉映、相伴而生，形成了难得的组合优势。

具体见表 2 - 2。

表 2 - 2　贵州红色资源与旅游资源融合状况①

区位	旅游形象	红色资源点	周边著名景点
黔北	红色长征、国酒之乡	息烽集中营、乌江渡口、遵义会议会址、红军山、娄山关、"四渡赤水"纪念地	仁怀茅台国酒之乡、习水三岔河、赤水桫椤自然保护区、燕子岩、竹海国家森林公园、十丈洞、四洞沟瀑布、丙安古镇、大同古镇
黔西	红色星光、瀑布之乡	王若飞故居、红八军革命遗址、滇桂黔革命根据地遗址、二战 24 道拐	屯堡文化、龙宫、黄果树、天星桥、花江大峡谷、民族婚俗博物馆、马岭河峡谷、万峰林
黔西北	红色激情、乌蒙磅礴	红二、六军团战斗遗址，贵州抗日救国军司令部旧址，夏曦烈士纪念碑	百里杜鹃、织金洞、草海

---

① 苟爽：《红色文化资源利用与产业化开发的差异性研究》，贵州省社会科学学术年会，2011。

续表

区位	旅游形象	红色资源点	周边著名景点
黔南	红色奇景、红色宝石	黔南事变纪念馆、深河桥战斗遗址、邓恩铭烈士故居、红七军革命遗址	斗蓬山、板告、怎雷水族村寨、平塘掌布救星石、荔波漳江、大小七孔、水春河漂流、瑶族村寨
黔东南	红色黎明、苗侗风情	黎平会议会址	南花苗寨、朗德苗寨、西江苗寨、台江施洞、剑河温泉、天生桥、肇兴侗寨、堂安侗族生态博物馆、高增侗寨、邑沙苗寨、三宝侗寨、永乐梯田
黔东	红色摇篮、舞阳仙都	旧州二战盟军飞虎队机场旧址，日军战俘营，周逸群故居，红二、六军团战斗遗址	野洞河、革家村寨、飞云崖、云台山、杉木河漂流、青龙洞、下舞阳、铁溪、九龙洞、梵净山

全省现已初步形成以遵义会议会址为龙头，以娄山关、"四渡赤水"纪念地等重要历史遗址为支撑，以重走长征路、长征文化、爱国主义教育为延伸的多样化产品体系，形成了"以绿带红""以红促彩"的红色旅游贵州模式，收到了良好的社会效益和经济效益。加之近年来贵州基础设施建设取得突破性进展，线路的设计和布局向红色旅游景区倾斜，大大改善了红色旅游的发展环境。目前高速公路已经全面覆盖各主要红色旅游景区，大大减少了可到达时间，提高了游客游玩的意愿，激发了偏远山区红色旅游景区发展的活力，对带动革命老区脱贫致富奔小康有积极而深远的现实意义。据贵州省文化和旅游厅统计，2018 年贵州省红色旅游接待游客 4523.09万人次，实现旅游总收入 400 亿元，同比增长 30% 以上。未来，贵州将通过推进一批红色旅游景区建设，特别是国家长征文化公园贵州重点建设区的打造，连通一批红色旅游线路等方式，努力打造成中国红色旅游的重要目的地。

（四）建设长征国家公园，让长征精神活起来

2019 年 7 月 24 日，中共中央总书记、国家主席、中央军委主席、中央全面深化改革委员会主任习近平主持召开中央全面深化改革委员会第九次会议并发表重要讲话。会议审议通过《长城、大运河、长征国家文化公园建设方案》，强调：建设长城、大运河、长征国家文化公园，对坚定文化自信，彰显中华优秀传统文化的持久影响力、革命文化的强大感召力具有重

要意义。要结合国土空间规划，坚持保护第一、传承优先，对各类文物本体及环境实施严格保护和管控，合理保存传统文化生态，适度发展文化旅游、特色生态产业。随后，中央办公厅印发《长城、大运河、长征国家文化公园建设方案》，明确贵州是长征国家文化公园的重点建设区，为贵州长征遗产保护利用提供了千载难逢的历史性机遇。

随后，贵州省委、省政府立即行动起来，组建工作专班，组织编制《长征国家文化公园贵州重点建设区建设保护规划》，梳理长征遗产资源和长征文化公园项目。2019 年 12 月，完成了规划送审稿报中宣部。根据中央要求和省规划，长征国家文化公园贵州重点建设区将重点建设"管控保护区、主题展示区、文旅融合区、传统利用区"四类主题功能区，按照保护为主、抢救第一、合理利用、加强管理的方针，对不同主体功能区进行总体设计、统筹规划、分类指导，形成内涵清晰、功能明确、重点突出、管理有效、类型多样的国家文化公园建设保护格局。

贵州省重点建设区将以"一核一线两翼多点"的空间布局建设长征文化公园，也就是以遵义会议会址及其周边文物为核心，以中央红军长征线路为主线，以黔西、大方、毕节地区和黔东的红二、红六军团长征遗迹为两翼，纳入其他具有代表性的展示点，统筹推进保护传承工程、研究发掘工程、环境配套工程、文旅融合工程、数字再现工程、人才提升工程。近期工作任务以建党 100 周年为节点，争取长征文物得到全部认定和挂牌保护、保护区全部划定，长征文物险情排除率达到 100%，省级以上长征文物保护单位开放率达到 100%，保护和展示条件得到全面提升，重点区域内重要项目建设完成。贵州人民对长征有着特别的感情，长征国家文化公园贵州重点建设区的建设，必将大大激发全省人民的文化自信心、自豪感和决战贫困决胜小康的强大动力。长征国家文化公园贵州重点建设区，不仅保留国家记忆和国家精神，同时也将成为文化地标。

三　土城红色小镇：长征资源聚力脱贫攻坚

革命老区习水县土城镇位于贵州省遵义市西部，与四川省古蔺县和贵州省赤水市接壤，是川黔渝旅游金三角的核心腹地。近十多年来，土城镇着力挖掘长征文化遗产，先后修建四渡赤水纪念馆、打造红色文化旅游发展创新区，走出了一条长征遗产助力脱贫攻坚的小康新路。

（一）建设背景：困境突围的边缘小镇

土城历史悠久，早在 7000 多年以前就有人类在此繁衍生息。土城古镇历史上长期是赤水河中游的政治、经济、文化中心。在悠久的发展历史中，逐步形成了以商埠文化、茶馆文化、山水文化为主体的多元文化形态，留下了类型多样的文化遗存。漫长的历史长河在这里留下了类型多样的文物古迹，特别是这里是"四渡赤水"发轫地。1935 年中国工农红军长征经过土城，与川黔军阀展开了举世闻名的红军四渡赤水战役发轫之战——土城青杠坡战斗。青杠坡战斗揭开了四渡赤水的辉煌篇章，写下了毛泽东主席平生的得意之笔，为土城古镇留下了为数众多的遗址和文物，至今保留完整的有红军一渡赤水渡口，土城青杠坡战斗遗址，红军总司令部驻地，毛泽东、周恩来、朱德等领导同志在土城故居等遗址遗迹 12 处。

此后，中共中央和毛泽东等领导中国工农红军在以赤水河为中心的地域与蒋介石统率的国民党军"对弈"三个多月，大小战斗 40 多次，驰骋数千里。毛泽东在处于绝对劣势的情况下，以非凡的智慧和勇气，运用灵活机动的战略战术，摆脱了拥有绝对优势的蒋介石及其军队的围追堵截。1960 年，来华访问的二战名将、英国陆军元帅蒙哥马利赞誉毛泽东指挥的辽沈、淮海、平津三大战役，可与世界任何伟大战役媲美，而毛泽东却说："四渡赤水才是我平生得意之笔"。而今，除我国一些著名大学和军事院校对"四渡赤水"进行专题讲授外，美国西点军校等也将其作为经典战例。但是，由于种种原因，土城长期以来处于欠开发欠发达状态，一边是丰硕的长征文化遗产，一边是现实的贫困。如何像当年的红军将士一样，从困境中突围，开发长征文化遗产，带动一方百姓脱贫致富奔小康，是一个非常现实的课题。

2012 年 2 月 14 日国务院出台了《国务院关于进一步促进贵州经济社会又好又快发展的若干意见》（国发〔2012〕2 号）。这是新中国成立以来国家层面出台的第一个全面、系统支持贵州加快发展的专门性文件，为贵州加快发展提供了前所未有的战略机遇。其中关于文化旅游、扶贫开发、推进城镇化等战略内容，对土城镇的创新发展有重要的指导意义。十八大报告中提出了建设美丽中国和文化强国的战略号召，如何利用青山绿水提升西部城镇的面貌和环境品质，如何进一步挖掘和发扬西部红色城镇的文化内涵，成为一个既显迫切又合时宜的拓展思路，为土城镇的突破发展指明了方向。为深入贯彻落实《中共中央关于深化文化体制改革推动社会主义文化大发展大繁荣若干重大问题的决定》，习水县牢牢把握国发 2 号文件和新一轮西部大开发战略机遇，加快文化事业发展步伐，为实现"提速赶超、转型跨越""脱贫强县设市"目标创造良好的软环境。这些思路更加印证了创立红色文化旅游创新区是土城镇发展的必然选择。经遵义市人民政府批准，习水县充分利用土城深厚的红色文化、浓郁的古镇文化和丰富的生态旅游资源设立土城红色文化旅游创新区，作为全省 100 个示范小城镇、100 个旅游景区之一进行打造，大力发展红色文化旅游。

（二）建设历程：从一个馆到一座城

土城红色小镇建设，首先是从四渡赤水纪念馆的建设开始，经历了从建设一个馆到建设一座城的成功蝶变。

2002 年习水县土城镇党委开始谋划筹建四渡赤水纪念馆。在国防大学的关心帮助下，得到老红军原中央军委副主席张震将军的肯定，并为纪念馆题写了馆名；2003 年土城镇党委、政府将已作为行政办公楼和职工宿舍的原川南联防军司令官罗屏芝的别墅花园修缮，作为纪念馆的陈列用房，并将征集到的一些实物、图片做了简陋的陈列布展，并对外开放。2005 年 9 月，在中共习水县委、县人民政府的重视下，在贵州省博物馆的支持下，四渡赤水纪念馆重新陈列布展并正式开馆。国防大学和军事科学院有关领导专家、毛泽东主席孙子毛新宇博士、老红军张爱萍将军之子张翔将军对此予以肯定；2006 年，在国家发改委等中央部门的支持下，四渡赤水纪念馆申请立项，中共中央办公厅于 11 月 9 日正式批复，同意在贵州省遵义市习水县土城镇重建四渡赤水纪念馆；2007 年 7 月 9 日，四渡赤水纪念馆主馆建成开馆，全国 20 多名省部级党政军领导、将军和开国元勋子女等为开馆剪彩，至此，六年的艰辛努力，四渡赤水纪念馆主馆建设基本完成。

四渡赤水纪念馆从无到有，从小到大，社会效益和经济效益开始显现。特别是 2009 年免费开放后，游客接待量急剧上升，年游客量从原来的 1000 余人次骤增至现在的上 100 万人次，曾多次接待中央党政军领导，以及国内外有关重要考察、视察团，引起了媒体的关注，深受好评。近年来，以四渡赤水纪念馆为核心，土城古镇相继兴建或修缮形成了由中国女红军纪念馆，中国工农红军第九军团陈列馆，中国工农红军战地医院纪念馆（在建），赤水河盐文化陈列馆，赤水河航运历史展览馆，土城古镇博物馆和青杠坡战斗遗址，土城渡口，毛泽东、周恩来、朱德在土城住居，红军总参谋部旧址等 12 处全国重点文物保护单位组成的四渡赤水博物馆群。这里是中宣部命名的全国爱国主义教育示范基地，团中央命名的青少年教育基地，国家 4A 级旅游景区和全国十大红色旅游景区之一。

纪念馆还成立了四渡赤水研究中心。在中共中央党史研究室、中国人民解放军军事科学院、国防大学、中国军事博物馆、全国红色旅游协调工作小组办公室等的指导帮助下，在习水县成功举办了有全国近百名史学专家、将校军官、元勋后代、新闻媒体参加的"首届四渡赤水论坛"和"首届中国红军节"。出版发行了《四渡赤水来历记》《遵义红军标语》《四渡赤水放光辉》《红色习水》等书刊。四渡赤水纪念馆成立了艺术团，以此为载体，通过群众丰富多彩、喜闻乐见的形式宣传四渡赤水这一重要、精彩的党史事件。随着四渡赤水纪念馆的知名度不断扩大，游客不断增加，纪念馆所在地土城古镇餐饮、住宿、食品加工等第三产业迅速发展，取得了良好经济效益和社会效益。另外还组建了四渡赤水旅游公司，将四渡赤水这一独特的红色资源优势转化为经济优势，引导群众勤劳致富，造福了一方百姓。

2012 年 9 月，经遵义市人民政府批准设立了土城红色文化旅游创新区，并划分古镇保护区、古镇拓展区、红色文化旅游区 3 个功能区域进行打造，纳入贵州省 100 个旅游景区、100 个示范小城镇和遵义市文化旅游精品工程项目区进行重点建设。2013 年，习水县委、县政府专门出台了《关于加快土城红色文化旅游创新区发展的实施意见》，提出了红色文化旅游创新区、全国革命老区扶贫攻坚示范区、全国历史文化名镇的战略定位，明确了打造"贵州第一、国内知名、国际一流"的红色文化旅游目的地奋斗目标。

（三）建设布局：三足鼎立

2012 年 11 月经遵义市委批准设立土城红色文化旅游创新区。整个创新区位于土城镇域中部，东起水狮坝，南至黄金湾村，西抵高坪村，北接九龙囤，包含镇区范围，有青杠坡村、水狮坝村、黄金湾村、红花村、九龙囤、高坪村、群峰村、长征社区、团结社区 9 个村（居），总面积约 56 平方公里。远眺古镇，东、西、南三面临水，北面靠山，"镇依山而建，水绕镇而流"。以自然山水环境为基础，沿赤水河呈二级台地分布，形成三维立体空间结构，山—水—城交相辉映，相生相息，构成了古镇特色鲜明的山城风貌，体现了山地居民与自然环境互为依存的"天人合一"、和谐自然的生活情趣。围绕"四渡赤水发轫地，枸酱源头古习部，世界军事著名镇，红色旅游新明珠"设计理念，充分考虑红军四渡赤水背景、古镇历史文化、乡村生态风貌、酒文化等元素，土城红色文化旅游创新区被划分为三大功能区域。

1. 古镇保护区

这是创新区的核心区域，包括土城古镇和土城渡口周边约 2 平方公里。在核心区，中国女红军纪念馆、土城古镇博物馆等四渡赤水博物馆群已初具规模。该区以对古建筑、石板街、吊脚楼的保护为主，适度发展第三产业。

（1）古镇主街道。土城古镇素有黔北重镇之称，历史上是"川盐入黔"的重要水码头和集散地之一。保留完好的明清建筑让古镇风貌一枝独秀。古镇东、西、南三面临水，北面靠山，形成"镇依山建，水绕镇转"的典型山水格局，空间布局以自然山水环境为基础，依山就势，曲径通幽，有着"前后顾盼景自移"的动态美感和"高低俯仰皆成画"的全方位美感，具有很高的观光价值。古镇主街由长征街、红旗街、女红军街、团结街次第相连，围绕保护完好的古建筑，实施景观规划与建设，提升基础设施，将条件好、景观好的古宅大院打造成风情客栈及主题餐馆，增强接待能力，统一管理沿街立面与店面标识，融入红色文化元素，街区附近的河道通过蓄水，还原小桥流水的景象，营造清新优雅、能吸引游客停留的古镇街巷景观。

（2）四渡赤水博物馆群。四渡赤水纪念馆位于土城镇长征街，由中央军委原副主席张震将军题写馆名。四渡赤水战役，是中国工农红军长征中最惊心动魄、最精彩的军事行动，是我军战争史上以少胜多、出奇制胜的经典战例。四渡赤水战役遗址被列为第六批全国重点文物保护单位。一是以四渡赤水纪念馆为核心，进一步完善女红军纪念馆、红军医院纪念馆等展馆的展示方式，引入现代科学声光技术，将红色文化、商埠文化、盐运文化等以平面、立体、动态的方式进行展示。在红色文化展览馆内设立游客体验与参与区，通过军事对战模拟游戏、3D 长征电影欣赏、红色文化知识有奖问答、伟人生平精彩事迹大型电子图册等的运用，实现寓教于乐。二是贵州航运历史展览馆及盐运博物馆的建筑特色鲜明，韵味独具，将两个馆集餐饮、休闲、展示、体验于一体，让参观者在特色美食、历史文化、文物遗迹、喝茶品茗中感受古镇深厚的历史文化积淀。同时，开设"军人会馆"，吸引退伍、退役以及在职军人在这里集会，缅怀先烈，游山玩水，共叙友情。

（3）精品旅游线路。将土城重要的文化旅游资源串联在精品旅游线路上，沿线打造具有差异性、体验性文化产品。同时，设立综合服务区，为游客提供全方位的服务。

①土城大环线两日游。出行方式：步行＋游船＋旅游专线车。线路：综合服务区—古镇—"四渡赤水"纪念馆—青杠坡战斗遗址及红军医院博物馆—沙溪河探险体验区—赤水河沿线风光休闲带—华润希望小镇—综合服务区。

②古镇小环线一日游。出行方式：步行＋游船。线路："四渡赤水"纪念馆入口—古镇—土城码头—赤水河沿线风光及休闲带—土城渡口纪念碑—综合服务区。

（4）赤水河沿岸景观廊道。赤水河沿岸景观廊道的沿河建筑与水体相互融合，自然与人文条件优越，是古镇红色文化旅游的重点配套，也是休闲度假的重点区域之一。以红色景区为主要看点，延伸现有沿河廊道，规划设计绿色植物景观及人文景观，开辟休闲专区，开设特色酒吧、茶吧、书吧及戏楼，以进行景观拍照、品茗听戏、喝酒聊天、儿童娱乐等休闲活动。

2. 古镇新区

这是创新区的旅游配套服务区域，包括土城新镇区和遵义华润希望小镇等约15平方千米。区内有商周遗址、汉墓群及天然太极图等历史人文和自然景观。该区主要发展服务业、文化创意产业以及古镇新城。

（1）遵义华润希望小镇文化新区。遵义华润希望小镇是贵州第一个、全国第七个华润希望小镇，由香港华润集团投资8000万元、贵州省配套2000万元建设。希望小镇包括土城水狮坝和黄金湾两村部分片区，共有336户1510人，总面积1.33平方千米。小镇以就地改造为主、部分重建为辅，对村民居住房屋进行改造，完善公共配套服务设施。把遵义华润希望小镇建设成为"黔乡特色小镇、生态文明小镇、经济活力小镇、幸福和谐小镇"，做成全省新农村建设、特色产业发展的示范和样板，把土城打造成全省100个示范小城镇的标杆。该区以水狮坝优美的"天然太极"自然风光为基础，依托遵义华润希望小镇建设，完善城镇基础设施，改善交通条件，重点为古镇旅游提供配套服务，为游客提供良好的食宿条件，并提供多样的文化产品与服务。

（2）新阳新区。新区包括土城镇黄金湾村新阳、方家坝、黄金湾三组。综合开发用地和新区公墓地约 750 亩，其中可供商住开发用地约 360 亩。建设内容包括河滨大道、小区连接主干道路、桥涵、水、电、消防设施、供排水、排污管网、绿化、亮化、休闲广场、旅游公益性等公共设施建设及商业、住宅开发等。该区属土城古镇外围，依托古镇，服务古镇，新建与土城古镇风貌协调、功能互补的以商业、文化娱乐为主，住宅为辅的功能区，分流古镇居民，完善配套服务功能。

（3）创意园区。将土城糖厂打造成创意园区，空阔的厂房适宜艺术家进行个性化的创作，经过艺术加工呈现浓郁的具有红色文化特色的艺术氛围，园区的主要功能是吸引全国各地艺术家进驻园区，创作开发红色文化艺术品、收藏品及纪念品，成为生产、展示及销售的中心，不仅填补土城文化旅游纪念品市场的空白，还打造出全国首个红色文化艺术品品牌，成为土城红色文化旅游的又一亮点。

（4）青杠坡战役纪念区。利用青杠坡战役的历史背景，以青杠坡战役烈士纪念碑为中心，开发周边区域。由于青杠坡地形地貌基本保持战斗时期原状，适宜设计军事对战训练营与户外模拟实战游戏基地，并在周边区域选择适当地区放置大型 LED 显示器，重现青杠坡战役场景，给参观者创造现场感，提供体验式的产品与服务。

（5）红花新区。位于仁习赤高速公路土城下道口旁，建设内容主要是物流基地、农产品加工基地、民俗艺术品城。

3. 红色文化旅游区

这是体验式旅游的重要区域，包括九龙屯明代军事屯堡、青杠坡战斗纪念园和土城白酒工业园约 56 平方千米。

（1）土城军事游。从明代的九龙屯古战场遗址到现代的四渡赤水战役纪念地，都展示着中华民族自古以来伟大的军事智慧及谋略。以此为脉络，建立九龙屯军事古战与现代战争之间的联系，建立土城军事谋略体验馆，浓缩中国历史上的精彩军事谋略，伟大军事建筑，以现代科技手段进行展示，创新军事文化产品。

（2）生态旅游区。小坝自然景区距土城古镇 10 余公里，与四川黄荆老林国家级森林公园和赤水国家级风景名胜区连为一体。这里属国家级中亚热带常绿阔叶林自然保护区，景区面积 40 平方千米，生态系统保存完好，物种资源丰富；这里山奇、石怪、林幽、云媚、水秀、丹霞绿海，万物滋生，有大小瀑布上百处。自然景观原始古朴、诡秘神奇，富有震撼力，景点密集，"五步一景"，负离子含量极高，是度假休闲、科学考察、寻幽探险的理想选择。该区以小坝自然景区为依托，发展生态文化旅游，充分利用土城周边的优势生态资源，将休闲、养生、娱乐等内容注入其中，形成土城多样性及差异性并存的文化产品格局。

（3）酒文化体验园。习水县是贵州省著名白酒产地之一，具有悠久的白酒生产传统。国发2号文件明确提出："积极发展特色轻工业。利用赤水河流域资源和技术优势，适度发展名优白酒，确保产品质量，维护品牌声誉，推动建设全国重要的白酒生产基地。"《西部大开发"十二五"规划》指出："优化调整资源加工产业。推动酿酒、制糖等食品加工业发展，着力打造贵州遵义和四川宜宾、泸州白酒'金三角'生产基地。"两个纲领性文件的出台，为贵州白酒、遵义白酒、习水白酒的发展吹来了东风，带来了新的机遇和动力。土城白酒工业项目区是习水县白酒工业园"一园三区"核心区之一，规划用地1.93平方千米，现已成功引进云峰、安酒、泸仙、飞天等酒业公司入驻。以高坪白酒工业园区为平台，将文化创意融入酒文化，在酒瓶的酒标及包装上融入土城历史文化与红色文化元素，并在工业园区内建设民间酒坊博物馆、酒具博物馆，融合工业文化与古城文化，使工业园区成为集生产、展示、销售、体验于一体的新型工业文化旅游园区。

2014年4月12日，在第二届中国文化旅游品牌建设与发展峰会上，土城镇被评为"影响世界的中国文化旅游名镇"。以土城景区为龙头带动，推动"红色文化旅游＋"产业融合，文化和旅游作为土城脱贫攻坚、增收致富主导产业的地位日益显现。到2019年，土城景区接待旅游人数突破200万人次，走出了一条革命老区红色旅游脱贫致富新路。

四 结论与启示

（一）开发利用长征文化遗产有利于老区脱贫

贵州定位为革命老区的地方很多，经济发展相对滞后。但是换个角度来看，虽然经济发展滞后，却有发展红色旅游的历史资源和后发优势，可以通过发展红色旅游，实现老区经济发展方式由"救济型"向"开发型"转变。如位于土城的四渡赤水纪念馆，成为土城，甚至习水，乃至遵义的一个红色品牌，既给本地区带来经济效益，还能为周边地区带来精神和物质上的双重收益，一定程度上拉动地方经济的增长。贵州应着力于红色文化资源向经济资源的转变，加快红色文化产业的经营管理科学化，形成一套有利于红色文化资源开发和红色文化产业发展的新文化经济模式，升级区域经济结构，逐步形成具有区域特点的红色经济亮点。

（二）开发红色资源是打造本土形象的有效方式

以品牌树立形象，以品牌开拓市场，品牌效应是当今最有号召力的效应。一个没有品牌的产品难以在市场上立足；同样，一座没有品牌的城市也难以在竞争中崛起。以土城为例，"四渡赤水""青杠坡战役"本身具有较高的知名度，又具有基本的旅游要素，因而获得了红色旅游的先机，并初步探索出了一条发展红色旅游，并以此进一步培育老区的优势产业、特色产业和支柱产业，打破老区的封闭格局，加快开发开放，扶贫扶智，改变老区面貌和形象，加快经济社会发展的道路。作为红色资源众多的省份，贵州完全可以通过弘扬红色文化，加强红色旅游与其他旅游融合，有机整合相关资源，开发出主题鲜明、内涵丰富、形式多样、服务优质的高品位、复合型旅游产品，最终形成一个响亮的品牌。

（三）开发红色资源要走多元融合之路

从现实来看，单纯的红色旅游产品往往缺乏吸引力，项目内涵空乏、展陈方式单一、表现手段落后，多为文字加图片的平面介绍，枯燥乏味，不适合现代审美观念和旅游者的消费取向，与市场需求差距较大。要增强红色旅游的吸引力，就要在保证思想性的前提下，努力提高观赏性、趣味性和可参与性，即红色文化开发必须走融合式发展之路。以土城现有的旅游规划为例，初步实现"公益"和"市场"两条腿走路，纪念馆、古镇免费参观，而住宿、餐饮以及周边旅游项目的开发延长了产业链，使土城红色旅游实现了社会和经济效益双丰收。从整个贵州省来看，可将红色旅游与绿色生态旅游、森林户外运动、军事体验活动等有机结合起来，形成形式多样的复合型旅游产品和线路，不断丰富旅游及教育培训内容，以增强整体吸引力和竞争力。

第三章 "十百千万"：贵州文化扶贫的非遗功能

　　贵州，是一个典型的山区省份，由于地形地貌复杂多样、历史上交通不畅等诸多原因，生活在这里的少数民族同胞至今因传承着很多古朴神秘的非物质文化遗产而呈现出多姿多彩的风貌。在这些流传下来的众多非物质文化遗产中，传统手工技艺因兼具文化资源与经济资源的双重优势且易于转化，在贵州文化扶贫实践中占有重要而独特的地位。为贯彻落实党的十八大三中、四中、五中、六中全会精神，以及中共贵州省委第十一届六次全会"贯彻创新、协调、绿色、开放、共享五大发展理念，守住发展和生态两条底线，突出抓好大数据、大扶贫两大战略行动"精神和多彩贵州民族特色文化强省战略，2016年，根据文化部等部委工作思路和贵州省委、省政府要求，贵州省文化厅在文化部非物质文化遗产传统手工技艺培训计划的基础上，提出了实施非物质文化遗产保护传承工程助推全省脱贫攻坚的思路，并联合省人社厅、经信委、民委、妇联等部门实施《贵州省传统手工技艺助推脱贫培训计划（2016—2020）》。在计划中，用简约的"十百千万"作为培训计划的代称，并概括了传统手工艺培训的对象及内容。十，就是培养数十名大师级的传承人、数十名国内知名的手工艺品设计师；百，即培养数百名传统手工艺骨干传承人、数百名省内知名手工艺品设计者和市场营销人员；千，即培养数千名传统手工艺传承骨干人员；万，即动员数万户传统村落贫困农户参与传统手工技艺培训，通过这种方式真正实现广大农村贫困人口就业人数新增上万人。而且这些培训要求走进基层，就地就近培训，大大调动了学员的积极性和参与性。该计划推出后，立即成为非遗传承助推脱贫攻坚的重要抓手，产生了重要而广泛的影响。

一 传统手工技艺：藏于贫困地区的内生能力

传统手工技艺总是伴随着人类的活动而产生发展。20 世纪六七十年代，在贵州黔西沙井观音洞发掘的观音洞文化，是中国南方旧石器时代早期文化代表，从中发掘的刮削器、砍斫器、尖状器、石锥、凹缺刮器、雕刻器等 3000 多件生产生活石制品，其根据石材形状精心磨制成各种生产生活用具的技术，可以说是目前贵州发现最早的传统工艺。

贵州省地势西高东低，自中部向北、东、南三面倾斜，使得全省地貌呈现为高原、山地、丘陵和盆地等基本类型，而且地形以高原山地居多，"八山一水一分田"，到处是喀斯特峰林、瀑布、峡谷、洞穴等自然景观。史书记载，春秋战国时贵州就与中原有过交往。自秦统一中国开"五尺道"起，在往后几千年的历史长河中，中原文明随着军队、商旅、移民等陆续进入贵州，对贵州经济、社会、文化的发展产生了很大影响，并不断地、或多或少地融入当地少数民族中。贵州少数民族众多，苗族、侗族、布依族、水族、瑶族、彝族、土家族、仡佬族等世居少数民族就多达 17 个。这些少数民族有的生活在大山深处，有的依山傍水居于山间盆地，自然环境的多样性、少数民族文化的多元性和外来文化的融入渗透，使得贵州这片土地上呈现色彩斑斓的多元文化现象。贵州传统手工技艺也伴随着众多少数民族文化的发展和山地农耕文明的进步，表现出类型多样、个性鲜明的特点。

截至 2019 年 6 月，贵州省列入"人类非物质文化遗产代表作名录"有 2 项，国家级非物质文化遗产代表作名录 85 项 140 处，省级非物质文化遗产代表作名录 713 项 968 处，市、州级非物质文化遗产代表作名录 1134 项，县级非物质文化遗产代表作名录 4000 余项；有国家级非物质文化遗产代表作传承人 57 名，省级非物质文化遗产代表作传承人 402 名，其中，属于传统工艺的国家级非物质文化遗产代表作名录项目 28 项（其中新增项目 18 项，扩展项目 10 项），省级非物质文化遗产代表作名录项目 142 项（其中新增项目 115 项，扩展项目 27 项）。

自 20 世纪 80 年代以来，随着改革开放的深入，经济的发展、科技的进步和外来文化的影响，人民群众的生产生活方式发生了巨大改变，很多世代传承的传统工艺因与现实需要格格不入而逐渐淡出了人们的日常生活，呈现日趋消亡的状况。庆幸的是，2005 年我国启动了非物质文化遗产项目的申报保护工作，从那时起，随着非遗工作的逐步深入，各级政府、企业和社会各界，开始关注、关心非物质文化遗产的保护传承，并积极主动探索，采取各种方式对传统工艺进行保护传承和合理利用。尤其近年来，贵州省以《中华人民共和国非物质文化遗产法》为指导，按照"保护为主、抢救第一、合理利用"的方针和"政府主导、社会参与、明确职责、形成合力；长远规划、分步实施、点面结合、讲求实效"的原则①，对传统工艺进行保护传承和合理利用，并取得了一定成效。

1. 出台非遗传承政策方案

从 2005 年开展非物质文化遗产保护传承工作以来，贵州省边实践边探索，出台了一系列政策，为传统工艺的保护传承和合理利用提供了政策依据和保障。如省级层面出台了《贵州省非物质文化遗产保护条例》《贵州省非物质文化遗产保护发展规划（2014—2020 年）》《关于实施妇女特色手工产业锦绣计划的意见》《贵州省民族民间工艺领军人才培训培养规划》《民族工艺人才"十三五"培养规划》《贵州省民宗委扶持少数民族传统手工技艺发展方案（2014—2016 年）》等。此外，部分市（州）、县（市、区、特区）也出台了相关地方性的民族民间文化保护法规和管理条例。各种政策方案的出台，为非物质文化遗产的保护传承和合理利用提供了有力的政策保证。

2. 强化非遗传承经费保障

2005 年，贵州省非物质文化遗产保护列入了省级财政预算，之后，保护经费逐年递增，2005 年是 100 万元，2015 年到达了 2616 万元。而且，据统计，"十二五"期间，省级财政共投入了 9300 多万元作为非物质文化遗产项目专项保护经费，让很多即将消亡的非物质文化遗产得到了切实保护。同时，在传承人保护经费补助方面，贵州省对省级传承人给予每人每年5000 元的补助，各市（州）也根据各自的财政状况进行了相应的补助，极大地鼓舞了传承人开展传习、展示展演活动。2016 年，省文化厅共投入 960万元开展传统工艺培训 42 期共计 3583 人（其中：银饰 2 期 120 人，刺绣 14期 860 人，蜡染 10 期 672 人，民族服饰制作 4 期 210 人，师资、管理人员、医药等共 7 期 362 人，其他手工艺培训 1359 人）。省民宗委近年来共安排专

---

① 《中华人民共和国非物质文化遗产法》，中华人民共和国第十一届全国人民代表大会常务委员会第十九次会议于 2011 年 2 月 25 日通过公布，自 2011 年 6 月 1 日起施行。

项资金2860万元开展民族传统工艺培训、生产经营、构建电子商务平台等。省妇联2015~2016两年实施"锦绣计划"共投入专项资金5000万元。此外，各市（州）、县（市、区、特区）也投入大量经费修建传习所、开展培训和举办赛事等活动。多渠道经费的投入，为传统工艺保护传承提供了经费保障。

3. 探索多样化的非遗传承利用途径

贵州是全国的非遗大省，属于传统工艺的非物质文化遗产传统技艺、民间美术、部分民俗等项目种类繁多、形式多样。由于其传统工艺品的实用价值、艺术价值、经济价值、科学价值、教育价值等的不同，传统工艺的保护传承和合理利用呈现多种方式，就目前的情况看，大致有以下六种。

（1）传统传承。即传承人在传统工艺流传区域或族群中对传统工艺进行传承。这是我国传统的传承方式，主要有两种，一种是属于"拜师学艺"的师徒传承，另一种是"传内不传外"的家族传承。

（2）学校传承。即将传统工艺引进校园通过授课的方式进行传承。这类方式主要是以民族、文化、教育三部门联合实施的"民族文化进校园"项目为依托，聘请传统工艺传承人到校教习学生学习传统工艺。

（3）生产传承。即通过生产传统工艺产品销售进行传承。这类方式主要是通过生产销售一些具有市场价值的传统工艺品，既产生利润解决生存问题，同时又让传统工艺得以很好地保护传承。目前，贵州省保护传承和合理利用做得好的代表性企业有：列为国家级非物质文化遗产生产性保护示范基地的丹寨县石桥黔山古法造纸合作社、宁航蜡染有限公司和台江芳佤银饰刺绣有限公司三家企业，以及列为省级非物质文化遗产生产性保护示范基地的贵州万胜药业有限责任公司、贵州董酒股份有限公司、赤水市之江醋业有限公司等28家企业。

（4）培训传承。即通过举办培训班，让学员提高认识和掌握技能后进行传承。一是"走出去"培训。请国内知名专家对非遗保护传承人进行培训，让传承人提高传承水平，增强文化自信，扩展眼界。如2015年11月选送60名学员到苏州工艺美术职业技术学院进行首饰、陶艺、雕刻、综合、漆艺、蜡染、刺绣、绘画、工艺美术设计等培训。二是"定点"培训。与省内凯里学院、黔东南民族职业技术学院、贵州盛华职业学院等高校和传统工艺生产性保护基地合作，举办传统工艺培训班进行培训，提升参训人员技艺能力，让其加入传承队伍开展传承活动。三是开展专题培训。如组织开展"绣娘培训班"进行培训传承等。这主要是让从事刺绣、服饰、织锦、蜡染等技艺的妇女通过培训后提升技艺水平和传承能力，然后通过生产性保护传承助推脱贫攻坚。

（5）整体性活态保护传承。即将传统工艺流传的区域整体保护起来，引导区域内的群众在延续传统生产生活方式的基础上保护传承传统工艺。从保持文化原生性的角度看，整体性活态保护是较好的一种保护传承方式。当前，贵州省列为国家级民族文化生态保护实验区的是黔东南民族文化生态保护实验区，列为省级民族文化生态保护区的是黔东南苗族侗族文化生态保护区和黔南水族文化生态保护区。

（6）静态保护。即将当前传统工艺以影像的方式记录下来进行数字化保护。

从 2008 年起，贵州省通过举办一年一届的"两赛一会"（即旅游商品设计大赛、旅游商品能工巧匠大赛和旅游商品展销大会）和每年组织传统工艺传承人参加全国文博会，赴国内外开展贵州省非遗展演和旅游推介会等活动，让各民族民间传统工艺传承人增长了见识、树立了自信心、提高了技艺传承水平。同时，通过外宣，还扩大了传统工艺的对外影响力，提升了知名度，打开了市场，为传统工艺的保护传承和合理利用奠定了良好的基础。

在贵州省众多的传统工艺中，银饰、刺绣、马尾绣、蜡染、古法造纸、牙舟陶、黄平泥哨、玉屏箫笛等传统工艺因有着各自的独特样式、文化价值和实用价值而深受广大消费者青睐。然而在经济全球化、区域城市化、生活现代化的冲击下，很多传承人对传统手工艺的传承存在热情度不高、个人综合文化素养、创新设计能力不足等问题，导致传统工艺陷入传承人严重匮乏、手艺不精、行业发展后劲乏力、带动群众脱贫致富内生动力严重不足等境地。为此，贵州省相关部门立足部门工作实际，积极探索，将资源优势变为发展优势，为如何通过传统工艺保护传承和合理利用助推脱贫攻坚进行了大量实践，如：省文化厅为保护传承非物质文化遗产、扶持民族传统工艺企业而实施的传统手工艺培训；省妇联为发展妇女特色手工产业实施的"锦绣计划"；省经信委为挖掘提升、宣传传统手工技艺、助推传统工艺民营企业发展实施的"星光计划·人才培训工程"；省民宗委为培养民族工艺领军人才实施的"千百十工程"；等等。这些工作的开展，虽角度不同、方法各异，但共同的目的是培养大批传统工艺的传承人和生产者。

如近年来培育了如黔东南九黎苗妹、黔西南布谷鸟、贵阳黔粹行等一批民族传统手工艺企业成为行业中的领军企业，并且以此带动了2万余建档立卡贫困户脱贫致富。至此，通过传统手工艺助推脱贫的效果也开始显现。但是，随着脱贫攻坚任务的加重，尤其是在全省提出大扶贫、大数据等战略行动的大背景下，各部门在实施传统工艺传承保护和合理利用工作的过程中客观上存在资源分散、各自为阵、助推脱贫效应总体不佳等问题。对此，为更好地整合多方力量，形成合力，经商议，由省文化厅牵头的"十百千万"培训工程于2016年顺势推出。"十百千万"是针对当前传统工艺存在传承人后继乏人、传承习艺热情不高、综合文化素养偏低、设计创新能力不足、制作技术不严谨等提出的举措。从区域整体看，贵州传统工艺行业还存在整体实力和市场竞争力不强，知名特色品牌还不多，未能充分发挥将资源优势变为发展优势、带动群众脱贫致富奔小康的应有作用。结合贵州实际，通过"十百千万"的实施，可有效提高传统工艺传承人群的当代实践水平和传承能力，促进传统工艺融入现代生活，增强传承人对本土传统工艺的认同感和自豪感，树立现代民族"工匠精神"，带动更多群众参与保护传承传统工艺，并通过生产销售达到脱贫致富奔小康的目的。为此，"十百千万"在政府的大力扶持引导下，开展分级分层分类培训、搭建各种展销平台，走出了一条具有贵州特色的非遗助推脱贫攻坚的实践路径，其通过传承历史文脉、增强文化自信、带动群众致富所彰显的育民、励民、富民等文化扶贫路径是传统工艺保护传承助推脱贫攻坚的新探索、新举措，在国家层面具有一定的示范和启示意义。

二 "十百千万"培训工程：全面提升脱贫能力的实践探索

"十百千万"主要以强化培训为抓手，以资源整合为切入，以技能培训为核心，以平台搭建为载体，以政府引导为支撑，对传统工艺开展保护传承培训及合理利用工作。"十百千万"，因解决传统工艺保护传承后继乏人、生产发展缺人等问题，并带动老百姓脱贫致富而成为区域特色文化助推脱贫攻坚的典型实践。

为贯彻落实习近平总书记"要使中华民族最基本的文化基因与当代文化相适应、与现代社会相协调，以人们喜闻乐见、具有广泛参与性的方式推广开来"的指示,以及省委第十一届六次全会"贯彻创新、协调、绿色、开放、共享五大发展理念,守住发展和生态两条底线,突出抓好大数据、大扶贫两大战略行动"的精神,2016年,根据文化部等部委工作思路和省委、省政府要求,贵州省文化厅推出了通过实施非物质文化遗产传统手工技艺培训助推全省脱贫攻坚工程。

在"十百千万"工作推进中,各部门遵循文化遗产保护传承规律,按照"秉承传统、不失其本、改良制作、提高品质、致富百姓"的总体要求,在各市(州)分级分类分层开展大规模传承人群培训,以提升传统工艺传承人的文化修养、艺术审美、创意设计实践水平和传承能力,有效扩大传承人群体,建设全省门类较齐全、民族地域特色鲜明、素养较高、动手创新能力较强的优秀传统手工艺人才队伍,让现代设计走进传统工艺,让传统工艺走进现代生活,实现传统手工技艺与现代创意设计融合发展、文化遗产保护利用与文化扶贫双赢互利的目的。由于该计划涉及面广、惠及老百姓人数众多,又是以发挥贵州省文化资源长板补齐贫困短板的文化扶贫行动,所以被省政府列为2016年十大民生实事之一。通过实施"十百千万"培训,将打开受训者视野,接通新一代传承人与市场、产业的连接,大大提高传统技艺传承人的积极性和创新能力,提升贵州民族手工艺品的品质和市场占有率,进一步推进贵州产业结构升级,实现传统工艺保护发展与产业经济紧密结合,大幅度增加人民群众就业机会,让千家万户在传统工艺传承发展中增强文化自信,生发自我发展内生动力,增加收入而脱贫致富。

(一)"十百千万"的实践路径

1. 以部门资源整合为切入

"十百千万"培训工程,是由贵州省非物质文化遗产工作领导小组及其办公室负责组织,省文化厅、省人力资源和社会保障厅、省经济和信息化委员会、省民族宗教事务委员会、省妇女联合会共同具体负责实施的一项工程。按照培训目标和分年度完成任务等有关要求有序推进。

一是部门联动。"十百千万"是文化部、贵州省合作共同推进的一项传统工艺保护传承示范项目,是贵州省文化厅、人社厅、经信委、民宗委、妇联等部门联合共同实施的培训工程。由省文化厅牵头成立培训计划教研室,统一制定各类培训内容、教程,分解培训任务等;立足省文化厅"非遗培训"、省妇联"锦绣计划"，省经信委"星光计划·人才培训工程""中国·贵州民族民间工艺博览会"，省民宗委民族工艺领军人才"千百十工程"等现有培训项目，在保证原经费来源与使用渠道不变的基础上，通力合作，融合互补，各计其功，形成资源叠加效应和整体合力开展"十百千万"培训工作。

二是联席共商。即建立联席会议制度，以省非物质文化遗产保护办公室为牵头单位，省文化厅、省人力资源和社会保障厅、省经济和信息化委员会、省民族宗教事务委员会、省妇女联合会等核心成员单位为常设单位，省扶贫办、省科技厅、省教育厅、省商务厅、省旅游局等有关部门参与，定期召开联席会议，统筹协调培训工作，研究解决实施中遇到的各种困难和问题，扎实推进培训有条不紊地开展。

三是分工协作。"十、百、千（部分）"级培训主要由省文化厅、省经济和信息化委员会、省民族宗教事务委员会、省妇女联合会负责实施。"千（部分）、万"级培训由省人力资源和社会保障厅、省扶贫开发办公室、省妇女联合会、省民族宗教事务委员会等部门联合完成。要求在实施"十、百、千、万"手工技艺传承人培训的同时，省经济和信息化委员会负责着力培育市场营销和市场管理人才，同时，为传统手工艺中小企业和个体手工艺者搭建服务平台，争取优惠政策，并给予重点帮扶。

2. 以技能培训为核心任务

一是抓好传承性培训。非物质文化遗产种类繁多，每一种非物质文化遗产项目的生存环境、文化内涵、社会功能、规律特点、承载人群等都不同。所以，如何保护传承好每一种非物质文化遗产，一直以来都是很多专家学者关注的焦点，同时也是亟须解决的实际问题。从非遗的保护传承现状看，目前贵州主要采取三种方式对非遗进行保护传承。第一种是传统教习传承。主要指获得国家、省、州的各级传承人按照非遗传承人的职责要求，采取民间师徒传承方式对年青一代传承人进行培训，让徒弟掌握非遗技能后成为新一代的传承人。第二种是"民族文化进校园"培训传承。依托学校，让传承人走进学校给学生进行培训，让学生学习非遗知识和技能而传承非遗。第三种是整体保护传承。通过划定民族文化生态保护区进行整体保护，让区域内的原住民维系原有的生产生活方式和民俗习惯，自我运行式地保护传承。第一种和第二种传承方式，学习的传承人大多是被动接受，有的甚至觉得学习"无用"，导致传承"走过场"，收效甚微。第一种传统师徒传承，最大的特点就是口传心授和"边学边做、边做边学"。口传心授因没有学科规范化、系统化的要求，学习全靠传承人的记忆和悟性来对传统技艺进行学习和把握；这样一来，一方面会让非遗项目相关内涵要素逐渐消减，特别是核心要素减弱将导致项目异化严重，另一方面，会因遵从师父教诲"坚守阵地"，因循守旧、墨守成规而导致非遗产品设计老套古板，缺乏创新。第二种立足学校进行培训，因学校条件限制，在实际教学中，大多是将非遗项目中的部分内容从其生存环境中抽离出来教学，让学生学习认知的只是非遗项目的部分而不是全部。如列入"国家级非物质文化遗产保护名录"项目的"布依八音"是布依族村寨结婚、祝寿、新居志喜等礼俗场合的礼俗用乐，然而在"民族文化进校园"教学时只给学生教习几个经整理后已舞台化的曲调（节目），并以此代指传承了布依八音。从非遗保护传承的角度看，这种"以点代面"的做法是有缺陷的。第三种从整体保护生存环境的角度对非遗进行保护传承，目前算是很好的一种做法。但也存在不足，如年青一代传承人思想观念、审美意识、生产生活方式等大多受现代社会影响，对非遗的保护传承认同感很低，认为非遗是落后的，都不愿亲自传承。"十百千万"，则是以传承人（传统工艺传授者和学习者）为主要培训对象，根据传承人技艺水平、从艺年限、年龄、文化程度等实际情况，在培训方式、课程内容设置、激励内生动力等方面做了充分的考虑和准备而施行的一种以培训促进保护传承的做法，不仅是以上三种做法的补充完善，而且是非遗保护传承工作的一次创新探索和实践。

二是抓好群众性培训。"十百千万"所培训的对象主要以基层群众为主。计划培养的数十名大师级传承人、数百名传统工艺骨干传承人、数千名传统工艺传承骨干、数万名传统村落贫困农户都是来自基层一线的传承人和老百姓。这群人中，有的本身就是从事传统工艺这一行业的传承人，大部分是在家务农（农闲时兼从事传统工艺）的老百姓。热爱传统工艺、职业固定、流动性小，是这群人的主要特征。他们才是真正能够静下心来学习传承传统工艺的人群。"十百千万"选定这类人群作为主要培训对象，不仅让培训真正惠及老百姓，重要的是找准了传统工艺真正的承载人群，通过培训让保护传承真正落到实处，并且具有可持续性。据统计，参训人群中一线传承人和从事传统工艺的群众数量占培训人员总数的 80% 以上，如 2016 年培训学员 23931 人中，传承人和群众有近 2 万人。

三是抓好层次性培训。一方面，根据传承人的不同类别和层次设置课程。选择贵州省最具代表性和有市场空间的传统工艺项目，如服饰、刺绣、雕刻、织染、银饰、漆器、竹编、陶艺等作为重点培训项目，以覆盖全省各民族主要传统工艺，辐射传统音乐、舞蹈、戏曲及曲艺等项目作为培训专业类别。然后根据传承人对技艺掌握的层次不同，深浅有别地开设如《中华人民共和国非物质文化遗产法》等非遗政策文件、传统工艺文化内涵、技艺基础知识等基础课程，与项目相对应的艺术设计等美术专业知识、品牌策划、企业管理、市场营销、知识产权等拓展课程和传统工艺技能训练、作品创作等实践课程。针对"千""万"面上的培训，重点围绕非遗政策文件、传统工艺制作流程、民俗文化等基础知识开展培训和实操训练。另一方面，根据传承人层次不同进行编班培训。如：针对大师级传承人、知名手工艺设计师，传统手工艺知名品牌企业的制作、设计人员等开设高级班（或研修班）；针对传统手工艺骨干传承人、省内知名手工艺品设计师、传统手工艺品生产企业从业者、传统手工艺设计制作人员等开设中级班（或提升班）；针对传统手工艺特色产业项目村落的村民（以贫困户为主）开设普及班。高级班主要采取"送出去"的方式，将学员派到国内知名大学、高职等院校、非遗传承培训机构、国外知名创意设计实体企业进行培训；中级班主要采取"请进来"（教师为外请知名教授，传统工艺名家，省内国家级、省级非遗传承人等）的方式，在省内大学、高职院校等进行培训。2016 年，通过遴选，共有贵州民族大学、贵州师范大学、凯里学院、遵义师范学院、六盘水师范学院、贵州盛华职业学院等 12 所高（职）院校和 3 家文化企业符合非遗传承教学要求成为贵州省首批非遗传承培训基地，并作为"请进来"的主要教学点；普及班主要采取以本地传承人（如国家级、省级、市州级非遗传承人，高级班和中级班结业学员）为教师，立足当地非遗传习基地和村（居委会）活动室给人民群众开展传统工艺普及培训。

这种以人为本、充分满足传承人和普通老百姓培训需求而进行的分级分类分层培训，不仅让参训学员提高了传统工艺的制作水平和文化修养，而且极大地调动了广大传统工艺承载群体参加培训的积极性和主动性。调研组在台江施洞调研时，村寨很多老百姓纷纷表示，参加过培训的传承人大多还想参加提高培训，没参加过的传承人想通过参加普及班培训掌握并传承传统工艺。"培训一批人，带动一大片"，可以说"十百千万"培训有效促进了传统工艺的保护传承。

四是抓好创新性培训。传统工艺，因生产生活之需在一定区域或某一族群中世代传承。但随着社会的发展进步，一方面，传统工艺持有者的思想观念随着与外界交往的频繁逐渐融入现代社会生活大环境而发生了改变，他们期待传统工艺在保持传统的同时，融入现代元素有所创新，仍能为现代生产生活所用。另一方面，外界消费者对传统工艺的接受，已不满足于"老款式"，希望有更多符合现代生活及审美之需的创新设计产品出炉。有需要就有市场，有改变就能创新，"创新"成为传统工艺"走出去"，走进现代生活的关键所在。为了"创新"，"十百千万"本着坚持"坚守传统、不失其本，创新理念、大胆探索"的基本原则，采取"走出去"的方式，遴选出省级以上非遗传承人、传统工艺企业设计师、纳入非遗研培计划的高校传统工艺培训教师、长期从事传统工艺研发的专家学者等具有创新能力的人群作为培训对象，将他们分批派送到国内知名大学、高职等院校、非遗传承培训机构以及国外知名创意设计实体企业，加强传统工艺文化内涵、美学、创意设计、美术、工艺制作等高端课程的学习和创作实践。通过培训提升他们的文化修养、审美及创意设计能力，树立"工匠精神"，激发创作热情和激情，使其能在充分把握好传统工艺民族地域特色的基础上，提取传统文化元素，并根据现代生活需要，创意设计出符合当代人民群众需求、极具市场竞争力的传统工艺创新产品；并且以他们为种子，在新的一轮"十百千万"培训中，聘请他们为培训教师，将"取来的经"传授给更多的培训学员，开创传统工艺创新创作的新局面，最终实现传统工艺保护传承和合理利用有机结合助推脱贫的双赢互利。

3. 以平台搭建为重要载体

从非遗分布情况看，贵州的传统工艺大多散落在民间。历史上，这些传统工艺和各民族同胞的生产生活和民俗是密不可分的，传统工艺生产的各种工具用具为人民群众生产生活提供了方便，并丰富了生活，提高了工作效率。如苗族同胞为女儿准备嫁妆就会请银匠师傅为其精细打造一套苗族服装的银饰。像这种掌握银饰锻造技艺的银匠一般都是半工半农，平时在家从事农业生产，只有在农闲时才走村串寨从事银饰生产。这种为满足区域民族内部需求的生产量小，不成规模，属于自给自足的作坊式生产，可以说对脱贫攻坚发挥的作用不大。近十年来，经过四次国家级、五次省级非遗项目的申报和公布，许多久藏"深闺"的非遗项目才得以揭开神秘面纱被世人知晓。特别是贵州各民族精妙绝伦的传统工艺和丰富多彩的民间歌舞,更是让很多国内外游客慕名而来、流连忘返。为整合各地传统工艺,让消费者能够快捷、全面、放心地了解、购买到自己喜欢的传统工艺品,贵州省相关部门、各市(州)、县(特区)积极行动起来,充分发挥各自优势,为传统工艺与消费需求实现有效对接搭建公共平台,以此增强传统工艺品的公信力和购买力,让平台搭建真正成为传统工艺助推脱贫的有效手段。

一是开展展销扩大销售业绩。通过组织各类文化产业企业和传统工艺传承人参加省内外举办的如贵州民博会、北京文博会、深圳文博会、西部文博会、各种旅游推介会等大型展销活动,大大提升传统手工艺产品的知名度和销售业绩。如:2014 年至 2016 年,三年组队参加了三届深圳文博会,传统手工艺产品现场销售 164 万元,订单达 3172.6 万元;在 2016 年举办的贵州民博会上,参展手工艺产品上万件,实现交易额 1.6 亿元的重大突破,其中,银饰、蜡染、刺绣、木雕等传统工艺产品在短短 3 天的参展活动中,交易金额达 5000 万元以上。

二是举办赛事提升产品价值。举办赛事不仅可以现场展示传统工艺的魅力,增强消费者对产品的认可度和信任度,进而增强购买欲,同时通过展示评奖,传承人在参展过程中得到了学习启发和肯定,树立了民族自信心和自豪感,促进了传统工艺的创意设计能力和制作水平的提升,有效提升了传统工艺产品的品质,成功打造了一批品牌产品、培育了一批优秀工匠。如近几年来,贵州通过举办多彩贵州文化创意设计大赛、多彩贵州旅游商品设计大赛、能工巧匠选拔大赛、绣娘大赛等系列赛事,有 3447 名能工巧匠、5557 件设计作品晋级参加全省总决赛,其中有 835 名选手、468 件设计作品获奖。

三是开设窗口增强影响力。为增强传统工艺对外影响力,2015 年,贵州省成立了全国首家省级非遗博览馆——贵州省非物质文化遗产博览馆。该馆集展示、研究、收藏、利用、科普、教育、培训、交流、传播、文化娱乐和休闲体验于一体,主要设置展示厅一个,共展陈与贵州非物质文化遗产相关的实物约 600 余件,传承厅一个,目前开展有苗绣、马尾绣、蜡染、丹寨石桥古法造纸、农民画、牙舟陶、黄平泥哨、玉屏箫笛、三穗竹编、银饰、安顺木雕、印江伞、茅台酒酿造技艺等 28 项国家级、省级非遗代表项目日常现场展示体验、教学、作品展销等活动。同时定期举办活动汇聚传统工艺产品资源与消费者交流互动，让博览馆成为贵州省非遗前沿展示交易的窗口，提高了贵州传统工艺的知名度和影响力，并实现了从现场展示展销到网络销售的拓展。如从 2016 年起，每年举办的"多彩贵州文化艺术节·非遗展示篇周末聚"活动，大大提高了传统工艺的知名度、公信力和对外影响力。如 2016 年，20 个县 20 个周末组织 20 场"非遗篇周末聚"活动，展出农特产品 180 余种、非遗传统工艺品近 2000 件，共吸引了省内外游客近 30 万人（次）参加活动，使传统工艺获得了很好的宣传效果。

四是依托节日拓展销售市场。贵州省各少数民族传统节日和为发展地方经济兴起的各类旅游文化节日众多，开展节日活动不仅可以让各种民俗文化活动得以延续传承发展，还丰富了人民群众的精神文化生活，同时也吸引了很多人群前来参加节日活动，人气的汇聚让节日举办地成了商贸活动的主要场所，为人民群众自力更生勤劳致富提供了有利的平台和空间。近年来，贵州省各市（州）、县（特区）依托苗族姊妹节、龙舟节、苗年节、布依族查白歌节、六月六布依族风情节、水族卯节、彝族火把节等传统民族节日，春节、五一、十一等国家法定节日和国际山地旅游暨户外运动大会、贵州省旅游发展大会等活动，在历史文化街区和村镇、自然和人文景区、传统工艺项目集中地设立传统工艺产品的展示展销场所，搭建平台集中展示、宣传和推介传统工艺产品，推动传统工艺与旅游市场有机结合，拓展传统工艺的销售市场助推脱贫攻坚。

五是建立基地推动规模发展。从传统工艺的分布和生产情况看，贵州省的传统工艺产品大多还是由家庭式的小作坊生产。这种生产，不管是量上还是质上，都不能满足大客户和高端客户的购买需求。为提高效率，提升品质，推动规模化发展，贵州省实施"千村计划"文化产业扶贫工程。大力推广"公司＋合作社＋农户"等模式，建设一批如黔西南布谷鸟、黔东南九黎苗妹、贵阳黔粹行等非物质文化遗产项目生产性保护基地和体验展示街区，推动传统工艺标准化、规模化、规范化和市场化发展，振兴传统工艺。2016 年，全省选取 14 个县作为文化产业扶贫试点县，出资 1000 万元扶持建设 15 个文化产业扶贫示范基地。通过多部门齐心努力，2016 年全省共培育 350 个市场主体，帮助 98 个贫困村走上脱贫道路，覆盖贫困人口 3.8 万人，增收 2.5 亿元。效果最为明显的是丹寨县卡拉村，全村 154 户有 125 户从事传统鸟笼手工技艺制作，年销售鸟笼 15 万只，年产值达 650 万元而一举成为规模化发展传统工艺助推脱贫的典型案例。

4. 以政府引导为重要支撑

一是出台政策作引领。"十百千万"是一项通过搭建学习交流平台、传承培训平台、研发利用平台、网络传播平台、推广宣传平台和考核评估平台来实现传统工艺保护传承与合理利用有机结合助推脱贫攻坚的系统工程。为确保工程持续有序开展，贵州省出台了《贵州省非物质文化遗产保护发展规划（2014—2020 年)》《关于实施妇女特色手工产业锦绣计划的意见》《关于建设多彩贵州民族特色文化强省的实施意见》《贵州省宣传文化系统助推脱贫攻坚行动方案》《文化产业扶贫"千村计划"实施方案》《贵州省传统手工技艺助推脱贫培训计划（2016—2020)》《2014—2016 年贵州省民族民间工艺领军人才培训培养规划》《关于建立贵州省妇女特色手工产业锦绣计划联席会议制度的通知》等一系列大文化助推大扶贫的相关政策和方案作为引领，并按照"搭建平台，政策导向"的工作原则，以政府力量调动和引导社会力量共同参与"十百千万"培训工程。

二是以财政资金为保障。"十百千万"工程培训经费由贵州省文化厅、贵州省人力资源和社会保障厅、贵州省经济和信息化委员会、贵州省民族宗教事务委员会、贵州省妇女联合会、贵州省扶贫开发办公室等参与单位和部门共同承担。各成员单位根据自身工作特点，培训任务级别、类型、规模等，制订培训计划和组织实施情况申请和使用经费，并且相互通力合作，融合互补，完成任务各计其功，产生了资源叠加效应、形成了合力。如 2016 年整合各类培训项目资金 2263 万元，其中省文化厅 965 万元，省经信委 578 万元，省人社厅 320 万元，省妇联 300 万元，省民宗委 100 万元。授权委托省内 12 所高（职）院校和 3 家生产性保护龙头企业参与培训。资金的有力支撑确保了"十百千万"的有序开展。

三是以强化激励为动力。为充分调动传统工艺传承人保护传承的积极性和作品创新创作激情，发挥"带头人"的示范作用，贵州省采取一系列激励措施，有效激发传统工艺传承人的内生动力，有力促进了"十百千万"的有序开展。比如：加大国家级传承人、工艺美术大师、传统手工艺技能大师等荣誉称号申报推荐工作力度，对获得荣誉称号的个人按照相关规定兑现待遇；举办传统手工艺技能大赛，以赛代训（代培），对获奖者按相关规定给予奖励；加强对重点项目的组织、管理、协调、支持和服务，优先支持符合条件的重点项目享受相关专项资金补助、贷款贴息、绩效奖励等；制订《优秀手工艺人奖励及贫困手工艺人补助办法》《优秀手工艺团队奖励办法》，对优秀手工艺人、手工艺团队给予奖励,对贫困手工艺人给予补助。

四是加强传统手工艺技能大师工作室的建设,进一步提升传统手工艺的知名度,发挥技能大师工作室培养技能人才的示范效应。

(二)"十百千万"助推脱贫的成效

1. 传承历史文脉体现文化扶贫的育民功能

从《中国传统工艺振兴计划》对传统工艺下的定义看,传统工艺的核心价值在于其制作具有历史传承、民族和地域特色、创造性手工劳作等要素特点,具有工业化生产不能替代的特征。这也是贵州传统工艺广受国内外消费者青睐的重要原因。"坚守传统,不失其本",这是保护传承、合理利用传统工艺的基本原则,要求发展传统工艺产业一定要尊重传统文化,尊重传承人的传统审美,坚守核心技术,保护传统工艺的多样性和独特性。实施"十百千万"工程,一是通过分级分类分层培训,让各种类别各种层次的传统工艺持有者都学有所得,真正体现以人为本、人人有权参与培训的育民和惠民功能。二是通过推荐人员参加培训,充分尊重村寨、传统工艺企业和县文化部门等基层意见,让所有参训的学员都学到某一种传统工艺的历史文化内涵和民俗文化,使其以后制作或教习徒弟时能做到"心中有数",并身体力行守住底线,留住文化根脉。三是通过在传统工艺流传地区大面积培养传统工艺传承人,让更多的群众在了解传统工艺文化内涵的基础上能有效促进其认真传承属于他们的传统工艺。如2016年贵州省"十百千万"培训计划举办了蜡染、染技、手工纸制作、土陶、刺绣、都匀毛尖茶制作等传统手工艺培训班百余期,共培训学员23931人。其中省文化厅培训3495人、省经信委培训12140人、省民宗委培训420人、省人社厅培训4377人、省妇联培训3499人。培训有重点,惠及面广,参训人员众多等,真正体现了"十百千万"不流于形式,提升了传承人和广大参训老百姓的传统工艺技艺水平,传承了历史文化根脉。

2. 增强文化自信彰显文化扶贫的励民功能

传统工艺因人们日常生产生活和民俗之需在某一区域、某一族群中世代相传。掌握传统工艺的传承人因被人们认可、需要而具有很强的自信心和自豪感。自20世纪80年代以来,随着改革开放后经济社会的发展和外来文化的冲击,很多人对本土民族文化的认同感逐渐降低,由于电气化的普及,人们生产生活方式已发生了重大改变,有的传统工艺因此失去实用功能而遭受冷落。在这种情况下，有的传承人靠着自信和责任，艰难地坚守传承着老祖宗世代传下来的传统工艺，但这不是长久之计。因此，要切实保护传承好传统工艺，得先树立民族认同感和自信心。对此，实施"十百千万"工程刚好解决这一实际问题。一是通过学习传统工艺历史文化内涵、民族文化知识等可提升学员对本土文化认同感和自信心。二是通过授予国家级、省级、州级、县级传承人，工艺美术大师，传统工艺技能大师等称号，极大增强了传统工艺承载者的荣誉感。三是通过培训让更多的老百姓普遍掌握传统工艺技能，为传统工艺产业化发展提供源源不断的人力资源支撑，为提升区域影响力和传统工艺助推脱贫攻坚打下坚实基础。以台江县施洞镇为例，通过几年的培训和发展，现该镇从事银饰、刺绣等传统工艺的国家、省、州各级传承人有 70 余人，从事传统工艺生产的有 1000 余人，是苗乡远近闻名的银饰、刺绣之乡。课题组在贵州省非遗博览馆采访国家级非遗传承人、台江施洞银饰名匠吴水根时，他表示现在施洞银饰、刺绣名声在外，全镇的苗族同胞对此都感到非常自豪和自信，很多不会手艺的都希望通过培训掌握一门传统工艺，不仅外出和别人说起家乡非常自豪、底气十足，而且还多了一项在家就能致富的手艺。

3. 带动群众致富显现文化扶贫的富民功能

传统工艺由于具有文化资源、经济资源、地域资源等多重优势，在多彩贵州文化产业中占有十分重要和独特的地位。但由于在传统的传承发展中存在很多不足，如主要表现在：一是在保护传承上存在传承人严重匮乏和传统工艺者传承习艺热情不高等问题；二是在发展创新上，由于传承人综合文化素养和设计创新能力不足，存在设计过时老套、制作粗糙等情况，导致传统工艺品市场竞争力不强，未能很好地带动广大人民群众脱贫致富奔小康。为从根本上解决以上问题，提高传承人群的当代实践水平和传承能力，贵州省实施"十百千万"培训工程，全面推进传统工艺培训工作，让传统工艺的保护传承和合理利用得以协调发展，并有效带动百姓致富从而彰显其富民功能。

一是强化培训确保就业。实施"十百千万"工程，根据传统工艺种类的不同，针对非物质文化遗产传统工艺传承人、设计师、技艺骨干、普通工匠、培训教师、政府领导、专业人员、营销人员、企业负责人、重点保护村落村民以及对非遗手工制作感兴趣、愿意学习的人群等主要培训对象确定不同的培训目标，将其分别编入师资班、管理班、高级班（研修班）、中级班（提升班）、普及班进行培训。通过培训，让参训人员在思想观念、创作技巧、技艺制作、文化内涵等方面有所提高，真正实现一般普通劳动力转化为具有传统工艺技能的生产者而解决就业问题，实现脱贫致富奔小康的愿望。

二是提升产品品质让百姓稳定增收。品质是产品持续具有市场竞争力的根本。传统工艺受到很多消费者的青睐，除了其具有深厚的历史文化内涵、鲜明的民族区域特色外，产品质量（材质和工艺）等也是产品重要的核心要素。近几年来，随着旅游业的升温，一些不法分子为了追求高利润，通过机器生产把劣质材料做成传统工艺产品之形，并且以传统工艺之名进行销售欺骗消费者，给传统工艺造成了信任度降低、消费者丢失、销量下滑，最后导致生产者改行等严重问题。贵州实施"十百千万"培训，可以说真正从根本上解决了这一问题。比如，参训者（特别是传统村落老百姓）在培训中对制作材料、技艺等有了更深刻和细致的认知，不仅树立了强大的自信心，而且一致认同真正的传统工艺品是"优质材料＋精心制作"的结合、传统工艺品即人品的说法，并且在实际的生产中自觉恪守原则，有效杜绝劣质产品的生产。同时，他们还通过在产品上署名、品质自负的方式担当责任。在这一前提下，政府极力推举这种品质过硬的传统工艺品在官方平台上展销，提升了传统工艺品的公信力和知名度，提高了市场竞争力。在这种多方合力的推动下，传统工艺品的销量得以迅速提高，反过来又刺激传统工艺产品的生产，促进产品质量得到进一步提升。这种产业链的良性循环，确保了人民群众稳定增收。

三是拓展产品种类带动众多百姓致富。根据"创新理念、大胆探索、合作推进、跨界碰撞"等"十百千万"基本原则，为开拓思路，有效将传统工艺文化价值转化为市场价值，贵州省积极探索，通过实施"十百千万"工程，整合多部门资源共同发力，建立传统工艺技能大师工作室。在保护传承传统工艺中推陈出新，用创意设计的方式有效将民族元素与现代生活有机结合，根据市场需求创新拓展了产品种类，带动了众多群众致富助推脱贫攻坚。如被评为"全国少数民族特殊商品定点生产企业""贵州省省级扶贫龙头企业"的贵州省松桃梵净山苗族文化旅游产品开发有限公司，通过精心研发，将苗族服饰、刺绣、织锦、银饰、印染、编织等传统工艺与现代生活相结合，创新生产了极具民族特色的杯垫、耳环、手链、被单、靠枕、手提包、帽子、饰品挂件等传统工艺产品，这些产品除了满足苗族同胞的需要之外，还外销国内外，直接带动4000余人苗族同胞脱贫致富。还有，截至

2016 年底，台江县施洞镇共有银饰、刺绣专业合作社 11 家，公司 20 余家，也是在创新上下了功夫，银饰方面拓展生产了银饰挂件、茶具、牌匾，刺绣方面拓展生产了手提包、相机带、吉他背带等产品，年产值高达 6400 万元，直接带动 80 余户 300 余人脱贫，文化扶贫效果十分明显。

三 施洞镇："十百千万"培训发力脱贫攻坚

施洞是位于素有"天下苗族第一县"之称的台江县北部的一个乡镇。该镇距离台江县城 38 千米，总面积约 108 平方千米，下辖 9 个村（居委会），共有 5295 户 20075 万人，其中苗族人口占 99%，是一个典型的苗族聚居区。由于地处苗疆腹地、长期交通不畅等原因，施洞仍属贫困人口较多、贫困程度较深的乡镇。同时，施洞又是拥有苗族银饰、刺绣、织锦、姊妹节、独木龙舟节、吃新节等国家级、省级非物质文化遗产项目的非遗资源大镇。为推动地方经济社会发展，施洞镇紧紧抓住自身优势，在着力加强民族文化保护传承的同时，大力发展民族传统工艺产业，不仅让银饰、刺绣成功"走出去"成为远近闻名的苗族文化品牌，而且还因参与生产的村民人数众多而成为一条引领村寨脱贫致富的好路子。

（一）历史传承奠定文化内涵基础

一直以来，苗族同胞在重大礼仪场合穿戴盛装的需求，使得银饰、刺绣等传统工艺在历史的岁月中得以很好地传承，即使在 20 世纪八九十年代改革开放受外来文化冲击，传统工艺像一颗不灭的火种，仍在村寨艰难地传承延续着。直到 2005 年申报非遗保护工作开始，传统工艺又逐渐被重视起来，通过培训传承人的方式传承传统工艺。这为后来传统工艺的合理利用奠定了坚实的人力资源基础。如：现全镇从事银饰、刺绣等传统工艺国家、省、州各级传承人就有 70 余人，从事传统工艺生产的就有 1000 余人。

传统工艺是指具有历史传承和民族或地域特色、与日常生活联系紧密、主要使用手工劳动的制作工艺及相关产品，是创造性的手工劳动和因材施艺的个性化制作，具有工业化生产不能替代的特性[①]。因此，传统工艺的价

---

① 《国务院办公厅关于转发文化部等部门中国传统工艺振兴计划的通知》（国办发〔2017〕25 号），2017 年 3 月 12 日。

值就在于其产品具有历史传承的纯手工原创性和文化独特性，这是传统工艺产品具有市场竞争力的核心价值所在，同时，也是传统工艺产品受很多人青睐的主要原因。为继承传统，让苗族银饰、刺绣等传统工艺在传承发展中不丢失其文化根脉，施洞镇主要采取了两种方式加强对传统工艺的保护传承。一是通过弘扬传统的师承关系，鼓励获得国家、省、州、县命名的非遗传承人大量收授学徒，让传统工艺的历史文化内涵在言传身教实践中得到有效传承。二是通过在产品上署名的方式彰显其传统工艺的品牌价值，树立传统工艺的品牌形象。同时，传承人对继承传统的担当更是为传统工艺的历史传承奠定了坚实的基础。

（二） 创新培训提升传统工艺品质

主要通过"送出去"的方式，分批组织传统工艺非遗传承人参加省、州、县各部门举办的"锦绣计划""十百千万"等传统工艺培训，让传承人不断拓展视野，提高认知，在注重传统的同时增强其创新能力，树立追求卓越的工匠精神和开拓进取的时代创新精神，有效助推传统工艺产品品质的提升和优化。

（三） 政府引导营造良好发展环境

良好的发展环境可为产业持续有序发展提供强有力的平台保证。为此，镇政府每年都借助县里举办大型民族传统节庆活动"苗族姊妹节"的契机，如期在施洞隆重举办姊妹节相关活动，充分利用节庆活动的举办进行传统工艺品的展销。一方面银饰、刺绣等传统工艺借助节庆活动得到很好的展示宣传，扩大了产品知名度。另一方面传统工艺的现场展示又丰富了节庆活动内容。与此同时，积极组织引导传统工艺非遗传承人参加各类大型文博会、文化旅游推介会、"多彩贵州文化艺术节周末聚""两赛一会""民博会"等活动，展示空间和影响得到大幅提升。再通过相关主流媒体的宣传报道，进一步提升了施洞传统工艺的品牌形象。

（四） 市场需求提供产业发展空间

随着我国经济社会的快速发展，人民群众的文化消费能力得到提升，文化产品的特色化需求随之凸显。有需求就有市场，施洞银饰、刺绣因具有鲜明的苗族文化特征和传统工艺的特色品质而得到消费者的青睐。最初施洞银饰、刺绣只为满足当地苗族同胞和零散游客的需求在本地集市和传统节日销售，需求量不大。近几年随着政府持续不断扩大宣传，作为地方传统工艺品牌的施洞银饰、刺绣逐渐被越来越多的人知晓。再加上各种现代通信方式和交易终端的便捷，开始实现了线上线下同步销售，市场空间得到有效拓展。市场需求的扩大为传统工艺产业提供了发展空间，激起了当地干部群众主动发展的内生动力，越来越多的苗族群众自觉加入传统工艺生产助推脱贫致富的队伍中来。

（五）组织化运作增强市场竞争活力

由于历史原因，施洞银饰、刺绣等传统工艺的生产销售长期以来处于一种自发的、零散的状态，随着市场需求的扩大，这种传统销售方式已不能满足大量的购买需求。为此，施洞通过成立准入门槛低、包容性强的合作社，让零散的家庭手工作坊抱团发展，实现了资源和信息的共享，提高了市场竞争力。如施洞农民刺绣专业合作社在 2016 年实现销售额 1400 万元。同时积极扶持成立龙头企业（公司）引领产业发展。如：台江县水根民族银饰有限责任公司 2016 年银饰销售额为 200 余万元，年纯利润 30 余万元，带动塘坝村 10 余户村民致富；锦绣图腾工艺品有限公司直接带动塘坝村 50 户村民参与生产脱贫。

四　结论与启示

（一）传统手工技艺培训是振兴传统工艺的创新举措

"十百千万"是针对当前传统工艺传承保护与合理利用方面存在传承人严重匮乏和传承习艺热情不高、综合文化素养偏低、设计创新能力不足等采取的举措。贵州省按照国家关于振兴传统工艺的有关精神，拓展文化部非遗研培计划，整合部门资源实施的"十百千万"培训工程已经取得初步效果。从其依托传统、注重创新的培训理念看，无疑是振兴传统工艺的积极实践，对于今后相关地方如何通过实施培训振兴传统工艺具有一定的示范和借鉴意义。

（二）传统手工技艺培训是打造地域文化品牌的有力抓手

一个文化产品要成为一个响当当的民族文化品牌，需要有质量、文化内涵、认可度、销量、影响力、知名度等指标进行考量。一种具体的传统工艺要想成为一个家喻户晓的大品牌，首先得始终如一地在传统工艺的制作材料和流程规范上把好质量关，同时，挖掘梳理好其背后的历史文化内涵。这两点是产品的核心。只有做好了核心，再加上有效的包装和宣传，产品才能很好地销售出去。通过消费，产品一旦被消费者认可追捧，销量就会迅速攀升，影响力就会扩大，当产品知名度达到一定程度以后自然就造就了一个品牌。

从"十百千万"培训计划看，整个计划对项目选择、课程设置、培训内容、培训方式、产品创新、宣传展销、市场拓展、考核评估等方面都做了周密安排，而且具有很强的可操作性。可以说"十百千万"几乎涵盖了一个传统工艺品牌打造所涉及的项目和流程。所以，只要做好了这个培训，就等于为一批传统工艺地域文化品牌打造奠定了基础。

（三）传统手工技艺培训是提升群众脱贫致富能力的有效途径

当前，我国正处于决胜脱贫攻坚的关键时期。贵州省根据"五位一体"总体布局和"四个全面"战略布局，坚持创新、协调、绿色、开放、共享的发展理念，紧紧围绕"守底线、走新路、奔小康"的目标要求，结合贵州得天独厚的自然资源和多姿多彩的民族文化，发展大数据、大旅游、大生态产业助推脱贫攻坚，实现贵州经济社会跨越式发展。

"十百千万"正是在这一背景下提出以大文化助推大扶贫的一项重要举措。从"十百千万"内容看，都是从老百姓的不同需求入手谋划整个培训计划，让传统工艺产业各工种人员通过培训各取所需，学有所得。而且充分考虑到脱贫攻坚任务的完成，把大面积地普及传统工艺培训班实施到传统工艺流传的乡镇、村寨，让村寨老百姓（特别是贫困群众）都能够参加培训。通过培训，很多老百姓改变了观念，提高了认识，掌握了技能，增强了民族自尊心和自信心。有部分贫困户培训后直接从事传统工艺产业增收脱贫，真正体现了"十百千万"是带领群众致富的有效形式。

第四章　守望乡愁：贵州文化扶贫的村落载体

目前贵州列入中国传统村落名录的村落总数已跃居全国第一。在有效保护的基础上合理开发利用这些宝贵的资源助推群众脱贫致富是贵州省近年来文化扶贫的亮点之一。随着国家对传统村落保护的日渐重视，尤其是自住建部等国家 7 部局联合实施中国传统村落保护工程后，贵州在传统村落保护与利用助推脱贫方面进行了有效探索：一是强化政府主导，夯实传统村落脱贫基础；二是鼓励多种联动机制，探索传统村落脱贫路径；三是深挖文化内涵，引导传统村落脱贫自信；四是开发特色产业，提升传统村落脱贫效能；五是加强公共服务，强化传统村落脱贫保障；六是实施品牌战略，增强传统村落脱贫效力；七是强调社区参与，激发传统村落脱贫活力；八是加大宣传推介，拓展传统村落脱贫空间。而在此过程中，贵州紧扣"文化育民、励民、惠民、富民"的文化扶贫总体思路，传统村落群众脱贫能力不断提升，传统村落群众脱贫自信更加坚定，传统村落公共文化设施短板不断补齐，传统村落群众增收路子不断拓宽，依托传统村落这一载体的扶贫效能得到综合呈现。

一　传统村落：民族贫困地区的亮丽名片

传统村落亦称"古村落"，在 2012 年住建部等出台的《关于加强传统村落保护发展工作的指导意见》中，将其界定为"拥有物质形态和非物质形态文化遗产，具有较高的历史、文化、科学、艺术、社会、经济价值的村落"。[①] 传统村落凝聚着中华民族精神，蕴藏着丰富的民族历史与文化资源，保留着民族文化的多样性，是中国传统文化的宝贵遗产，是炎黄子孙

---

① 《关于加强传统村落保护发展工作的指导意见》（建村〔2012〕184 号），中华人民共和国住房城乡建设部、文化部、财政部印发，2012 年 12 月 12 日。

文化认同的纽带，寄托着华夏儿女的乡愁，具有突出的现代价值。但随着现代化、城镇化的飞速发展，传统村落由盛及衰、消失殆尽的现象日趋严重，湖南大学中国村落文化研究中心在 2010 年前发表的一系列田野调查显示："在长江、黄河流域，颇具历史、民族、地域文化和建筑艺术研究价值的传统村落，2004 年总数为 9707 个，到 2010 年锐减至 5709 个，平均每年递减 7.3%，每天消亡 1.6 个。"[①] 为了有效加强对传统村落的保护，2012 年中国从国家层面启动了对中国传统村落的调查和保护项目。

进入 20 世纪 80 年代以来，伴随着深刻的社会变迁，大量村落面临着消失或走向衰败的命运，而保护传统（古）村落的呼声与行动也从无到有，并表现出日益高涨的趋势。2002 年，《中华人民共和国文物保护法》开始将历史文化村镇保护纳入法制轨道，2003 年我国公布了首批中国历史文化名村，截至 2019 年 1 月已公布 7 批 487 个中国历史文化名村。2012 年 12 月，为贯彻落实党的十八大关于建设优秀传统文化传承体系、弘扬中华优秀传统文化的精神，促进传统村落的保护、传承和利用，建设美丽中国，住房城乡建设部、文化部、财政部（以下称三部门）就加强传统村落保护发展工作提出《关于加强传统村落保护发展工作的指导意见》，明确要求："各地住房城乡建设、文化、财政部门要对已登记的传统村落进行补充调查，完善村落信息档案。同时，进一步调查发现拥有传统建筑、传统选址格局、丰富非物质文化遗产的村落，特别要加强对少数民族地区、空白地区的再调查，并发动专家和社会各界推荐，不断丰富传统村落资料信息。此外，还要求建立传统村落名录制度，根据《传统村落评价认定指标体系（试行）》，按照省级推荐、专家委员会审定、社会公示等程序，将符合国家级传统村落认定条件的村落公布列入中国传统村落名录。同时，督促各地住房城乡建设、文化、财政部门制定本地区传统村落认定标准，开展本行政区传统村落评审认定，在三部门的指导下建立地方传统村落名录。"[②] 此后，我国开始分批公布各级传统村落名录。

贵州是传统村落资源大省。截至 2019 年底，我国已公布 5 批传统村落名单，列入名单的中国传统村落数量已达 6819 个。其中，贵州省总数达724 个，跃居全国第一位。贵州省列入国家级名录的传统村落主要以黔东南

---

① 方莉、龚亮、李慧：《失去乡愁，我们情何以堪》，《光明日报》2014 年 1 月 9 日，第 1 版。
② 《关于加强传统村落保护发展工作的指导意见》〔建村（2012）184 号〕，中华人民共和国住房城乡建设部、文化部、财政部印发，2012 年 12 月 12 日。

州、黔东地区铜仁市、黔中地区安顺市为代表集中分布。其中黔东南州共有 409 个，占贵州省国家级传统村落名录的 56.49%，居全国市（州、地、盟）第一。

贵州是多民族交汇融合的内陆省份，是全国扶贫攻坚的主战场，也是全国全面建成小康社会任务最艰巨的省份之一。2017 年，按照国家扶贫标准 2300 元（2011 年核定），贵州 88 个县（区）中有扶贫开发任务的 85 个，其中贫困县占 66 个，全省有农村贫困人口 372.2 万，贫困发生率 10.6%。在贫困县中，有 36 个分布着被列入中国传统村落名录的传统村落，占全省贫困县总数的 55%，传统村落贫困人口则占全省贫困人口总数的 50% 以上。与此同时，贵州传统村落大都地处偏远山区，长期存在着生存发展条件恶劣、基础设施欠缺、公共服务水平不足、村民文化素养偏低、经济来源渠道单一、居住不集中等客观问题。这也导致贵州传统村落的宝贵文化资源长期得不到合理开发和利用，贫困人口守着"宝藏"过穷日子，造成极大的资源浪费。

近年来，贵州省委、省政府坚持以习近平新时代中国特色社会主义思想为指引，全面贯彻党的十九大精神和习近平总书记对贵州工作系列重要指示精神，切实把脱贫攻坚作为头等大事和第一民生工程。省委、省政府将传统村落作为传承优秀传统文化的重要载体，围绕落实乡村振兴战略，要求研究保护新办法，探索传承新途径，创新发展新举措，深入挖掘传统村落的经济、社会和文化价值。

2015 年 5 月，贵州省出台《贵州省人民政府关于加强传统村落保护发展的指导意见》，强调"通过实施文化遗产保护工程、生态环境建设保护工程、基础设施建设工程、农村消防改造工程、特色产业培育工程"①，计划用 3～5 年时间，使传统村落文化遗产得到基本保护，生产生活条件得到有效改善，具备基本的防灾安全保障能力，建立起有效的保护发展管理机制，培育起稳定增收的特色优势产业，努力让传统村落美起来、富起来，遏制住传统村落消亡的势头。

2017 年 8 月，贵州省出台《贵州省传统村落保护和发展条例》，这是中国第一部传统村落保护和发展的省级条例，同时，贵州各地还先后出台了《黔东南苗族侗族自治州民族文化村寨保护条例》等，标志着贵州传统村落

---

① 《贵州省人民政府关于加强传统村落保护发展的指导意见》（黔府发〔2015〕14 号），2015 年 5 月，贵州省人民政府印发。

保护进入法治化轨道。

实践证明，依托数量丰富的传统村落保护和发展助推群众脱贫致富，是贵州脱贫攻坚的必然选择。

（一）传统村落是涵养生态文化的重要载体

贵州省位于中国西南的东南部，境内地势西高东低，自中部向北、东、南三面倾斜，全省地貌可概括分为高原、山地、丘陵和盆地四种基本类型。贵州喀斯特地貌发育非常典型，喀斯特地貌面积为109084平方千米，占全省国土总面积的61.9%，境内岩溶分布范围广泛，形态类型齐全，地域分布明显，构成一种特殊的岩溶生态系统。贵州总体气候温暖湿润，冬暖夏凉，自然生态资源丰富，是世界知名山地旅游目的地和山地旅游大省，也是国家生态文明试验区。[1] 贵州传统村落也大多分布于生态良好地区，具备促进经济社会可持续发展的良性功能。贵州传统村落蕴藏着丰富的历史信息和文化景观，是贵州农耕文明留下的最大遗产。这些传统村落通常具有强大的自然生态优势与深厚的历史文化、民族文化特色，无论是生态资源还是文化资源都非常丰富。保护传统村落，是涵养生态文化的重要载体。

（二）传统村落是传承历史根脉的重要载体

贵州是一个多民族共居的省份，全省有49个民族成分，世居少数民族有苗族、布依族、侗族、彝族、仡佬族、水族、土家族等17个，少数民族人口占全省总人口的37.9%。长期以来，各个民族和谐相处，并在民族文化上各有特色，尤其在衣、食、住、行方面积累了深厚的文化资源，共同创造出多姿多彩的贵州文化。目前，贵州省辖区有贵阳市、遵义市、六盘水市、安顺市、铜仁市、毕节市、黔西南布依族苗族自治州、黔东南苗族侗族自治州、黔南布依族苗族自治州和贵安新区，共计1534个乡（镇、街道办事处）、18091个行政村。[2] 其中，少数民族聚居的村寨有6000多个，而传统村落又大多是少数民族聚居村寨。因而，这些传统村落以其承载的

---

[1] 中央政府门户网站，贵州，地理位置和自然状况，www.gov.cn，最后访问日期：2020年8月7日。

[2] 中央政府门户网站，贵州，地理位置和自然状况，www.gov.cn，最后访问日期：2020年8月7日。

民族文化多元性、独特性及密集性而闻名于世，并因大多位于偏远地区，交通不便，外来人员较少，自然景观与人文特色等均保留了较为原生态的风貌，对外具有较强的吸引力。

随着现代化的推进，贵州传统村落的物质文化遗产和非物质文化遗产均遭受到巨大冲击，加强传统村落文化遗产的保护与发展是传承民族传统文化的重要举措，是"记住乡愁"的必然要求，也是贵州文化大扶贫战略部署推进文化育民、引导文化励民、实现文化惠民、加快文化富民的必由之路。利用生态、文化资源优势，找到一条适合贵州传统村落资源保护、经济发展的路径具有十分重要的现实意义。其有利于体现中华民族的文化自觉，增强华夏各族儿女的文化自信；有利于传承各民族各具特色的文化传统，保持中华文化的完整性和多样性；有利于保留乡村特色和增强乡村魅力，为乡村的稳步发展注入新的经济活力；有利于促进乡村经济、社会、文化的和谐及可持续发展。

（三）传统村落是助推脱贫攻坚的重要载体

贵州传统村落助推脱贫具有极为突出的现实价值。贵州贫困地区虽然经济基础薄弱，商品经济不发达，产业结构层次低下，但大多保存着自然与人文融为一体的自然生态环境以及民族风情浓郁的文化社会生态环境，这些宝贵资源为传统村落发展文旅产业提供了优势。因此，在城镇化背景和大文化助推大扶贫视野下，通过发展文旅产业，既可以发挥传统村落在脱贫中的造血功能，发挥传统村落自身的经济能量，定位好一种新的经济增长方式，又可以促进其他配套产业发展，特别是对第三产业的发展发挥了重要推动作用，促使其产业结构进行自我升级，从而提高经济效益。同时，文化旅游业所具有的劳动密集型特质能够给传统村落的村民提供更多的就业机会，在提高贫困地区村落经济增长率的同时，也能提高传统村落贫困人口素质和主动脱贫意识，从而增加当地群众收入，推动当地群众脱贫致富。

据相关统计，"十二五"期间，贵州省累计有120万余人依托文旅产业脱离贫困或成为受益者，表明发展文旅产业确实能有效助推传统村落脱贫。根据贵州省相关部门数据显示，至2018年7月，全省发展文旅产业的自然村寨已突破3000个，参与经营的实体达6万余户，其中传统村落约占9%。2016年，贵州文旅产业共接待游客7000万人次，占全省旅游接待游客人数的 35.16%，实现文旅总收入 278 亿元，占全省旅游总收入的 16.79%。① 由此可见，贵州的文旅经济已经成为贵州省旅游经济的重要组成部分，而传统村落创造的经济效益也为其提供了重要占比。通过对贵州传统村落进行有机保护与合理开发，拓展文旅产业，带动当地农民脱贫致富，不仅必要，而且可行。

二　留住乡愁：传统村落助推脱贫的实践探索

要实现深化传统村落开发助推脱贫就要在保护的前提下合理利用、开发传统村落历史文化和民族文化资源，将资源优势转变为经济优势，并通过因地制宜地将文化产业和旅游产业有机融合，解决当地贫困人口就业问题，为其带来切实经济收入，使"输血脱贫"转为"造血自生"。贵州传统村落保护发展助推脱贫主要分为三种模式。

（一）民族村寨保护模式

贵州少数民族传统村落无论是村落环境建筑格局，还是建筑工艺、功能、习俗都独具民族特色和地域特点，是物质文化遗产与非物质文化遗产紧密结合的有机载体。1986 年 9 月颁布的《贵州省文物管理办法》共十章40 条，其中第四章为"民族文物"。第二十一条规定：对具有贵州地方特点和民族特点并具有研究价值的典型民族村寨，以及与少数民族的生活习惯、文化娱乐、宗教信仰、节日活动有关的代表性实物、代表性场所及具有重要价值的文献资料等要加以保护；第二十二条规定：各级文化行政管理部门和城乡建设环境保护部门应该在调查研究的基础上对于历史比较悠久、建筑具有特点、民俗具有特色的典型民族村寨，根据其科学研究价值报同级人民政府审定公布为不同级别的民族村寨实行保护。② 这是我国最早的一部保护民族村寨的地方性法规。贵州民族村寨保护是一个渐进的过程，从20 世纪 80 年代开始贵州省文物部门从保护的角度，启动民族村寨保护工作。此后的几年，省文物行政管理部门将关岭滑石哨（布依族）、丹寨大簸箕（苗族）、雷山郎德（苗族）、从江高增（侗族）、黎平肇兴（侗族）等

① 多彩贵州网，http：//news.gog.cn，最后访问日期：2020 年 8 月 7 日。
② 1986 年 9 月颁布的《贵州省文物管理办法》第四章第二十一条、第二十二条。

村寨列为民族村寨进行保护，全面地保护这些村寨的建筑、生产工具、生活用具和精神文化。此后，随着旅游业的兴起，民族村寨以其丰富的文化内涵和原生的环境面貌，释放出强大的魅力，吸引大批中外游客参观旅游。此后，民族村寨保护模式在文旅产业助推脱贫领域发挥了示范的作用，其具体做法表现为。

1. 严格保护生态资源

贵州的民族村寨大多依山傍水，环境得天独厚，气候清爽宜人。贵州相关部门在规划建设中都注重最大限度保留这些村落原生态的自然资源、地理风貌和形态特征，比如梯田、古树、田坎、菜地、鱼塘、果园、山坡等田园风光。如郎德苗寨就对古树、水田、河道等实施了严格保护："对200年及以上的古树木一律禁止砍伐；对500年以上的古树一律挂牌保护，并设文字说明；重要的古树要在周边3米设立护栏，严禁攀爬和折枝，更不允许砍伐。"[1] 对水田、河道的保护则重在保持水田的生机，严禁任何形式对水体的污染，形成良好的水田、河道风光。

2. 分级保护利用文化遗产

传统村落的文物资源主要是古寨门、古民居、古巷道等古建筑，且根据贵州的地形地貌，大多有序地分布于山坳之中，建筑密度普遍不高，建筑风貌和周边环境能有机融合。因此，相关部门的保护发展规划着重提出要保护这些传统村落建筑与自然地貌的和谐关系，并根据不同文物的保护与利用价值，规划不同的开发路径。如郎德寨分为上、下寨和岩寨三个片区，上寨片区规划为历史文化名村，村中大部分建筑已列入全国重点文物保护单位，要严格执行保护；下寨片区规划为传统建筑，重点为保护，发展为辅助；岩寨片区地势较高，具有良好的景观视野，可俯瞰郎德寨全貌，规划对其做出一定保护的同时合理开发利用，形成郎德对景景观。

除保护好文物遗产之外，合理保护利用非物质文化遗产也是重要方面。合理保护利用传统村落的非物质文化遗产，一方面要保留和传承村民熟悉的传统文化风俗，一方面又要尊重和保护村民的民族文化特色及传统文化脉络，提升村落群众对当地特色文化的认同感，并将这种特色文化注入文旅产业，拓宽脱贫路径。如郎德寨就秉承"保护为主、抢救第一、合理利

---

① 石德芳、梅再美、龚显龙：《基于生态理念下的传统村落保护与发展规划探究——以贵州省黔东南雷山县郎德上、下寨为例》，《四川建材》2017年第3期。

用、传承发展"的原则，结合现有的踩鼓场、芦笙场设置村民活动广场和多功能游客接待中心等，并以中心场所为轴心在周边设置民族文化博物馆、"非遗"体验馆、特色街区等公共服务设施，对上、下寨传统的婚丧嫁娶、岁时节令等民俗文化，十二道拦门酒、高爬芦笙、踩鼓舞等传统表演，苗绣、纺织、蜡染、银饰制造等手工技艺，以及当地的名人轶事、乡土文化进行了不同程度和不同方式的展览展示。此外，面向游客，郎德寨还规划出不同的文化空间进行开放，主要分为节令型和日常型两种：节令型文化空间里设置活动广场，满足游客参与郎德传统民俗活动的需要；日常型文化空间主要利用村民自有院落展示具有当地特色的村落生活，吸引游客参观。

3. 加强公共文化服务体系建设

启动了贫困地区"百县万村"村级综合文化服务中心示范工程，2017年完成 500 个示范点建设和 1300 个民族自治县村级综合文化服务中心覆盖工程建设。各村落的非物质文化遗产传习场所和传统民俗文化活动场所等定期向当地群众提供优惠或免费的公益性文化服务。实施了中西部贫困地区公共数字文化服务提挡升级工程，在 2017 年完成 89 个乡（镇）、183 个村数字文化驿站建设项目。黔东南州还率先启动对"传统村落数字博物馆"的建设，充分运用网络、信息、新媒体等数字化手段，建立以村落概况、传统建筑、民俗文化、村志族谱等为引导，集权威性、知识性、趣味性、实用性于一体的数字博物馆。[①]

安顺市近年来通过"四在农家·美丽乡村"创建工作的开展，将"美丽乡村"创建点覆盖了全市 80% 的行政村，受益群众达 200 万人，引领"美丽"品牌不断嵌入贵州传统村落助推脱贫中。[②] 其中，规划重点如下：从交通主干道沿线、旅游景区和示范小城镇、产业园区周边村寨及有价值的历史文化村落中筛选出 42 个村作为市级示范村，打造成全市"四在农家·美丽乡村"建设的精品，并围绕"富在农家增收入、学在农家长智慧、乐在农家爽精神、美在农家展新貌"这一主基调，让乡村与城镇、自然与人文各尽其美、美丽与共。同时，在国家、省级示范基础上，还大胆创新了安顺美丽乡村建设模式，实施"旧州镇+浪塘村"1 个示范小城镇带动多个

---

① 黔东南苗族侗族自治州政府门户网站，http://www.qdn.gov.cn，最后访问日期：2020 年 8 月 7 日。

② 《安顺市"四在农家·美丽乡村"创建工作实施方案》，2018 年。

美丽乡村建设的"1＋N"联动发展模式，以及普定县秀水村探索出的村民入股参与美丽乡村建设、经营的"秀水五股"（人头股、土地股、效益股、孝亲股、发展股）模式，既尊重了村落居民意愿，又调动了村落居民的积极性、主动性。目前，安顺市鲍屯、天龙、大寨和石头寨4个村已被农业部命名为全国美丽乡村创建试点乡村，石头寨、桃子村、滑石哨村被农业部命名为2014年全国最佳休闲美丽乡村。

在实施文化惠民助推传统村落脱贫上，雷山县取得的成效有较大的示范作用。雷山县有330多座苗族村寨，58个国家级民族传统村落。2009年至2017年，一事一议财政奖补项目已覆盖了全县58个"中国传统村落"，覆盖率达到100%，累计向传统村落投入中央和省级一事一议财政奖补项目资金4473.43万元。同时，从2015年起，县财政每年安排专项资金200万元设立"中国传统村落保护基金"，用于修缮传统村落古老房屋，整治村容寨貌。截至2018年，雷山县拥有国家级"非遗"项目13项、省级9项、州级25项、县级184项，是全国获得国家级"非遗"项目最多、国家级传统村落密度最大的县份，被文化部列为"文化部非遗保护传承观察点"和"非遗＋扶贫"项目实施县。2019年，在贵州省公布的第五批省级非物质文化遗产代表性项目名录中，雷山县又新增6项省级"非遗"。[①]

2019年雷山县人民政府工作报告[②]指出，在具体工作中雷山县还取得如下惠民成效。其一，完成了民族村寨调查摸底。由县财政安排专项资金8万元组织开展全县传统村落普查，确定对86个历史文化村落（含58个国家级传统村落）进行重点保护，建立了"一村一档"的保护制度，将传统村落保护纳入村规民约管理，实现村民自治。其二，完成了保护发展规划编制。坚持科学规划，邀请县内外苗学会专家、学者为传统村落"把脉问诊"，按照"一村一特、一村一景"和保存原貌的原则，投入财政资金25万元，完成了郎德上寨、西江千户苗寨等国家第一批传统村落规划编制，启动第二、第三批传统村落规划编制工作，完成传统村落建房指导图集编制。其三，落实了规划的实施和管理。严格传统村落规划审批制度，凡在传统村落建设房屋的均须由国土、住建、民宗等部门共同把关审核，有效地还原了苗族聚集村落的传统面貌，并按照"一村一品、突出特色"的原则，深入挖

① 雷山县人民政府网，http：//www.leishan.gov.cn，最后访问日期：2020年8月7日。
② 雷山县人民政府网，http：//www.leishan.gov.cn，最后访问日期：2020年8月7日。

掘历史典故和个性特色，培育了古建筑村落、自然生态村落、民俗风情村落等一批特色古村落。其四，全力推进了雷山传统村落的民族文化保护发展相关工程。推动民族文化进机关、进社区、进企业、进景区、进校园、进农村工程和"100 名歌师、100 名银匠师、100 名木匠师、100 名刺绣能手"培育工程，培养了一大批民族歌舞、传统工艺等传承人才。组织专家编写和出版了《蚩尤魂系的家园》《走进雷山苗族古村落》等 20 多部苗文化研究丛书，并在中小学校开设民族文化课。

（二）生态博物馆模式

生态博物馆理念产生于 20 世纪 70 年代，目的是以一种"活体博物馆"的形式对传统村落的自然生态和人文生态进行真实性、完整性和原生性的保护，将人、物与环境置于固有的生态关系中，使其既成为活态展示的一部分，又能得到和谐发展。

由于有国际生态博物馆理论的支撑，再加上多年的不断实践，贵州省率先建立一批生态博物馆，并走出了符合本地实际的生态博物馆建设和发展道路，成为传统村落保护发展研究的新方向和传统村落助推脱贫的新样本。贵州省最早建成的四大生态博物馆（六枝梭戛苗族生态博物馆、黎平堂安侗族生态博物馆、锦屏隆里古城生态博物馆、花溪镇山布依族生态博物馆）中，有两个（堂安、隆里）都位于黔东南洲。其中堂安侗族生态博物馆还是"全国首批生态（社区）博物馆示范点"。

此外，经过近 20 年的理论研究及实践探索，黔东南州又创建了一批以国际、国家、民间命名的生态博物馆，对黔东南传统村落文化遗产的整体性保护与创新性发展及助推脱贫发挥了极其关键的作用。

目前，这批新建生态博物馆中，既有对村落建筑景观、自然风貌、空间布局、巷道肌理等物质文化遗产层面的观照，又有对搜集、整理、恢复及研究村落历史、文物古迹等遗产的信息资料中心和其他诸如岁时节令、表演技艺、民俗风情等文化空间中非物质文化遗产层面的重视。

1. 物质文化遗产保护利用带动脱贫

贵州生态博物馆通常是把一个传统村落都作为一个博物馆来进行整体性保护和规划。如黔东南的传统村落生态博物馆总体上可归属于文化景观类别，自然景观和农耕景观特色较为浓郁。自然景观与建筑景观、村巷肌理风貌密切相连，都是保护的重要内容。从物质文化遗产层面梳理村落文化景观构成要素，既有品类繁多、风格独特的各类公共建筑、小品建筑，如鼓楼、风雨桥、戏台、芦笙场、踩鼓场、禾仓、古老造纸作坊等，又有穿插于村落中的小道、田坎、溪流、鱼塘、菜地、古树等自然生态景观。此外，还有活态呈现的人文景观，如三五成群玩耍的孩童，河边洗衣漂布的苗、侗少女，田间地头耕作的农人，风雨桥上、鼓楼中围着篝火抽烟、议事的老人等。三者结合，极大地丰富了村落文化景观的内容，并赋予了村落无尽活力。由此可见，生态博物馆实施物质文化遗产保护发展助推脱贫，必须涵盖建筑景观、自然生态景观和人文景观三方面的内容。

（1）建筑景观和自然生态景观。建筑景观在现有传统村落中普遍保存数量不多，但因历史悠久、文化底蕴深厚、建造工艺精湛，景观价值较高，如风雨桥、鼓楼等，对于这类建筑都是采取挂牌保护。此外，还着重保护村巷肌理。传统村落的村巷肌理及其风貌通常和自然生态景观相结合，是村民日常交往的空间，是各种民俗活动展演的主要路线，反映了贵州传统村落特色，是整个村落的骨架，直接影响着村落形态的完整与否。贵州传统村落大多居于山区，民族构成较多，生活习性存在较大差异，地势复杂，村落和村落的空间布局、巷道肌理都各有差别，而各村巷连接处的轴心空间则是公共建筑中最能展现个体魅力之处。例如：从江县小黄侗寨的寨心鼓楼就是村巷的连接点；雷山县西江千户苗寨前的广场是千户苗寨的"门脸"；锦屏县河口乡文斗村的"石景"也是匠心独运，村落道路不仅由石板铺就，上面还有一系列石景，如石桥、石碑、石井、石缸、石鼓、石墙、石坎、石台等。它们是传统村落助推脱贫的宝贵资源。因此，在生态博物馆的文旅发展中将其列为保护的重点，强化其作为村落特色文化景观的地位。

（2）人文景观。传统民居也是传统村落人文景观的重要构成。因其仍被村民居住，通常村民会进行自行维修，反而给传统村落整体保护和规划带来一定障碍。在传统社会里，村落的建筑工匠秉承的都是传统的建造技艺，村落民居几乎都是遵循古法进行营造和修缮。而现代社会中，因村民普遍外出打工，受到现代建造工艺影响，施工技艺也大幅偏离了传统。如果没有正确的引导，村民回乡建房施工时容易出现破坏村落整体布局和传统风貌的情况。对此，贵州省相关部门高度重视，采用多种方式，搭建多种平台，开展相关培训，帮助村民增强自我文化认同，培育整体保护和科学保护的意识，从而使他们认识到正是因为众多的传统民居聚集成群才构成整个村落完整的形态特点，一旦民居的传统风貌被破坏，村落的整体魅力也将大打折扣，对游客的吸引力也必然降低。

2. 非物质文化遗产保护发展助推脱贫

贵州省入选生态博物馆的传统村落除了别具一格、保存完整的物质文化遗产外，还有历史悠久的非物质文化遗产，开展好生态博物馆的整体性保护和活态性保护，在"大扶贫"战略下更为重要。相关部门从"非遗"的文化活动、文化空间和传承人这三个方面进行了保护发展。

（1）"非遗"文化活动和文化空间的保护发展。文化活动（文化事项）是"非遗"最重要的构成要素之一。如黔东南的传统村落里就有侗族大歌节、三月三、六月六、开鱼节、谷雨节、水族端节、苗年节、侗年节、鼓藏节等。除了要保护"非遗"项目本身以外，还要注重保护其作为载体依存的文化空间。对此，黔东南州充分发挥村民及相关专业人员的能动性，全面地梳理了村落中各类别的"非遗"项目，对其进行收集整理、归类造册和数字化录入等静态保护。同时，还将重点放在对其活态保护上。比如，建造吊脚楼、风雨桥、鼓楼时要举行相应的施工仪式，严格按照传统的建筑原理和方式进行。此外，除了按照生产生活实际所需进行建造外，有一些营造技艺还可在节庆活动等特殊日子进行表演性展示。而其他"非遗"项目同样秉承这种理念，即将"生产生活"与展示表演结合起来。一方面，能遵循传统，回归生活本身，保证其原生性；另一方面，通过向外界展示表演而获得文化认可，吸引到游客，得到一定的经济回报，从而增强村民的文化自觉、自信，提高村民对村落文化遗产保护的自觉。

（2）"非遗"传承人的培养。贵州传统村落的生态博物馆模式推陈出新之处就在于它有别于传统博物馆理念，而强调"活态"保护。这种"活"也体现在大力保护村落各级"非遗"传承人和培养年轻的接班人等方面。"非遗"有别于物质文化遗产，它必须依托人而存在，许多"非遗"项目皆因其传承人的逝去而消亡。因此，培育"非遗"接班人，才能真正实现生态博物馆"非遗"项目的可持续发展，在保护的基础上也才能利用一部分"非遗"项目拓宽相关文化产业助推脱贫的路径。

最有代表性的就是黎平县的茅贡文化创意小镇，这是在地扪侗族人文生态博物馆的基础上，为实现传统村落保护窗口前移而打造的，是充分利用传统村落资源带动周边发展的典型。小镇的规划思路源于其所辖村寨——地扪的生态实践，目的是将地扪的旅游服务中心端口前置于乡镇，形成一道保护和留住村落"乡愁"的"防火墙"。其在规划建设中除了保持乡镇建制所必需的空间布局外，更结合当地特有的文化基因，充分利用原有废旧空间搭建产业构架，建设了"粮库艺术中心""创客中心""电商物流中心""贵州匠人乡土建筑营造社""农特产品产业园""百里侗寨·茅贡旅游服务中心"等文创产业功能区，实现传统村落、创意乡村和公共艺术的价值叠加，高效输出文化，将村落的文化价值创造性地扩展释放，拓宽了贵州传统村落的脱贫思路，增强了文化产业助推脱贫的活力。

（三）文旅产业模式

相较其他模式而言，文旅产业模式是贵州传统村落在参与脱贫的探索中逐渐形成且较为成熟、有效的模式。这种模式要求传统村落的开发要对各自资源进行系统梳理，并根据实际情况和地域、民族特色进行科学布局、准确定位及合理规划，打造"人无我有、人有我特"的文旅品牌和文旅形象，杜绝"千村一面"的雷同化，从而推动村落稳步有序发展。同时，更要遵循国家文物保护法中"保存现状"和"恢复原状"的两个基本原则[1]，在重点保护传统村落历史文化遗产和自然景观的前提下，充分利用村落的文化资源，突出蕴含在村寨中的生态文化、历史文化、民族文化等，将村落还原为立体再现传统环境氛围和风貌的"古村落"。

西江千户苗寨就是贵州省文旅产业助推脱贫的一个缩影，形成了特有的"西江模式"，成为很多传统村落发展文旅产业助推脱贫的效仿对象。西江千户苗寨由羊排村、平寨村、也通村、也东村、东引村、南贵村、也薅村和乌嘎村8个自然村组成。据2003年人口普查统计，8个自然村共有1330户，5414人，苗族人口占全寨的99.5%，因此得名"千户苗寨"，是中国最大的苗族古村，也是目前中国乃至全世界最大的苗族聚居村落。"1982年，西江被贵州省人民政府列为贵州东线民族风情旅游景点，1992年被列为省级文物保护单位，2004年被列为全省首期村镇保护和建设项目5个重点民族村镇之一，2005年11月'中国民族博物馆西江千户苗寨馆'挂牌。"[2] 据统计，在2008年之前，到西江旅游的游客大都是散客，人数较少。近年来，在贵州"大文化+大旅游"助推脱贫框架下，西江千户苗

---

① 《中华人民共和国文物保护法实施条例》，2003年5月18日发布。

② 李天翼主编《西江模式：西江千户苗寨景区十年发展报告（2008~2018）》，社会科学文献出版社，2018。

寨的文旅产业不断得到拓展，村落接待游客人数与村落经济收入有了巨幅增长。2007 年西江村民人均收入为 1700 元，到 2017 年，人均收入达到了 22100 元，增长了 12 倍，户均约 86190 元。西江的文旅产业模式对贵州传统村落参与脱贫发挥了激励和引领作用，其主要经历了以下三个阶段。

初始期。1991 年贵州省率先提出文化旅游助推脱贫的理念，提出"以文化旅游促进对外开放和脱贫致富"的指导思想，黔东南州西江苗寨被列入首批试点景区。文旅脱贫的宗旨是通过深入挖掘贫困村落独特的文旅资源，找准定位，以文促旅，开发文旅产业，从而使贫困户获得经济效益。因为文旅产品的开发、推广与销售几乎都是同时发生在贫困村落，以销带产，可以实现资金、资源和技术的输入，增强贫困村落的"造血功能"，达到脱贫致富的终极目标。在此时期，将西江作为试点脱贫的阶段性目标是改变村落原有的大面积贫困现状，采取的方式是大力支持村落发展文旅业，以此带动村落经济增长，提高村民收入。2002 年贵州省"苗族文化周"会场设在西江，前期就请媒体进行了大幅宣传报道，引起了国内外的广泛关注，吸引了大批游客到访西江，促使部分村民自发地利用民居提供简单餐食和住宿，形成了最早的一批"苗家乐"经营户。2005 年，"中国民族博物馆西江千户苗寨馆"正式挂牌成立。2007 年，西江的"苗家乐"经营户已多达 60 余家。西江年接待游客从开始的几千人次上升到 2007 年的 11.5 万人次，村民的人均收入从 400 元上升到 1700 元，普遍贫困的状况得到解决。[①]

发展期。2008 年，第三届贵州省旅游产业发展大会将西江定为主会场，此举既给西江带来了 2.7 亿元的旅游基础建设资金，又吸引了各类媒体给予西江持续报道和重点关注。西江苗寨趁势而起，被打造成贵州文旅产业的一线品牌。西江更是荣获了"中国文旅产业飞燕奖""最佳景观村落"等称号。与此同时，村民的贫困问题不仅得到根本性解决，而且人均收入也逐年大幅度提高。据黔东南苗族侗族自治州人民政府工作报告，"这个阶段，在当地政府主导下，西江苗寨旅游基础设施不断完善、旅游服务水平不断提高、旅游人次与旅游综合收入快速增长。2011 年，西江年接待游客

---

① 李天翼主编《西江模式：西江千户苗寨景区十年发展报告 (2008 ~ 2018)》，社会科学文献出版社，2018。

240.35 万人次，实现旅游综合收入 9.52 亿元，村民人均年收入达到 4800 元（2011 年国家统计局公布的贫困线标准为 2300 元），全面实现区域性脱贫，文旅脱贫的阶段性目标基本完成。"①

成熟期。2011 年至 2013 年，西江年接待游客人次总体呈下降趋势，但文旅收入仍然持续增长。2016 年，西江接待游客 272.56 万人次，实现文旅综合收入达 21.36 亿元，村民人均年收入超过 2 万元②，西江进入文旅发展的成熟时期。在这个阶段，文化的有机注入在"西江模式"中发挥的作用愈加突出。西江千户苗寨的文旅产业找准了市场的需求，实现自我升级，不断研发生态旅游创意、创新产品，注重文旅项目的体验感，让游客能够留得下，发展了夜间经济。主要途径如下：一是不断丰富生态旅游的观光内容。游客进入西江后，不仅可以领略千户苗寨的自然生态风貌和保存完好的苗族建筑，还可以欣赏苗族人民在田间地头耕作、苗岭飞歌和夜晚游方的景象等，从而增加新鲜感，满足好奇心。二是不断完善文化旅游的体验项目，主打是体验黔东南苗族风情，品千户长桌宴，赏干栏式吊脚楼民居，参与苗族"吃新节""苗年节"等节庆活动，从而深度参与和体验苗族独特的文化。三是不断开发具有苗族特色的文化旅游商品，如苗银饰品、苗族蜡染、苗族刺绣等手工艺品和苗家风味的餐食、小吃等。

近年来，西江苗寨更是先后获得一系列荣誉称号，如全国农业旅游示范点、"中国乡村旅游'飞燕奖'暨最佳民俗文化奖"和"最佳景观村落"等，脱贫成效令人瞩目。西江苗寨转变文旅产业助推脱贫模式，从政府主导慢慢转变为以西江千户苗寨旅游公司为经营主体进行企业化管理。这种根据不同发展时期采取不同发展模式的做法，有利于把握文旅市场的需求，发挥西江苗寨的品牌效应。比如在合理设计和组合文旅路线、安排参与文旅活动特别是技艺类表演的人员、培训对外宣传营销和旅游从业人员等方面西江千户苗寨旅游公司都做出了实践探索，并取得一定成效，显著提高了西江文旅服务质量，极大提升了西江千户苗寨的知名度。至 2017 年，西江千户苗寨已有从业人员 1120 人，"农家乐"经营户 138 户。其中，接待能力较强的有 49 户，日接待游客量在 100 人次以上的农家乐有 25 户，给西江当地村民创造

---

① 黔东南苗族侗族自治州人民政府网站：黔东南苗族侗族自治州人民政府工作报告（2008—2010），http：//www. qdn. gov. cn/xxgk/zdgk/ghjh/zfgzbg/，最后访问日期：2020 年 7 月 10 日。
② 黔东南苗族侗族自治州人民政府网站：黔东南苗族侗族自治州人民政府工作报告（2011—2016），http：//www. qdn. gov. cn/xxgk/zdgk/ghjh/zfgzbg/，最后访问日期：2020 年 7 月 10 日。

直接就业岗位达 600 多个，有力地促进了当地村民群众增收致富。①

铜仁市万山区朱砂古镇的富民成效也值得一提。根据万山区委书记田玉军的介绍，2015 年 7 月，万山区与江西吉阳集团合作，围绕朱砂古镇独有的丹砂文化，"按照国家 5A 级景区标准对原废弃汞矿遗址进行整体连片开发，打造了中国第一个以山地工业文明为主题的矿山休闲怀旧小镇。在开发过程中，坚持采取了'旅游业 + 贫困户'模式，与敖寨乡、黄道乡 750 个贫困户建立对口帮扶机制，按照每户 4 万元的产业扶贫项目基金，共计投入 3000 万元扶贫项目基金入股朱砂古镇，并按实际投资比例用于贫困户每年结算的滚动分红。同时，优先解决当地贫困群众就地创业、就业问题，在景区统一规划出近百家商铺，实行统一管理，并交给贫困户从事各类文旅相关经营活动。"② 截至 2016 年 5 月，景区运营以来已接待游客数百万人次，带动当地上千贫困人口在景区内自主创业，实现了增收致富。

除这种特色小镇文化旅游模式之外，还有发展特色文化产业带动传统村落脱贫的典型。比如：黔东南州丹寨县卡拉村是个典型的苗族村寨，村落的原著村民是丹寨苗族的分支，以鸟为图腾崇拜，向来有养鸟和斗鸟的习惯与爱好，鸟笼编织技艺也因此独具匠心，格外精湛，世代相传，并于 2007 年被列入贵州省非物质文化遗产名录。在政府的引导下，卡拉村发挥当地鸟笼编制传统工艺的优势，结合市场需求，采取"公司 + 农户"的形式办起了丹寨县民族工艺鸟笼厂、丹艺鸟笼公司、寅霞鸟笼公司、丹寨县民族文化手工制品展示厅③等多个依托传统工艺并融入创新思维的鸟笼公司，促进了村落鸟笼创意产业的发展，成为声名斐然的"鸟笼艺术编制之乡"。卡拉村的鸟笼分普通笼和精品笼两种，其创意产业主要体现在精品笼上。卡拉鸟笼的传承人吴文军主要是从事精品笼的设计和生产，据他介绍："别人一天做十只，我做一只最快也要五六天。"为了提高精品笼的艺术特性和民族特色，吴文军花费了大量时间和精力钻研鸟笼的设计和雕镂。他的作品异彩纷呈，涵盖了鸟图腾、蝴蝶图腾和苗龙等苗族风格的图案，鲜活生动，独树一

---

① 黔东南苗族侗族自治州人民政府网站：黔东南苗族侗族自治州人民政府工作报告（2017—2018），http：//www.qdn.gov.cn/xxgk/zdgk/ghjh/zfgzbg/，最后访问日期：2020 年 7 月 10 日。

② 《万山区委书记田玉军：革新观念推动资源枯竭型城市绿色转型》，《贵州日报》2017 年 8 月 13 日，第 2 版。

③ 《丹寨卡拉村：小鸟笼"编"出大市场》，贵州旅游在线：http：//www.gz - travel.net/rwgz/mswh/qdn/201411/20183.html，最后访问日期：2020 年 7 月 10 日。

帜。此外，吴文军还领头开发了精品笼的创意衍生品，如更加精致小巧的鸟笼摆件、鸟笼纪念品等。这些融入了现代创意的鸟笼衍生品更富形式美感、民族特色和文化气息，也更能满足文旅市场的多种需求。

此外，爱马仕公司历经 5 年的考察时间，与黔东南州三棵树镇的太阳鼓苗侗服饰博物馆定向合作，从黔东南州多个苗族、侗族传统村落绣娘的数万件手工刺绣精品中提炼和汲取了创意元素，并用于爱马仕的产品设计中，实现了贵州传统苗侗刺绣工艺与国际时尚奢侈品牌的特色产业融合，直接带动了黔东南州苗侗传统村落贫困妇女的就业增收。此外，借力与爱马仕公司的合作基础，太阳鼓苗侗服饰博物馆还自主开发了"苗疆故事"创意产品，产品主要体现三个特色：其一，每一件产品的创意元素都采集自博物馆藏品。其二，每一件产品里都围绕"苗疆故事"深入挖掘苗族文化内涵作为文化支撑。其三，每件成品的设计都由国际前沿时尚设计师完成，保证了成品的品质和视觉效果。太阳鼓苗侗服饰博物馆关于时尚和民族、传统与现代相融合的探索无疑是发展"特、精、新"村落文化创意项目的样本。

三　地扪侗族人文生态博物馆：传统村落助力脱贫攻坚

贵州省黎平县地扪村是由 5 个自然寨组成的侗寨，全寨共 588 户。虽然一半以上的村民只能说侗语，但是同年农村贫困发生率却比毛贡镇域内其他村寨低近 7%，当地民风淳朴，传统民族文化、农耕文化保存相对完整，而且有相当一部分青壮年主动留在地扪发展各类经济实体。其中，地扪村最特殊之处在于村里的地扪侗族人文生态博物馆。地扪侗族人文生态博物馆由现任黎平县侗族文化生态保护与发展顾问任和昕先生在 2004 年底筹资建立，是一个以地扪侗寨为核心，辐射周边 15 个侗寨的侗族文化生态保护区，也就是将一个特定社区的特有自然文化遗产原状保存于该社区内，并为本社区居民追溯历史、掌握和创造未来发展而服务的"博物馆"，内设有信息资料中心、文化传承中心、社区研究中心和社区发展中心，具体承担相应保护和发展职能。十六年来，地扪侗族人文生态博物馆从保护民族文化实现地方发展的角度出发，推动整合各方资源，培养了当地村民的文化自觉和文化自信，并在已经实现自身成熟运转的前提下，带动地扪村形成一个能引导村民共建共享的发展模式，帮助地扪村根除滋生的贫困文化，使村民的生活态度更积极向上，村落和个人都得到了很好的发展。很明显，已经形成的地扪模式不是一蹴而就，是实践中不断探索出来的，考虑其形成的历史因素及运行主体的复杂性，现将"地扪模式"初步表述为"以地扪侗族人文生态博物馆促动地扪文化自觉，以地扪管委会推动文化共建，以'村落文化保育和社区发展公共基金'带动文化共享的侗寨文化保护与社区建设互动模式"。

（一）以地扪侗族人文生态博物馆促动文化自觉

据资料记载，地扪村建寨已有700余年历史，其侗族文化积淀深厚，是一块难得的瑰宝。但是，地扪村村民一直对自己的文化认识模糊，不能深刻理解其文化在世界的地位作用，不能准确把握其文化的发展规律，也缺乏发展当地文化的历史责任担当。因此，如果他们没有形成自己的文化自觉就谈不上文化自信，更谈不上对地扪的文化传承和发展。而地扪侗族人文生态博物馆的出现促动了当地村民的文化自觉，使地扪村正逐渐走出原来的文化困境。

地扪侗族人文生态博物馆不是凭空落地，是中国西部文化工作室运用香港明德创意集团公益资助的30万元建立起来的，是一个民办非营利生态博物馆，同时也是社区文化管理和公共服务机构。最初，以任和昕先生为主的中国西部文化工作室希望能通过生态博物馆活态地记录、整理和保护地扪村的侗寨文化。但是他们明白，仅从保护谈保护很片面，博物馆还必须服务于文化自觉，促进村民文化自觉，培养村民成为文化保护和村落发展的源动力。因此，地扪侗族人文生态博物馆通过信息资料中心记录、整理、搜集、保存地扪村相关信息资料，比如村民个人档案、日常劳作资料、节庆影像资料等；通过文化传承中心建立侗歌侗戏馆和社区学校，设立"文化传承助学奖"，与地扪小学共同培养"文化传承人"；通过社区研究中心整合国内、国际研究资源，对地扪的建筑、农耕、社区文化等进行研究，搭建文化交流平台；通过社区发展中心以"农户＋博物馆＋创意联盟"的方式，整合营销、设计包装创意和农业资源，按照4：2：4的比例分配各自利润，维持博物馆运行。经过博物馆多年的努力，当地村民开始认同接纳地扪生态博物馆，地扪寨老和各组组长也将博物馆内的社区交流中心列为地扪新寨第12组，允许博物馆与其他11组共同参与村内大小事务。特别是最近10年，在地扪侗族人文生态博物馆引领下，地扪村逐渐被社会广泛知晓，不仅得到美国《国家地理》杂志的深度报道，还获得 2012 年"美国国家艺术人文青年活动奖"，国际认知度不断提高，并获得中国银行贵州省分行资助实施"地扪侗族靛染手工技艺传承和创意产品设计项目"、北京东方高圣投资管理咨询公司资助推动"社区学校城乡互动项目"，又与北京大学、清华大学、同济大学、中山大学、复旦大学、南开大学、中央民族大学、贵州大学、贵州民族大学以及香港大学、香港中文大学、香港城市大学、美国耶鲁大学、美国亚洲学会等大学和研究机构建立了长期合作，每年都会邀请相关学者、大学志愿者到地扪村进行科研、教育和文化交流。

实际上，在这些交流互动的过程中，地扪村村民早已透过地扪侗族人文生态博物馆发现外界非常珍视尊重当地文化，已经意识到自己侗寨文化的价值。故而，生态博物馆就像投入水中的石头，使水面泛起层层涟漪，推动地扪村向重拾对本族文化的认同感和自豪感的道路上前进，促动村民在发展中开始形成文化自觉，主动参与乡村建设和保护工作，为地扪模式形成打下了坚实的群众基础，为该模式提供了原始发展动力和框架。

（二）以地扪管委会推动文化共建

"地扪模式"在以地扪侗族人文生态博物馆促动当地文化自觉的基础上，还以地扪管委会推动当地文化共建，由地扪管委会承担文化扶贫的具体工作。2004 年以前，地扪村支两委负责地扪文化建设的主要工作，但受到自然、经济、社会条件的限制，他们仅机械地完成上级政府分配的政治任务，没有主动寻找创造新的机会和路径。虽然地扪生态博物馆能初步带动地扪村发展，进行文化建设，但它与毛贡镇政府、地扪村两委的关系复杂，沟通成本高，这使得地扪村文化扶贫的组织化程度低，有"小而散"的特点。其实，在地扪生态博物馆的促动下，无论是政府还是当地村民都有参与本土文化保护和地扪社区发展的意愿，只是缺乏一个能带动各方资源的组织保障。因此，为了更好地满足保护侗寨文化和发展地扪村的需求，在 2014 年成立了地扪 – 登岑侗寨传统村落整体保护利用管理委员会（以下简称地扪管委会），希望通过地扪管委会推动文化共建，为文化扶贫的"地扪模式"提供组织保障。

地扪管委会是茅贡镇党委、政府，地扪村两委，地扪侗族人文生态博物馆共同构建的三位一体联合工作机制，这进一步强化了生态博物馆与村寨社区和地方政府的互动关系，并通过社区联席会议制度、村务扩大会议制度、生态博物馆社区协商会议制度等形式，推动村寨社区公共事务民主协商和监督管理，保障村民的知情权、参与权、决策权、监督权、发展权，完善"政府推动、村民主体、社会参与"为创新特色的传统村落整体保护共建长效机制。地扪管委会跳出文化建设的传统框架，以保护和发展地扪文化为前提：通过发展特色实体经济，来共同为文化建设服务；通过调度，政府能借助委托项目实施、购买服务等形式，鼓励地扪侗族人文生态博物馆在传统村落保护发展中进一步发挥文化管理、专业指导、社区服务、能力培训、品牌构建等方面的社会功能和资源优势；通过政府政策倾斜，比如利用《地扪－登岑侗寨传统村落整体保护利用工作实施方案》（黎平党办通〔2014〕90号），获得更多政策红利；村民则能利用当地自然和文化资源发展可持续的乡村产业、发展以自身为经营主体的各类经济实体，具体依托当地社区特有的农业文化遗产，规划建立了"稻鱼鸭复合农业生态保护区"，恢复重建"稻鱼鸭"和"牛耕"自然农作方式，延续"耕种一季稻、放养一批鱼、饲养一群鸭"的复合农业生产方式，利用搭建起的地扪供销社"农村电商平台"，推进城市家庭与农村家庭"手拉手"农特产品定制服务；建立起"乡村文化创意产业园"，培育以"乡土文化、乡村物产、乡间手艺、乡居生活"为依托的乡村文化创意产业，通过构建"创意乡村－农心匠意品牌""创意乡村－设计师品牌"等合作机制，协助国内外艺术家、设计师深入村寨考察体悟，与当地手艺人一起工作，促进传统手艺与现代创意设计双向互动，生产具有"适用、时尚"价值的传统手工创意产品。更重要的，地扪跳出传统旅游的产业思维和发展模式，培育出以乡土文化和乡居生活体验为特征的休闲度假型乡村文化旅游，为来访客人提供不同于"农家乐"和农业农村观光、民族村寨采风的"深度文化认知和乡风民俗体验"，引导村寨社区旅游朝"小众群体、有限服务、养身养心"方向发展，已建立起农特产品合作、社歌师手艺合作社、乡村旅游合作社等，这不仅可以增加约1300人的日常收入，还能在发展中共建文化。

在地扪模式中，地扪管委会很好地定位了自身作为"调度型组织"的功能，坚持"各负其责，统筹协调"的组织模式，能够循序渐进地通过制定适宜的款约制度，调度各方资源力量将文化融入经济，发展地扪村特色村落实体经济，从不同角度多方联动地、活态地推动文化共建，使组织化保障体系得到不断地完善，是文化扶贫的"地扪模式"的决策者和执行者。

（三）以村落文化保育和社区发展公共基金带动文化共享

地扪管委会为"地扪模式"提供了有效的组织保障，而"地扪模式"的运转也离不开资金支持。地扪村村落文化保育和社区发展公共基金就在该模式中担当了资金保障的角色。因为"村落文化保育和社区发展公共基金"成熟以前，地扪村公共文化服务不成体系，基本依靠地扪侗族人文生态博物馆提供的资金带动。而地扪侗族人文生态博物馆主要以"农户＋博物馆＋创意联盟"的方式，通过销售创意农特产品、手工艺品维持收支平衡。一般情况下，博物馆会将所得全部利润按照4：2：4的比例分配给参加劳作的村民、本馆和创意联盟。同时，地扪侗族人文生态博物馆会拿出自己获得收益中的90%用于支持本馆四大中心的基本运行，剩余10%会用来帮扶地扪村公共文化事业。但是地扪侗族人文生态博物馆这10%的资金带动力小，覆盖范围窄，只能简单帮扶地扪村治理公厕卫生，每年资助地扪村部分传统节庆活动200～500元不等，很难通过地扪侗族人文生态博物馆带动地扪村街道、房前屋后卫生治理，消防饮水设施建设，交通建设，文物建筑修缮，侗族文化传承等公共文化共享工程的实施。更重要的是，如果地扪村村民不能提升文化获得感，不能享受到发展带来的便利和实惠，其参与保护建设地扪的积极性和已有的文化自觉就很容易被削弱。

面对这样的可能性，由地扪侗族人文生态博物馆牵头，茅贡乡政府和地扪村两委联合发起建立"村落文化保育和社区发展公共基金"。具体通过"政府资助引导、社会捐助支持、社区产业（博物馆、合作社等）发展公共提留"等形式募集资金，支持村寨文化传承和社区公共服务。同时，公共基金的管理由管委会办公室直接负责，在地扪侗族人文生态博物馆设立专门账户，管委会来监管使用，每个季度定期向扶持、资助、捐助机构（个人）和村寨社区公布公共基金收入和支出情况。按照计划，该公共基金与地扪管委会的工作紧密结合，向地扪村提供村寨社区自我组织日常活动专项资金、社区公共卫生管护专项资金、社区公共服务运营管理专项资金、社区活态文化传承活动专项资金。在基金的支持下，开展"文化传承活动日""百首侗歌传承计划"，设立"文化传承奖学金"。已经实现每周六定期开展侗歌侗戏传承活动，激励地扪村青少年都积极学习侗族各种传统技艺；通过购买服务的方式，也实现了每月两次组织青年侗歌队和老年侗歌队在社区各寨巡回开展侗歌侗戏演出活动；扶持开展千三侗寨"祭祖节"、农历六月六"尝新节"、农历十月初十"平安节"等传统节庆活动，筹划举办一年一度的"地扪侗族国际民俗节"。通过这些活动推动全村村民参与侗寨文化的传承和保护，不断增强村民的文化自信。2018～2019年还评选命名了100名擅长侗族刺绣、侗族乐器、侗茶制作、古法酿酒、古法造纸、纺织靛染等的传统手工技艺传承人，以提高地扪村侗寨文化传承能力；扶持建立起的乡土建筑工匠队还维护修缮了当地文物保护建筑、重要历史建筑、传统公共建筑以及涉及私人产权的文物保护建筑或保护民居建筑。在地扪模式中，村落文化保育和社区发展公共基金已经支持地扪村：安装地扪侗寨输水管1410米，完成村内供水管网和消防高位水池建设工程；安装150盏路灯，完成4000米青石板步道的铺设工程；基本实现村寨社区公共卫生日常管护，即村寨周边、村寨街巷、公共场地、河塘沟渠等公共环境保洁，村寨房前屋后垃圾清捡，村寨生活垃圾收集清运，公共厕所维护管理，村寨卫生每月定期大扫除，也实施了450户三改工程、120户改厕工程、100户改圈工程；建设村民分散污水收集池和污水管网，完成村寨污水处理设施和垃圾焚烧设施建设工程。基金基本可以满足地扪村用水、消防、交通和卫生等方面的需求，为村民提供了更优质的公共文化服务和环境。另外，通过地扪管委会，采用以奖代补的形式，帮助村民重建村组卡房（侗寨食堂），提升其公共用途，恢复重建已经损毁的传统公共建筑，建成村务便民服务中心、村民产品寄卖商店等社区公共服务中心，极大地提高了村民生活品质。

如果说地扪侗族人文生态博物馆和地扪管委会是"地扪模式"的肌肉骨骼和心脏，那么村落文化保育和社区发展公共基金就是连接"地扪模式"心脏和肌肉骨骼的经脉。"地扪模式"倚靠健康运行的基金，真实有效地带动了文化共享，使村民享受到干净便捷的居住环境，并在浓厚的侗寨文化氛围中发扬光大本族文化。

四　结论与启示

（一）只有传承优秀文化基因，才能保障传统村落脱贫持续性

重视传统村落优秀文化基因，是传统村落保护开发的基础和前提，也是传统村落脱贫得以长期持续的重要保障。随着贵州省文旅产业和村落旅游的发展，大量游客涌入传统村落，外来文化势必会渗透村落本土文化，

带来影响甚至冲击。如何保持村落原生优秀文化特色，推动村落旅游可持续性发展，是相关部门制定发展策略时必须重视的问题。此外，要准确认识和深入挖掘传统村落文化内涵，坚决规避重复建设、盲目照抄照搬，模式单一、缺乏基于本地特色的"创新"。只有充分挖掘传统村落人文、历史、环境、生态、农业等相关特色，坚持原住房、原住居民、原生活、原生产、原生态的原则，才能确定传统村落文旅发展重点，形成特色文旅产品，提升传统村落文旅发展竞争优势，促进脱贫可持续性。

（二）只有重视村民利益链接，才能激发传统村落脱贫活力

从贵州文化扶贫取得的成效、经验和采用的传统村落脱贫模式看，村落居民参与当地文旅资源开发的程度，决定了该传统村落脱贫的广度和深度。对于传统村落文旅脱贫项目，村落居民脱贫才是最终目标，他们在村落文旅开发中的参与方式和参与深度直接关系到能否建立一个公平合理的利益分配机制，以及最终的脱贫目标能否实现。重视村落居民利益，确保他们在传统村落文旅脱贫项目中成为受益主体：一是有利于实现传统村落文旅脱贫项目的投资主体多元化，加强对村落居民的组织引导力度，使他们以一定的组织形式参与到文旅开发项目中，可以实现多利益主体的相互制衡和共促发展；二是有利于加大村落居民脱贫的主动性，使村落居民自愿积极地接受相关部门对其进行增收技能培训和文旅商品开发的技术帮扶，提高自身的文旅从业能力和综合素质，促使"输血扶贫"转化为"造血扶贫"；三是有利于政府在传统村落文旅产业脱贫项目中科学设置有关反映村落居民利益诉求的指标，夯实传统村落脱贫基础，保障传统村落脱贫目标最终实现。

（三）只有抓好"领头羊"，才能增强传统村落脱贫能力

在贵州的众多传统村落，返乡农民工都起到了引领村落贫困人口创业、就业增收致富的"领头羊"作用。因此，加强返乡农民工文化建设尤为重要，是增强传统村落脱贫动能、引导传统村落脱贫自信的关键。首先，有利于推进新型乡村文明的构建。返乡农民工群体既是城市文化的融合者，又是重构乡村文明的建设者。长期的城市务工经历让他们学习了城市勇于追求的奋斗精神、自由平等的竞争观念，返乡后又通过自身将这些城市精神传播到农村，对于改变贫困地区的陈旧风气和落后文化、改造和克服部分贫困地区群众消极"等、靠、要"思想和"自在贫中不知贫，懒散无为

混春秋"的麻木状况具有重要作用。而在向农村传播和导入新观念、新思想的同时，诚实守信、勤劳纯朴、真诚友善等优秀的乡村文化又能很好地在他们的身上继续发生作用，进而能够很好地推进新型乡村文明的良性构建。其次，有利于农村文化产业的开发与建设。返乡农民工经历过城市生活并掌握了一定的现代企业管理经验，除了给乡村带来新的思想观念和生活方式，还能贡献一定的资金、技术和管理经验，助力农村文化产业的孵化，带动农民工返乡就业和本地贫困人口就近就业，改变农村家庭"空巢化"和农村社会"空穴化"现象。

第五章 "千村百节"：贵州文化扶贫的惠民平台

  贵州省黔东南苗族侗族自治州位于贵州省东南部，总面积 3.0337 万平方千米，占全省总面积的 17.2%，聚居着苗族、侗族、汉族、布依族等 36 个民族，少数民族人口占总户籍人口 80% 以上，是全国 30 个民族自治州中少数民族人口绝对数最多，苗侗民族人口最多、最集中的地区。黔东南州是"世界苗侗原生态文化遗产保留核心地"，是世界乡土文化保护基金授予的全球 18 个生态文化保护圈之一，也被联合国教科文组织列为世界十大"返璞归真，回归自然"旅游目的地首选地之一。黔东南还拥有人类非物质文化遗产代表作名录项目"侗族大歌"和世界自然遗产项目施秉云台山两张世界级名片。尤为突出的是，黔东南民族传统节日众多，每年达 390 余个，有"百节之乡"的美称。然而随着时代的变化，各种民间节庆活动出现年长群众对传统节日热爱、渴望而年轻人冷落、漠视的反差现象，节庆文化的凝聚、交流、娱乐等传统功能逐渐弱化。在此背景下，黔东南州开始积极探索地域特色公共文化服务体系建设之路，从丰富的节庆资源入手，自 2013 年起开始大力实施"千村百节"活动，逐步建立了州、县、乡、村四级联动的运作机制，并有效吸纳社会资本共同投入建设鼓楼、花桥、芦笙场、踩歌堂、斗牛场等民间公共文化服务设施，在满足群众精神文化需求的同时，有效助推地方经济社会发展，发挥了多方面的聚能效应。2015 年，"贵州省黔东南苗族侗族自治州'千村百节'活跃民族地区群众文化生活"项目入选文化部第三批创建国家公共文化服务体系示范项目名单，进一步将地方经验赋予了国家层面的示范价值。"千村百节"活动不仅是对传统节日的鼓励和扶持，还将立足本土文化特色的新创节日纳入其中，成为以节庆品牌支撑特色公共文化服务体系建设助力脱贫攻坚的有力抓手，目前项目已实现对全州 16 个县（市）、202 个乡镇（街道）、3315 个村（社区）的全覆盖，节日经济与长远效应、地域文化品牌与民生普惠的融合相得益彰，成为贵州文化扶贫具有代表性的惠民平台，开启了节庆文化品牌育民、励民、惠民、富民的文化扶贫新路径。由此，对其形成脉络的探寻、实践路径的梳理、活动成效的考量等具有重要现实意义。

一 传统节庆：民族贫困地区的惠民资源

改革开放以来，我国的节日体系不断完善，但由于西方文化的冲击和现代文明的发展、洋节的兴起，传统节日一度式微。而随着我国非物质文化遗产保护工作的升温，传统节日文化保护问题越来越受到关注，传统节日的重要价值逐渐为社会所认识和重视，传统节日活动又开始得到积极举办。民族贫困地区也越来越认识到传统节庆资源的惠民价值，着力打造自己的节庆品牌。

（一）传统节庆日益彰显惠民价值

据《中国民族节日大全》统计，全国 56 个民族的传统节日共有 5884 个[1]。长期以来，民族传统节日并没有被纳入法律体系予以保护。直到 2003 年，随着联合国《保护非物质文化遗产公约》的出台，各种传统的民族节日（节庆）才作为非物质文化遗产成为各国政府应予保护对象。2005 年，国家多部门联合发布了《关于运用传统节日弘扬民族文化的优秀传统的意见》，明确了运用传统节日弘扬民族文化的工作原则、要求和具体部署。2007 年，《全国年节及纪念日放假办法》颁布，明确了春节、清明节、端午节、中秋节为我国法定节假日。而从 2006 年《国务院关于公布第一批国家级非物质文化遗产名录的通知》下发到 2019 年，国家已公布了 4 批国家级非物质文化遗产名录——4 批 1372 个国家级代表性项目，包含 3154 个子项[2]，入选的若干少数民族节日也成为受国家保护的文化对象。多年来，党和国家关于中华优秀传统文化的一系列指示精神和节日的政策举措，为各省（区）市的具体工作提出了要求，也指明了方向。

贵州历来较为重视民族节日文化。据统计，全省境内有大小节日 1000

---

[1] 高占祥：《中国民族节日大全》，知识出版社，1993。该书由文化部群众文化司和民族文化司主持，来自全国 19 个少数民族居住省份的文化干部参加编纂。

[2] 2019 年 6 月 20 日，文旅部又下发《文化和旅游部关于推荐申报第五批国家级非物质文化遗产代表性项目的通知》（文旅非遗发〔2019〕81 号）组织各地开展相关推荐申报工作。

多个，形成了从农历正月到腊月都有节庆的盛况。早在 2002 年，《贵州省民族民间文化保护条例》的出台，就已经将少数民族传统节庆文化纳入民族民间文化保护的重要内容，这为贵州省世居少数民族传统节庆文化提供了坚实的法治保障。到 2011 年，"少数民族节庆扶持推进计划"又被列入《贵州省"十二五"民族事业发展十大推进计划》。2014 年《贵州省非物质文化遗产保护发展规划（2014—2020）》印发，规划提出："发挥'千节之省'优势。保护民族节日原真性，加大宣传力度，形成特色文化品牌。"全省民族节日文化传承和保护成效愈加显著。

　　对贵州少数民族贫困地区来说，却面临一个不容忽视的事实，即资源富集型贫困。这种贫困表现为，其潜在的资源优势在经济困窘的重压之下未能得到充分开发和利用，当地群众坐拥宝库而不自知，在困顿中往往会倾向于以打工的方式游离于繁华大都市寻求生计。就全省来看，受区域整体贫困与民族地区发展滞后、经济建设落后与生态环境脆弱、人口素质偏低与公共服务滞后等"三重矛盾"并存的制约，扶贫攻坚任务十分繁重艰巨，贫困已经成为贵州决胜全面小康的最大短板。就黔东南州而言，它又是贵州的最大短板。截至"十一五"期末，全州 16 个县市中有 14 个国家扶贫开发重点县，贫困发生率为 42.11%，位列全省之首。而到 2015 年底，全州贫困人口由 2011 年的 167.29 万人减少到 84.32 万人，贫困发生率降到 21.69%。[1] 但这一比例仍然相当高。[2] 而到 2018 年，"预计减少贫困人口 30.51 万人，13 个贫困乡镇县级自查达到省标'脱贫摘帽'要求，612 个达到贫困村出列条件。预计贫困发生率从 14.4% 下降到 7.0%。"[3] 2019 年，贫困人口大幅减少，"2019 年，全州贫困人口预计减少到 4.86 万人，全年预计减少贫困人口 23.51 万人，占省指导性计划 21.79 万人的 107.89%，贫困发生率从 7% 下降到 1.19%。其中，凯里、丹寨、麻江、施秉、镇远、三

---

[1] 《黔东南 5 年减少一半贫困人口 贫困发生率降至 21.69%》，《人民日报》2016 年 7 月 25 日。

[2] 黔东南州第十三届人大常委会主任罗亮权指出："'十三五'时期，全州扶贫还有硬骨头要啃，2016 年至 2018 年为重点攻坚期，主要目标是全州实现精准脱贫 82 万人以上。"参见罗亮权《"十三五"时期黔东南 82 万农村贫困人口需脱贫》，央广网，http://news.cnr.cn/special/2016lh/zbj/fp/myl/20160304/t20160304_521538932.shtml，最后访问日期：2020 年 8 月 7 日。

[3] 见《黔东南苗族侗族自治州 2018 年国民经济和社会发展统计公报》，黔东南州人民政府官网，http://www.qdn.gov.cn/xxgk/zdgk/tjxx/tjnb/201904/t20190401_5074808.html，最后访问日期：2020 年 8 月 7 日。

穗、雷山 7 县市农村贫困人口已全部脱贫。"① 在当地脱贫致富奔小康的征程中，随着经济社会的发展，群众对于精神文化的需求必然会大幅增长。正如习近平总书记 2014 年 10 月 15 日在文艺工作座谈会上的讲话中所说："满足人民日益增长的精神文化需求，必须抓好文化建设，……人民对于精神文化生活的需求时时刻刻都存在。"党的十九大报告进一步指出："满足人民过上美好生活的新期待，必须提供丰富的精神食粮。要深化文化体制改革，完善文化管理体制，加快构建把社会效益放在首位、社会效益和经济效益相统一的体制机制。完善公共文化服务体系，深入实施文化惠民工程，丰富群众性文化活动。加强文物保护利用和文化遗产保护传承。"② 黔东南各族群众自身民族文化活动十分丰富，但由于经济浪潮和外来文化的影响，各族群众为了生计外出务工极为普遍，而留守群体多为老弱病幼群体，民族传统文化备受冲击，作为其中最具代表意义的传统节日也面临衰退和变异，"在当今全球化、现代化浪潮袭来之际，有些（不是全部）传统的民族节日，在传承与延续上，遭遇了遗忘、衰微、趋同化、变味、断裂的困境。"③ 基于此，政府文化主管部门和文化工作者的共同使命首先是提高"文化自觉"，重建更加适合于现代社会发展需要的传统节日文化体系，以节日为依托提供更多人民群众喜闻乐见的文化服务内容。民族地区素来节日众多，节日里，悠扬的旋律、绚丽的服饰、独特的饮食、神秘的仪式、真挚的情感都得以淋漓尽致地展现，广大群众沉醉在自己的节日中。显然，老百姓用自己的方式，过自己的节日，更容易增强民族文化自信心，增强对文化民生政策的获得感，激发人民群众保护民族文化的责任感。一方面，节日构成了他们日常生产生活的有机部分，成为他们喜闻乐见并自觉参与的公共文化活动。另一方面，节日又成为凸显当地特色群众文化生活的重要载体，为当地发展文化旅游产业奠定了基础。但时过境迁，不少节日也面临传承危机，群众非常迫切地期待政府支持民间举办传统节日和民俗活

① 王佳丽：《小康路上 足音铿锵——黔东南州 2019 年脱贫攻坚工作综述》，黔东南新闻网，http://www.qdnrbs.cn/news/content/2020-01/16/84_116329.html，最后访问日期：2020 年 8 月 7 日。

② 习近平：《决胜全面建成小康社会 夺取新时代中国特色社会主义伟大胜利——在中国共产党第十九次全国代表大会上的报告 (2017 年 10 月 18 日)》，中国政府网，http://www.gov.cn/zhuanti/2017-10/27/content_5234876.htm，最后访问日期：2020 年 8 月 7 日。

③ 刘锡诚：《传统节日文化的继承与发展》，《徐州工程学院学报》（社会科学版）2013 年第 4 期，第 76 页。

动。而据了解，当地政府对民族传统节日文化早有重视。如早在 2005 年，该州黎平县岩洞镇就开始推行"喜事节办"制度，并出台了《岩洞镇政府扶持民间喜事节办奖励优惠办法》，旨在通过政府的大力倡导与扶持，让群众把民间的喜事操办成传统节庆文化活动，进而成为群众精神文化生活的重要载体。"千村百节"更是拔高站位，在全州视野下对地方和民族节庆活动进行提炼升华，找到了资源富集型贫困的突破口，其顺应了历史发展趋势，遵循了规律，于群众最需要的时刻在"百节之州"的沃土生根发芽，日益成为丰富当地群众精神文化生活的有效载体和平台。

节日是人类生活的重要组成部分，"作为文化的秩序，节日不但是社会组织、价值体系和群体标志的彰显与构建，更是联系历史与未来的纽带。它积淀着人类的文化创造和生存智慧。"① 节日从一开始就带有为人民群众服务的文化功能，无论是娱乐的，还是祭祀的，都给人以愉悦和慰藉。但随着时代的变迁，现代化、城市化和全球化日益深化，内涵丰富、形式多样的民族传统节日在我国社会生活中的功能呈现出逐渐萎缩的趋势；为此，深挖传统节日文化内涵，多方面彰显其文化功能尤其是内在的公共文化服务功能是我们必然面对的现实问题。民族传统节日活动作为一个综合性的文化载体，提供了重要的公共文化服务，其不仅满足民族地区群众的精神文化需求，更能够弥补当前农村公共文化设施投入的短板。

（二）打造"千村百节"惠民品牌

"千村百节"植根于贵州省黔东南苗族侗族自治州这片神秘的热土，2015 年，它从传统的民间形式华丽蜕变，以"贵州省黔东南苗族侗族自治州'千村百节'活跃民族地区群众文化生活"的名称入选第三批创建国家公共文化服务体系示范项目，上升为具有国家示范价值的文化品牌。而在当前脱贫攻坚的大背景下，"千村百节"以其综合平台效应发挥着越来越重要的作用，其打磨成形之路值得追寻回溯。

"千村百节"这一特色文化惠民品牌因何能在黔东南州这块沃土产生，是我们首先需要厘清的问题。"中国少数民族节日与自然界季节更迭、祈求丰收、崇敬英雄、谈情说爱、传统习俗、宗教信仰等有密切的关系，包括

---

① 李松：《弘扬节日文化　传承中华文明——记〈中国节日志〉》，《光明日报》2010 年 7 月 7 日，第 12 版。

民族传统服饰、饮食、歌舞、仪式以及各种独特的风俗习惯等传统文化在节日中得以集中体现和生动展示。"① 作为"千村百节"的诞生之地,黔东南州独特的人文地理环境、经济社会发展为其成形和落地奠定了坚实基础。

黔东南苗族侗族自治州东西相距 220 公里,南北跨度 240 公里,东邻湖南怀化,西接黔南布依族苗族自治州,南连广西壮族自治区柳州、河池地区,北靠遵义、铜仁两市。地势西高东低,峰峦连绵,沟壑遍布,山水相依,地形地貌奇异,景象万千,海拔 137 米至 2178 米,素有"九山半水半分田"之评价。全州属亚热带季风性湿润气候,冬无严寒,夏无酷暑,年均气温在 14.6℃ ~ 18.5℃,四季分明,雨水充沛,气候资源优越。全州森林面积达 2959 万公顷,森林覆盖率居全省之冠,境内河流近 3000 条,各类动植物数千种,矿产资源也极为丰富。这些自然资源为当地经济社会的发展提供了基础保障,也为黔东南丰富多样的节日提供了有力的历史支撑。如苗族"爬坡节"顾名思义与山有关,"独木龙舟节"与树木、水等生态资源有关。②

黔东南州历史悠久,在漫长的历史岁月积淀了丰厚的文化资源,2012年,被文化部列为"国家级民族文化生态保护实验区"。全州集神奇秀丽的自然风光、浓郁迷人的民族风情和绚丽多彩的人文景观于一体,是贵州省东线旅游区。黔东南州作为"世界苗侗原生态文化遗产保留核心地",是世界乡土文化保护基金授予的全球 18 个生态文化保护圈之一,也被联合国教科文组织列为世界十大"返璞归真,回归自然"旅游目的地首选地之一。黔东南州文化精髓的凝练和完美呈现,形成了"千村百节"得以孕育的文化土壤。

黔东南州民族传统节日每年多达 390 余个,其中万人以上的节日就有128 个,可谓"大节三六九,小节天天有",因此又有"百节之乡"的美称。节日活动涵盖歌、舞、吹芦笙、玩龙灯、唱侗戏、赛龙舟、斗牛、赛马等方方面面的内容。主要民族节日有苗族的芦笙会、鼓藏节、爬坡节、"四月八"、姊妹节、龙舟节、祭桥节、吃新节、苗年节,侗族的"三月三"歌节、"四十八寨"歌节、"二十坪"歌节、侗族大歌节、泥人节、摔跤节、

---

① 李松:《弘扬节日文化 传承中华文明——记〈中国节日志〉》,《光明日报》2010 年 7 月 7 日,第 12 版。

② 数据来源于黔东南州人民政府官网,http://www.qdn.gov.cn/zq/,最后访问日期:2020 年 8 月 7 日。

林王节、侗年、萨玛节等，瑶族的"盘王节"，水族的端节，等等。众多的节日为黔东南州打造"千村百节"惠民平台奠定了坚实基础。

千百年来，分散居住在大山深处的黔东南各族儿女自发举办各种各样的民间传统节日，节日是聚会，是庆典，是交朋会友、展示风采及技艺的平台，他们或对歌跳舞，或吹笙踩鼓，从节日中获取快乐，在节日中增进友谊，节日已经成为当地人民群众生活中不可缺失的主要内容。这些节日源远流长，地域和民族特性鲜明，长期在民间自然延续，但其外在影响范围不广，主要是某一地域或某一民族的文化事项。这种因封闭而得以保存完好的原生文化，其潜在资源价值在经济浪潮中愈加凸显。自改革开放以来，紧跟由文化部和国家民委等编纂、被誉为"文化长城"的《中国民族民间十部文艺集成志书》的脚步，黔东南州走上了将民族节日从地域文化打造为节庆品牌之路。在各级党委、政府关怀下，黔东南州建立了我国第一个民族节日博物馆。早在1984年我国第一个民族节日博物馆——贵州民族节日文化博物馆就在黔东南州黄平县筹建，1987年正式开馆。该馆以弘扬各民族节日文化为己任，收藏了贵州境内苗、布依、侗等17个世居少数民族的1200余件节日文化文物以及图文、音像等相关资料。自开馆以来，其主推的"贵州民族节日文化展览"多次应邀赴国内外展演，所获好评如潮。2009年，该馆被文化部、财政部列为第二批免费开放博物馆，并被《中国大百科全书——文物博物馆》和《中国博物馆志》收录。早在1998年，台江县开始由政府出面主办节日，经过近20年的打磨，姊妹节已经成为当地文化扶贫的亮点。近年来，老百姓的各种节庆活动出现了年长群众对传统节日热爱、渴望而年轻人冷落、漠视的反差现象。针对这些凸显的现象，黔东南州将复兴传统民族节日的工作提上议事日程。为了满足当地人民群众日益增长的文化需求，黔东南州将公共文化服务体系建设的工作重心逐渐转移到了如何满足广大人民群众，尤其是边远贫困地区少数民族同胞对文化多元化的需求上来。此外，黔东南州委、州政府出台了一系列政策，采取了相关措施，切实加强了对民族文化的保护和传承力度①，为民族传统节日文化的有机传承营造了良好的文化氛围。

自2013年起，黔东南州开始大力推行"千村百节"活动，经过两年多

---

① 如自2003年起，大力推进民族文化走进课堂，使之得以更好地保护和传承。还规定，机关干部、学校师生在全州重大节庆活动中须穿着民族服装等。

的努力和推进。2015 年"贵州省黔东南苗族侗族自治州'千村百节'活跃少数民族地区群众文化生活"申报成为文化部第三批创建国家公共文化服务体系示范项目。该项目结合自身资源优势以及黔东南州公共文化的实际，不断凸显民族文化活动的品牌效应，促进公共文化人才队伍日益壮大，文化惠民效果日益明显。为扎实推进"千村百节"创建工作，黔东南州成立了创建国家公共文化服务体系示范项目领导小组，相关领导定期听取创建工作情况汇报并作出批示。当地党委、政府将"千村百节"列入政府改革任务，同时作为各级政府绩效考核目标任务。为保障广大基层群众的文化权益，形成推动示范项目建设的长效机制，先后出台了《黔东南州文化惠民万家乐实施意见》《黔东南州民族文化"走出去"实施意见》《关于用好民族文化宝贝推进民族文化产业发展的实施意见》等相关文件，尤其值得一提的是，还制订了《黔东南州创建国家公共文化服务体系示范项目规划（2015—2017）》并组织实施，旨在通过示范项目的实施，全面改善公共文化基础设施，完善公共文化设施网络，健全服务运行机制，提高服务效能，让"千村百节"这一群众喜闻乐见的文化活动成为全州公共文化服务体系的重要组成部分。为此，黔东南州政府更是连续两年（2015～2016）将"千村百节"写入政府工作报告。在创建经费方面，2016 年州级财政就将文化事业发展经费提升到 3000 万元，保证全州节庆活动的开展。截至 2019 年，黔东南州"千村百节——活跃少数民族地区群众文化活动"示范项目已实现对全州 16 个县（市）、202 个乡镇（街道）、3315个村（社区）的全覆盖，日益成为一个重要的惠民品牌，积极发挥了其多方面的聚能效应。

二 "千村百节"品牌：节庆资源助推脱贫的实践探索

2015 年"千村百节"项目入选第三批创建国家公共文化服务体系示范项目名单以来，活动继续深入推进，既扶持鼓励民族传统节日，又新创地域特色节会，已经由地域文化提升为知名度较高的节庆品牌，成为当前助推脱贫攻坚的惠民平台，积极发挥了其多方面的聚能效应。其之所以能够取得文化扶贫的成绩，主要在于探寻了一条政府引导、四级联动、多方参与的成功路径。

（一）"千村百节"的实践模式

1. 政府引导

政府引导是"千村百节"助推脱贫的关键。如前所述，黔东南是一个贫困人口量大面广的少数民族地区，而且贫困问题非常突出，属于资源富集型贫困。解决这一困境的要点，在于政府的把控和引导，即在以市场为主配置资源的基础上，充分发挥政府的主导作用。这就要求既要从总体上规划和引导，又要给予一定的资金支持，同时也要制定对贫困地区有利的方针政策，不断改善基础条件。如此，贫困地区就能利用自身丰富的旅游文化资源优势和良好的生态环境开发独具特色的旅游产品，通过旅游开发推动当地经济社会发展，从而让当地逐渐走上脱贫致富奔小康的可持续发展之路。贵州省是西部第一个、全国第三个县县通高速的省份，黔东南借力贵州后发赶超的优势，文化旅游迅猛发展。1998 年，黔东南州委、州政府就极有前瞻性地做出了把旅游业作为主导产业来抓的战略决策。次年，进一步明确把旅游业建设成为支柱产业的战略任务。此后，黔东南州不断加大旅游开发力度。"政府在充分认识本地旅游资源特色和发展条件的基础上，准确把握国内外市场旅游需求的发展变化和旅游产品的发展趋势，突出民族文化和生态优势，充分展示黔东南文化的悠远神秘。着力开发旅游精品、绝品，重点推出三条旅游线路：以凯里为代表的苗族风情线；以国家级舞阳河风景名胜区为中心的生态线；以黎平为代表的侗族风情线。"[①]节庆作为其中的文化亮点，在政府引导下，逐渐突破地域限制，成为提升地方公共文化服务水平的有力抓手以及助推脱贫攻坚的重要平台，尤其是在"千村百节"活动项目的创建和推动下，已经成为当地响当当的文化名片。其具体做法如下。

一是以"千村百节"为依托，从节日本身做文章，丰富节日活动形式，活跃民族地区群众文化生活。主要通过文艺汇演、百姓大舞台、百村侗歌大赛、百村苗舞大赛等平台，引导好的风尚，传承好的习俗，抓好非遗项目培训，挖掘民间故事，提炼、彰显民间文化精髓。紧紧围绕节日做文章，在延续原有节日活动形式基础上，各级政府成立"千村百节"活动工作领

---

① 梁焰：《浅议少数民族地区旅游发展中的政府主导——以黔东南苗族侗族自治州为例》，《贵州民族研究》2006 年第 4 期，第 39 页。

导小组，增加了游演、展销、宣传、论坛、比赛等多种形式，不断丰富节日内容。同时，将"千村百节"活动纳入全州经济社会发展总体规划，纳入考核评价体系，确保有重点传统节日的县市、乡镇（街道）认真组织开展好活动，没有重点传统节日的县市、乡镇（街道）积极开展相关传统文化活动，让民族文化活动成为全域旅游工作的抓手。通过两年来的实施，极大地提升了侗族大歌节、苗族姊妹节等一批享誉国内外的传统节日品质及内涵，树立了文化品牌，活跃了民族地区群众文化生活，有效地带动了群众积极参与节庆文化活动。

二是为"千村百节"营造良好氛围，既注重以文艺精品凝神聚气，提升文化自信，激发文化自觉，又注重推动民族文化与旅游深度融合，带动群众脱贫致富。主要推出了侗族音乐剧《嘎老》《行歌坐月》、苗族歌舞剧《仰欧桑》《巫卡调恰》、电影《侗族大歌》等文艺精品，苗族歌舞剧《仰欧桑》获中宣部、中央文明办颁发的"五个一工程奖"，《巫卡调恰》、侗族首部音乐剧《嘎老》代表贵州省参加全国第四届少数民族文艺汇演分别获得最佳导演奖和最佳音乐奖。黔东南籍侗族导演欧丑丑编剧执导的电影《侗族大歌》在 2016 年第 49 届美国休斯敦国际电影节上获雷米金奖最佳艺术指导奖、大评审团特别雷米金奖最佳导演奖两项大奖。还推出了一批优秀文艺人才，带动了成千上万的黔东南各族同胞参与到民族文化的传承中来，增强了民族自豪感和自信心，激发了文化自觉。同时，多渠道推动民族文化与旅游深度融合发展。如近年来有着吃新节、爬坡节、苗年节、鼓藏节等众多民族传统节日文化旅游资源"富矿"的雷山县率先在推动民族文化保护与旅游开发深度融合上做文章，逐步探索出了一条符合其自身文化特色的文旅发展新路径，一跃成为中外游客竞相前往体验的民族文化旅游目的地。该县将大力发展旅游与做好苗族文化保护和传承工作并重，不仅修建了郎德民俗文化博物馆以及部分家庭博物馆，还成立了中国苗族文化雷山研究中心、西江苗族博物馆、中国民族博物馆西江千户苗寨馆、雷山银饰刺绣博物馆、雷山银饰刺绣创意中心、苏雷合作文化交流中心等机构，推出了《雷山非物质文化遗产》等大量研究成果，这一系列举措让雷山以节庆为引领的苗族文化得到了充分挖掘、保护和展示。尤其以被列入国家级非物质文化遗产名录的苗族鼓藏节备受推崇。雷山苗族节庆文化品牌的打造，便是在政府引导下结出的硕果之一，是"千村百节"活动的典型案例。1991 年，贵州省率先提出文化旅游脱贫的概念并且确立了"以文化旅游促进对外开放和脱贫致富"的指导思想，雷山县的西江苗寨被列为首批试点景区①，成为继鼓藏节、苗年节之后为当地旅游业发展增光添彩的典型。在雷山，政府引导还体现在政策方面，如西江景区出台了《雷山县西江千户苗寨民族文化保护评级奖励办法》，从景区门票收入中提取18%设立民族文化保护和奖励基金，有效地强化了当地群众参与景区建设管理的积极性和文化保护传承的自觉性。

2. 四级联动

四级联动机制是"千村百节"助推脱贫实践路径中的重要环节。通过"千村百节"活动的深入开展和带动，全州各级各部门看到发展民族民间文化的重要意义，积极加强传统节庆文化活动体制机制建设，推动民间办节常态化、政府办节市场化，促进节庆文化活动制度创新和机制创新，自觉建立了州、县、乡、村四级联动的"千村百节"助推脱贫机制。

一是经费使用上四级联动。制定文化活动相关激励机制，通过积极争取中央文化补助资金，统筹州县地方财政等渠道，统筹专项资金用于补助传统优秀节日及民俗活动。实现跨部门资源、经费、力量的整合，将文化以奖代补资金、美丽乡村建设资金、非物质文化遗产保护项目资金等资源聚合起来，同时吸纳社会资本投入群众文化活动，主要用于民间芦笙场、踩歌堂、斗牛场、鼓楼、花桥等民间文化服务设施建设，确保了黔东南州各地乡村传统节庆活动的正常开展，有效解决了老百姓节庆活动缺少场所的问题。在经费保障上，除中央免费开放补助资金的支持，州县两级都将公共文化服务体系建设经费纳入财政预算，并且连年增长。2017年，黔东南州人民政府再次拿出4000万元用于276个传统村落的文化基础设施建设。尤其是近几年，黔东南州还充分整合扶贫、农业、水利、交通、文化等各渠道资金，使传统村落整体环境不断改善。②

二是演艺队伍建设上实现四级联动。扶持和鼓励民间演艺团体，为丰富节庆活动内容和节庆娱乐方式提供了团队支撑。人员配置方面，所有文化馆、图书馆以及乡镇综合文化站都配有工作人员，2015年全州还给各乡镇特批202名副科级文化宣传员，有效破解过去"无场地办事、无钱办事、

---

① 董法尧、陈红玲、李如跃、吴建国：《西南民族地区民族村寨旅游扶贫路径转向研究——以贵州西江苗寨为例》，《生态经济》2016年第4期，第140～141页。

② 陈潘、叶小琴：《黔东南州传统村落保护的实践》，《中国民族报》，http://www.mzb.com.cn/html/report/190534959-1.htm，最后访问日期：2020年8月7日。

无人办事"的"三无"困境。各类演艺团队纷纷涌现，全州各类民间文艺表演团体达3350支，其中民间文艺团队10支、合唱团18支、广场健身舞队920支、歌队661支、戏队189支、芦笙铜鼓队109支、腰鼓队126支、军乐队39支、龙灯队23支、太极拳队30支、曲艺团1支、民间戏班110个、民间歌队517支、村级文艺表演队297支、歌队300支。这些团体让群众找到了丰富精神文化生活的活动载体，进一步推动了公共文化服务体系建设。

三是办节方式上四级联动。采取"官助民办"方式，带动传统节庆活动兴起。为加快恢复传统节庆文化，通过民办公助，大力扶持、鼓励民间恢复办好自己的节日。"官助民办"有三种类型：政府主导的节日或文化活动，由政府兜底。主要有苗族姊妹节、鼓藏节、龙舟节、芦笙节、苗年节，侗族大歌节、萨玛节、侗年节、鼓楼节等；政府倡导、民间举办、政府补助、社会参与的"旅游＋节庆"活动，每个活动最低补助50万。其中最有影响力的节庆活动25个、品牌活动10个；百姓自发举办的活动或部门组织的文化体育活动，每个活动奖励5000万元。由此，"年节不忘演侗戏、平时处处唱苗歌"已成为黔东南州各地广大群众常态化的自娱自乐方式。通过"千村百节"活动的创建，该州80%的村寨都建立了自己的文艺表演队、歌队。

与此同时，全州还创新思路，引导民间"喜事节办"。为创新节庆文化活动形式，倡导先进文化价值观，该州推行了喜事节办方式，通过政府倡导与扶持，让群众按照传统节庆习俗来操办民间的喜事，用民间歌舞、小品、快板等文化产品替代借婚丧嫁娶聚众赌博等不良习俗。引导和推动村民将立新房、嫁姑娘、娶媳妇等喜事以传统节庆形式来操办，让全寨参与而成为一方节日，这样使得节庆传统文化、传统礼仪重新受到群众的重视。这一创新思路最开始是2005年由黎平县岩洞镇发端的，当时还出台了地方的鼓励和扶持办法，近年全州各地开始推广。如剑河县磻溪镇小广村22对年轻人举行集体婚礼，吸引了来自周边县市及省内外的众多学者、摄影爱好者等前来观看。

3. 多方参与

"千村百节"在助推脱贫攻坚路径探寻和实践中的另一个特点是多方参与。政府在"千村百节"发展的初期以及后期发展推进的各个阶段，组织、调动各方面的要素和积极性，通过制度创新、政策创新和方式创新，推动

"千村百节"活动项目的深入开展。这中间，核心是着力打造黔东南"千村百节"活动品牌。通过坚持"政府引领，还节于民，文旅融合"发展方向和"政府引导，民间举办，社会参与"的办节模式，创新节庆活动供给模式，认真实施"千村百节"这一国家公共文化服务体系示范项目，不断扩大雷山苗年节、苗族鼓藏节、台江姊妹节、凯里甘囊香国际芦笙节、镇远端午龙舟节、施洞独木龙舟节、榕江萨玛节、黄平谷陇九月芦笙会等传统节庆活动影响力，将各族群众喜闻乐见的踩芦笙、服饰展演、歌舞表演、对歌等节目融进其中，进一步丰富节庆内涵，使节庆活动在励民、育民、惠民的同时，吸引了大量游客旅游观光，增加了群众收入。政府、民间、社会多位一体，形成了助推"千村百节"示范项目的合力。

如上所述，政府的责任是引导，要以社会主义核心价值观为引领，通过加强传统优秀节日对外宣传工作，运用好报纸、期刊、电视、宣传栏、户外广告、网站、手机微信等网络媒体和平台，加大宣传力度，积极营造良好氛围，将社会主义核心价值体系融入黔东南地域精神塑造，转变为当地干部群众的大众行动，还节于民，文旅融合，使节庆成为助推当地脱贫攻坚的综合平台。各种政策举措及经费都是为了确保节日更好地发挥作用，而政府的经费、人力毕竟有限，其作用更多是要"把好钢用在刀刃上"，做好整体把控。节日的主体仍然是群众，全州各类民间文艺表演团体达 2000 余个，涌现出潘兴周、余秋阳、潘成曾、梁小英等一大批优秀的民间艺术人才，这些团队以及文化能人能够更好地汇聚民间力量办好节会和民间文化活动。而通过企业和社会的力量广泛参与运作并开发和经营相关民族文化节庆旅游产品，不仅有利于拓展资本的投入渠道，更多、更有效地筹集资金来促进民族节庆文化的开发和保护，同时也使得政府转变职能，能有更多的时间和精力来开展相应的督导评估工作，最终对民族节庆文化活动实施有效统筹。在"千村百节"品牌打造过程中，由于黔东南少数民族同胞对文化的热爱和参与，大量相关社会团体、企业以及外出打工返乡人员也积极筹集民间社会资本建设了大量的风雨桥、鼓楼、踩鼓场、芦笙坪等群众需要的文化场所，解决了财政支持经费有限的难题，更好地满足了群众文化需求。

多方参与形成"千村百节"助推脱贫攻坚的合力，实际上更是彰显了民族传统节庆文化中的和谐之美。冯骥才先生指出："民间文化的本质是和谐。它的终极目的从来就是人与自然的和谐（天人合一），还有人间的和谐

（和为贵），因此它是我们建设和谐农村和先进文化的得天独厚的根基。"①作为民间文化重要组成部分的民族节庆文化，其本质也在于和谐。"千村百节"的多方参与，也正是各方协力创新节庆活动供给模式的结果。

（二）"千村百节"助推脱贫成效

"千村百节"最初只是一些散点的民族节日，这些自在自为的民族传统节日，参与范围小，影响力也受地域限制，更多只是延续民俗价值。"千村百节"实施后，不仅民族传统节日被纳入其中，政府还依托地方独有文化资源举办了具有国际影响力的新办节会活动，使得传统节日单一效应实现效能叠加，进一步提高了黔东南的知名度和美誉度，既丰富了群众文化生活，又吸引了大批游客前来旅游观光，有力促进了群众脱贫致富。

1. 育民励民效应叠加

"文化扶贫是育人工程，需要积极培育贫困主体自我发展能力。""文化扶贫更是励志工程，需要最大限度发掘文化的精神动能。"②"千村百节"活动以节庆为载体，在实施和推进中彰显了育民和励民效应。这种复合效应主要体现在以下三个方面。

一是体现文化熏陶，形成了良好风尚。黔东南节日种类繁多，活动内容丰富多彩。主要的民族节日有苗族的"四月八"、姊妹节、龙舟节、吃新节、芦笙会、苗年节，侗族的摔跤节、林王节、"二十坪"歌节、侗年、萨玛节，瑶族的"盘王节"等。这些节日集会是展现黔东南绚烂文化和民族风情的重要载体。活动内容涵盖了唱歌跳舞、赛龙舟、玩龙灯、唱侗戏、斗牛赛马、吹芦笙、踩铜鼓等方面。而传统节日在"千村百节"品牌打造提升之后，其优秀的文化内涵和传统得到了进一步彰显。如萨玛节是贵州省南部侗族地区现存最古老而盛大的传统节日，保留了侗族母系氏族社会时期风俗特征。2006 年，侗族萨玛节被列入第一批国家级非物质文化遗产名录。"萨玛"是侗语译音，萨意为"大祖母"（又称萨岁），她是侗族人民信奉、崇拜的至高无上的女神。萨玛节对侗族人民影响至深，通过节日

---

① 冯骥才：《早春心曲》，《人民日报（海外版）》2006 年 3 月 4 日，第 2 版。

② 时任贵州省文化厅党组书记、厅长徐静在接受《贵州日报》首席记者王小梅采访时提出了上述观点，转自王小梅《培育内生性文化动力助推大扶贫》，《贵州日报》2017 年 7 月 12 日，第 14 版，http://szb.gzrbs.com.cn/gzrb/gzrb/rb/20170712/Articel14005JQ.htm，最后访问日期：2020 年 8 月 7 日。

的举办和延续，先辈"至善"的美德、尊敬老人等优良传统也在节日之外的日常生活中被侗族人民代代相传。剑河县则以"中国·贵州·剑河·仰阿莎文化节"为载体，通过"万人水鼓舞"、"民族风情游"、"原生态水鼓舞"、"牛王争霸赛"、"水龙"、"群众舞蹈大赛"、"酸汤鱼烹饪大赛"以及"美丽乡村风情游"等多项活动，在将剑河多彩的民族风情、民俗文化呈现给省内外游客的同时，也给剑河人民带来了精美的文化大餐和民族文化熏陶。此外，剑河县还围绕姊妹节、苗年节、高坝赶歌堂等，开展重大节庆日宣传活动，以文艺形式积极传达党的方针政策，倡导良好观念，对群众产生了潜移默化的作用。

二是注重群众参与，增进了民族团结。节庆活动的主体是群众，"千村百节"不仅注重引导群众积极参与，而且通过办节加强民族情感交流，增进了民族团结。开始于 2003 年的从江侗族大歌节是立足人类非物质文化遗产项目侗族大歌而又展现从江境内其他民族风情的新创节庆，每年 11 月 28 日举行。"千村百节"活动实施以后，2015 年的第十二届从江侗族大歌节更是引来香港媒体的关注："文艺演出最先登场的千人侗族大歌《寻歌》，宏大的场面与嘹亮的歌声让全场观众无不震撼。……展现了从江苗、侗、壮、瑶、水等五个主体少数民族优秀传统文化的魅力。也向世人充分展示了侗族人民迎宾待客之道和从江各族人民和谐共处的良好精神风貌。"① 经过多年的积淀，侗族大歌节已经成了该县最隆重的节日。通过节日的连续举办，民间艺术得到了充分挖掘和展示，如今在都柳江畔和月亮山上，到处都飘荡着幸福的歌声。侗族大歌节已经不再局限于侗族内部，而是变成了当地各民族团结的盛会。据新闻报道，榕江县侗族萨玛节在车江三宝侗寨举行时，周边村寨的侗族同胞和苗族、瑶族等少数民族同胞一起欢度。② "经过多年的挖掘打造，随着旅游的发展，萨玛节已经成为侗族的节日品牌。2018年的萨玛节吸引了不少国内外的游客，不同族别的人们到这里尽情地感受着'萨玛'文化的渊源和魅力，享受着侗家多彩的饮食文化，体验着侗家

---

① 《黔从江第十二届侗族大歌节启幕》，《香港商报》2015 年 11 月 30 日，http://www.hkcd.com/content_ p/2015 –11/30/content_ 29186. html，最后访问日期：2020 年 8 月 7 日。

② 《榕江侗族萨玛节开幕》，多彩贵州网 – 贵州商报（贵阳），http://news.163.com/16/1219/09/C8L0G1LG00014Q4P.html，最后访问日期：2020 年 8 月 7 日。

人的热情好客。"① 可见萨玛节也已是各族同胞和谐参与的盛会。苗族姊妹节、鼓藏节，侗族的摔跤节，黎平十洞款会，肇兴六洞芦笙节等都是数万群众参加，而天柱四十八寨歌节更是辐射锦屏县及周边湖南省境内，当地的苗、侗、汉等各族同胞成千上万参加，同样呈现民族团结景象。这些节日都是综合的展示平台，既吸引专家学者和广大游客，也集中展示了当地各族群众的风采、技艺、民俗等，凝聚了人心，增进了各民族的交流与融合，形成了团结奋进、共建美好家园的合力。

三是激发文化自觉，提振了文化自信。"我们一直认为，文化扶贫更是励志工程，需要最大限度发掘文化的精神动能。而现实中一些贫困地区人口缺乏发展信心，'等、靠、要'思想严重，正好彰显出文化励志客观需要。对于贫困地区来说，要冲出经济洼地，首先要构筑精神高地，改变自卑、自轻、自懦、自弃及自大心理，树立和形成自尊、自重、自信、自强的文化思想，倡导改革创新、锐意进取的文化氛围；坚持和发扬不畏艰苦、百折不挠的顽强作风，激活贫困地区人民反贫抗贫动力、创业创新活力。"② 黔东南州的民族节日丰富多彩，地方特色鲜明。针对全州各县乡、村寨举办的传统民族节日，通过文艺汇演、百姓大舞台、百村侗歌大赛、百村苗舞大赛等方式，带动了群众积极参与节庆文化活动。定期举办传统节庆，让黔东南州各族群众积极参与到活动中，同时以举办节庆文化活动、"多彩贵州"歌舞大赛为平台，以开展群众文化"出精品、出人才"评选为契机，推出了苗族歌舞剧《巫卡调恰》、侗族首部音乐剧《嘎老》等文艺精品，激发了当地群众的文化自觉，提振了文化自信。如从江县通过侗族大歌节，激发了从江人的民族文化自信，涌现出一大批民族民间文化传承人，侗族大歌继续名扬海内外，深受全球不同族群的人们喜爱，"养心圣地、神秘从江"的文化品牌也越来越深入人心，提升了当地知名度、美誉度，有力助推了地方文化旅游业的融合发展。侗族大歌节已经成为全州乃至全省重要的旅游文化节日之一，截至 2018 年已成功举办了 15 届。对于传统节日的高度认同，正是民族自信心

---

① 梁朝文：《侗族萨玛节将真诚善良传向世界》，《贵州民族报》2019 年 1 月 18 日，http：//dzb. gzmzb. com/P/Item/51830，最后访问日期：2020 年 8 月 7 日。

② 这段文字是时任贵州省文化厅党组书记、厅长徐静在接受《贵州日报》记者王小梅专访时所说。参见王小梅《培育内生性文化动力助推大扶贫》，《贵州日报》2017 年 7 月 12 日，第 14 版，http：//szb. gzrbs. com. cn/gzrb/gzrb/rb/20170712/Articel14005JQ. htm，最后访问日期：2017 年 7 月 12 日。

的体现，尤其是在"千村百节"项目框架之下，通过政府对节日活动的资助和鼓励，广大游客积极参与并高度赞誉，使当地群众在他者的认同中产生了自豪感，办节的积极性不断提高，实现传统节日保护的良性循环。

2. 惠民效应更加突出

"千村百节"以一种创新性、特色化的方式与当前公共文化服务新要求和脱贫攻坚任务紧密结合，不断发挥聚合惠民效应。主要体现在以民生情怀提升了文化发展实绩"温度"、以设施完善增加了文化惠民答卷"厚度"、以活动开展拓展了文化惠民舞台"宽度"三个方面。

一是以民生情怀提升了文化发展实绩"温度"。在"千村百节"推进与实施过程中，当地政府在提高政治站位、强化责任担当的同时，始终坚守民生情怀，切实提升文化发展实绩"温度"，让群众获得更多实惠。首先，在经费保障上，除中央免费开放补助资金的支持，州县两级都将公共文化服务体系建设经费纳入财政预算，并且连年增长，确保工作顺利开展。黔东南州及所辖县各级政府严格按照工作计划划拨资金，为保证全州节庆活动开展，2016年州级财政文化事业发展经费达到3000万元，而仅黎平县在2017年预算中就把文化事业发展经费提升到300万元，让民间的节庆活动及其他民族民间文化活动有了经费保障。其次，在人员配置上，所有文化馆、图书馆以及乡镇综合文化站都配有工作人员，如2015年全州各乡镇的特批副科级文化宣传员就达到了200多名。这些工作人员既能为老百姓平时的公共文化活动提供帮助，更能为节日的举办出谋划策，真正将当地文化发展所取得的实绩"接地气"地传递给当地群众，既有暖暖的人情味，又有浓浓的人文味。这些举措缓解了过去"无场地、无钱、无人"办事的难题，让文化服务实实在在地惠及当地各族群众。

二是以设施完善增加了文化惠民答卷"厚度"。"千村百节"活动是不断延续黔东南高度重视公共文化服务体系建设的新跨越。在各级各有关部门关心支持下，特别是在黔东南州委、州政府的大力投入下，黔东南州以构建现代公共文化服务体系建设为目标，公共文化服务设施建设得到进一步改善。目前，全州16个县市都建有文化馆和图书馆，每个乡镇都建有乡镇综合文化站，建成博物馆、纪念馆24个，建成农家书屋3315个、社区文化活动室（文化活动中心）105个、全州各类体育场（馆）4455个。这些文化设施的完善，为当地正常开展基本公共文化服务提供了硬件平台，确保了覆盖全州城乡的公共文化服务体系基本框架的建立。与此同时，按照

"千村百节"项目"活跃当地群众文化生活"这一主旨，针对设施这块，政府依照当地群众急需的节日文化场所芦笙场、鼓楼等进一步加大了投入和建设。通过"千村百节"活动的带动，截至2018年10月，全州共建立村级综合文化服务中心示范点144个，建有鼓楼496栋，花桥1000多座，几乎村村寨寨都有自己的芦笙场、踩鼓场、歌堂等民族文化活动场所。这些民间公共文化设施成为黔东南州各族群众开展民族节庆娱乐活动的主要场地，文化助推脱贫中的惠民效果明显。

三是以活动开展拓展了文化惠民舞台"宽度"。通过开展"千村百节"活动，黔东南州将许多优秀的民族民间文化融入节日中，让群众看到民族民间文化的重要性，促进了群众保护民族文化的积极性和主动性，扩大了群众参与面。黔东南州依托独有的文化资源优势，通过开展"千村百节"活动，从中挖掘深藏于民间的民族文化，鼓励优秀民间艺人在节日中发挥领头雁作用，丰富拓展了节日内涵和活动形式。首先是延续开展原有民俗活动，丰富了民族传统节日文化。以2017年春节为例，黎平县整合各类资金109.8万元用于全县春节文化活动补助。通过鼓励、补助政策的实施，春节期间全县共有366个行政村开展了丰富多彩的传统文化活动，老百姓过上"民俗年""文化年"。黎平县城开展了以"玩黎平故事 过民俗大年"为主题的元宵节大型古城传统文化活动，参与群众达12万人次。其次是拓展节庆活动形式，充实了文化惠民载体。台江姊妹节的活动形式就极为多样。如：召开了苗族文化论坛，探讨苗族节庆文化的保护与发展；举办了千名绣娘织画卷活动、民族民间工艺品及农特产品展销，着力展示特色民俗文化；在突出群众参与体验方面，以举办舞龙嘘花、千人踩鼓、万人游方、苗歌大赛等一系列特色文化活动为平台，将观赏性、娱乐性与体验性相结合，着力推出一批特色鲜明、雅俗共赏的优质文化娱乐活动，吸引了大量游客观光参与；此外还有政府招商引资洽谈等活动。再如，堪称贵州最大芦笙会的黄平九月谷陇芦笙会，每年9月如期举行，活动为期3天，最多时达10多万人。其活动内容涵盖了吹芦笙、跳芦笙舞、赛马、斗牛、斗雀、歌舞比赛、游方（男女恋爱交往）等方面，吸引了本地各族群众和外来游客的广泛参与。通过"千村百节"的推动，人民群众节日期间的参与面和展示舞台随着活动形式的多样，"宽度"不断拓展。

3. 富民效应日益显著

"千村百节"以节庆为舞台，在政府引导下，搭建的是各种综合平台，既整合了资源，又吸引了社会力量的积极参与，特别是对地方文化产业的发展起到了极大的推动作用。"千村百节"活动可以聚集人群，增进沟通交流，形成周期性的市场，还可以刺激人们的消费，形成购销两旺的局面。"千村百节"富民效应显著，主要体现在以下三个方面。

一是形成集聚平台，带动了相关产业助推脱贫致富。通过开展"千村百节"活动，全方位挖掘了当地丰厚民族民间文化资源，促进了民间工艺品销售，积极组建了民间文艺表演团体，并提供了相应展演、展示平台。同时整合资源，积极实施文化"走出去"战略，积极组织群众编排节目，组团赴世界各地开展演出交流，增加群众收入。这些民族民间文艺团体，多次代表贵州省乃至国家出访欧洲、美洲等国家和地区演出，不仅传播了民族文化，还创造了不菲的收入。台江县施洞镇是一个非遗资源大镇，多年来姊妹节、独木龙舟节等传统民族节庆活动的开展，特别是节庆中各种游演、展示、展销活动让八方游客对银饰、刺绣等民族工艺品产生了大量的消费需求，有力带动了当地民族传统工艺产业的发展。以 2016 年为例，全镇共成立银饰、刺绣专业合作社、公司 30 余家，年产值高达 6400 万元，文化扶贫效果十分明显。这几年，借助全州的集聚平台，通过"公司＋协会＋农户"等形式，丹寨民族传统工艺产业也得到迅猛发展。丹寨国春银饰有限责任公司年产值 150 多万元，晟世锦绣有限公司经营刺绣等手工艺品，年产值 200 余万元；卡拉村 2016 年卡拉鸟笼销售实现年产值 650 万元，同时带动村内农家乐收入达 400 万元，富民效果明显。从全州来看，还有欧东花银饰博物馆、贵州杨芳蜡染有限责任公司、苗妹银饰有限责任公司等一大批优秀文化企业。据统计，2015 年全州文化产业增加值占 GDP 比重达 5%，这与"千村百节"活动的集聚效应是分不开的。2015 年，全州旅游总收入完成 387.19 亿元，增长 23%。投资方面，大数据、大健康、大旅游、大文化和大农业五大新兴产业投资占全部投资的比重达到 13.5%。[①]"截至去年年底，全州 2.5 万户通过发展乡村旅游实现脱贫致富。"[②] 2016 年，全州

---

① 《黔东南州 2015 年国民经济和社会发展计划执行情况与 2016 年国民经济和社会发展计划草案的报告》，黔东南州人民政府网，http://www.qdn.gov.cn/xxgk/zdgk/ghjh/gmjjshsfzjh/201611/t20161102_1448304.html，最后访问日期：2020 年 8 月 7 日。

② 郝迎灿：《苗乡侗寨书写脱贫答卷》，中共黔东南州委宣传部，当代贵州期刊传媒集团编，《辉煌六十年 大美黔东南：黔东南苗族侗族自治州建州六十周年重点宣传报道汇编》，孔学堂书局有限公司，2017，第 8～9 页，原载《人民日报》2016 年 7 月 25 日，第 6 版。

全力推进国内外知名旅游目的地建设，推出了黄平旧州、锦屏隆里等一批文化旅游景区景点，打造了中国民族文化旅游·黔东南峰会等一批文化旅游节庆品牌，涌现了凯里云谷田园、三穗颇洞、麻江乌卡坪等一批"农文旅"一体化新业态，游客人数和旅游收入实现了井喷式增长，全年接待游客 6704.11 万人次、实现旅游总收入 553.68 亿元，分别增长 37.7% 和 43%。① 2016 年，全州贫困发生率降至 17.1%，② 而到 2018 年，"预计贫困发生率从 14.4% 下降到 7.0%。"③ 2019 年，贫困人口大幅减少，"全州贫困人口预计减少到 4.86 万人，全年预计减少贫困人口 23.51 万人，占贵州省指导性计划 21.79 万人的 107.89%，贫困发生率从 7% 下降到 1.19%。"④ 脱贫效果明显，这其中"千村百节"活动自然功不可没。

二是提供展销平台，促进了特色文化产业发展助推脱贫致富。"千村百节"不仅是民族文化的展示舞台，也是各种民族工艺汇聚展销的平台。1998 年文化部成了文化产业司，同年台江姊妹节被国家旅游局列为当年关注的 23 个重大少数民族节日活动之一，而就在这一年当地政府开始主办姊妹节。"2012 年上半年，依托贵州苗族姊妹节等大型苗族节庆活动，台江实现旅游飞速增长，1~6 月份，全县共接待游客 38.8 万人次，旅游综合收入 3.63 亿元，比上年同比增长 434.9%，增速在全省排名第 7 位，全州排名第 3 位。"⑤ 当地充分利用节庆活动的举办进行传统工艺品的展销。银饰、刺绣等传统工艺借助节庆活动得到很好的展示宣传，扩大了产品知名度，而

① 《黔东南州 2016 年国民经济和社会发展计划执行情况与 2017 年国民经济和社会发展计划草案的报告》，黔东南州人民政府网，http://www.qdn.gov.cn/xxgk/zdgk/ghjh/gmjjhshfzjh/201703/t20170320_1674815.html，最后访问日期：2020 年 8 月 7 日。

② 《黔东南州 2016 年国民经济和社会发展计划执行情况与 2017 年国民经济和社会发展计划草案的报告》，黔东南州人民政府网，http://www.qdn.gov.cn/xxgk/zdgk/ghjh/gmjjhshfzjh/201703/t20170320_1674815.html。"十一五"末黔东南州贫困发生率为 42.11%，"十二五"末降低为 21.69%，最后访问日期：2020 年 8 月 7 日。

③ 《黔东南苗族侗族自治州 2018 年国民经济和社会发展统计公报》，黔东南州人民政府官网，http://www.qdn.gov.cn/xxgk/zdgk/tjxx/tjnb/201904/t20190401_5074808.html，最后访问日期：2020 年 8 月 7 日。

④ 王佳丽：《小康路上 足音铿锵——黔东南州 2019 年脱贫攻坚工作综述》，黔东南新闻网，http://www.qdnrbs.cn/news/content/2020-01/16/84_116329.html，最后访问日期：2020 年 8 月 7 日。

⑤ 张志发：《办好苗族姊妹节，大力发展台江经济》，贵州省文物局、黄平县人民政府、贵州省文物博物馆学会编《贵州民族传统节日文化保护与发展》，贵州科技出版社，2015，第 178~179 页。

传统工艺现场展示又丰富了节庆活动内容。展销为当地传统工艺提供了良好的展示平台，不仅为特色文化企业带来了大量订单，而且直接为手工艺制品参展人创造收益。2017年姊妹节参展的手工艺制品多达100多个品种，开幕式当天销售额就达到107.42万元。雷山苗年节、剑河仰阿莎民歌艺术节、黄平谷陇芦笙会等无一例外，节日经济的潜在效应被充分激发。"千村百节"搭建的展销平台，有力促进了当地特色文化产业助推脱贫致富。

三是构筑吸引平台，带动了社会力量参与助推脱贫致富。"千村百节"构筑了开放包容的吸引平台，带动多方力量参与助推脱贫致富。首先，通过开展"千村百节"活动，构筑了游客吸引平台。这不仅吸引了大量游客前来观光体验，活跃了当地商业氛围，同时直接拉动了内需，促进了消费，民族节庆文化经济已成为黔东南文化产业的一大特色和亮点。而当地不仅仅是提升传统民族节庆品牌的吸引力，还多措并举新办高端节会扩大影响力。如积极打造中国凯里银饰刺绣博览会、中国传统村落·黔东南峰会、中国民族文化旅游·黔东南峰会，举办中国民歌合唱节、州庆60周年文艺汇演、环雷公山超100公里跑马拉松赛等活动，进一步提高了黔东南的知名度和美誉度，吸引了大批游客前来旅游观光，促进群众脱贫致富。其次，"千村百节"构筑了吸引投资者的平台。突出经济项目招商引资，实现了"文化搭台、经贸唱戏"，进一步释放节庆"核聚力"，形成产业"孵化器"，有效推动"农文旅"一体化发展。如台江苗族姊妹节围绕大健康、大旅游、大生态、传统工艺及基础设施建设等领域开展投资合作，每年吸引数十家省内外企业前来进行经贸洽谈。丹寨宁航蜡染有限公司董事长宁曼丽就是被吸引而来扎根丹寨的外地企业家之一，她的理念是"一群人、一件事、一辈子"，体现了黔东南深厚民族文化对其产生的吸引力。其公司吸纳黔东南州及州外邻县70余人就业，并在雷山西江、凯里现代文化乐园等设立销售窗口，产品远销美国、日本、新加坡等地，年产值350万元。"千村百节"构筑了一个综合性的吸引平台，带动了社会力量参与助推当地脱贫致富。

三 台江苗族姊妹节：节庆品牌助推脱贫攻坚

台江县位于贵州省黔东南苗族侗族自治州中部，总面积为1115平方公里。境内高山、盆地、河谷错落有致，平均海拔717.5米，年平均气温

16.5℃。全县辖 2 镇 6 乡，县内交通便捷。全县 97% 的人口为苗族，有"天下苗族第一县"之称。自 1998 年以来二十年如一日，当地政府依托传统节日"苗族姊妹节"大力打造节庆品牌，办成了振奋精神、凝心聚力的节日盛会，既丰富了当地群众的文化生活，又推动了地方经济发展，有效带动了当地群众依托节庆活动实现脱贫增收，文化扶贫效果显著。2017 年借助姊妹节招商引资，现场签约近 10 亿元，实现旅游综合收入达 1.16 亿元。经过多年打造，姊妹节这个地域性、民间性、民族性鲜明的节日通过政府行为放大后，其聚能和辐射效应不断扩展，不仅成为黔东南州"千村百节"这一文化部公共文化服务示范项目的核心内容之一，也成为民族节庆品牌助推文化扶贫的有力抓手。

（一）台江苗族姊妹节助推脱贫的价值彰显

"苗族姊妹节"属第一批国家级非物质文化遗产名录，苗语"Noux Gad LiangL"①，原意是"吃了却心愿的饭"。姊妹节以台江县施洞镇为中心，覆盖老屯乡、施秉县的马号乡等区域，是以苗族青年男女为主体的传统婚恋节日聚会，被喻为"藏在花蕊里的节日"，时间在每年农历三月十五日至十七日，具有社会学、历史学、人类学、美学等多学科研究价值。学者对此研究较多，其中董国文、陈艺方以贵州省台江县苗族姊妹节作为研究的切入点，探讨了民俗传承中民俗旅游资源的现代化阐释和应用问题。他们指出，苗族姊妹节是对祖先的纪念和对祖先生活重温的仪式，随着后辈生活的变化而衍化成了如今以择偶恋爱和娱乐为主的节日，苗族姊妹节旅游资源的开发有其历史传承的文化依据性。他们还提出，对于民俗传承中民俗旅游资源的现代化阐释和应用，应遵循和注意：第一，历史传统的文化依据性；第二，审美和教化功能的愉悦性与群众性；第三，独特的民族性和地方性；第四，民族文化的未来前瞻性；第五，传统与现代的完美和谐性；第六，民俗传承的系统性。作者也强调，对于民俗旅游资源的开发利用，如果不尊重客观事实，盲目开发，则必反为其害、后患无穷。民俗传承资源的现代化阐释和应用自有其规律性和科学性，需要我们以求实、求美、

---

① 音译"浓嘎良"，曾汉译为"吃姊妹饭"。1998 年，台江县人民政府成功举办了第一届"贵州台江苗族姊妹节"，在广泛征求各界人士意见后，"姊妹节"成为"Noux Gad LiangL"活动的正式名称并被一直沿用。

求全的态度来加以区别对待。① 该研究具有一定理论价值与实践意义，具有可资借鉴之处。

节日期间，清水江畔的苗家少女们身着华丽的苗族盛装手挽盛着五彩糯米饭的竹篮，与小伙子们郊游踩鼓、"游方"（意指男女交往恋爱）对歌赠送藏有不同物品的姊妹饭传情达意。姊妹节也被称为"最古老的东方情人节"，是展示多姿多彩的苗族歌舞服饰艺术和丰富厚重的苗族文化底蕴的节日盛会。对远道而来的客人，姑娘们总是热情相邀到家做客参加节日活动。"游方"场上，飞歌嘹亮，此起彼伏，游客往往会沉醉其中。"吃姊妹饭"是这个节日的重要礼仪事项。按当地人的说法，吃了姊妹饭，防止蛀虫叮咬。姊妹饭既是待客佳肴，同时也是姑娘们送给情侣以表达情意的信物，是节日中最为重要的标志。② 通常，年轻小伙子们会向自己中意的女孩要"姊妹饭"，接受五彩糯米饭团传达的信息，而姑娘们落落大方借物传情爽快地把早已用竹篮、绣帕盛的五彩"姊妹饭"赠予对方，男方同样要回赠礼物。通过交往，双方最终缔结情缘。1998 年，苗族姊妹节被国家旅游局列为"98 华夏城乡游"23 个重大少数民族节日之一，当地政府正式介入姊妹节品牌的打造，台江苗族姊妹节开启了助推地方经济社会发展的新征程，目前已持续二十余年。据当地旅游局统计资料显示，2008 年，是台江县姊妹节自 1998 年由政府正式参与对外推介姊妹节的十年大庆，本年度实现旅游综合收入 2076.26 万元。2009 年，旅游综合收入 2206.52 万元。2010 年，全县共接待游客 44.79 万人次，旅游综合收入 2.31 亿元，创历史新高。2012 年上半年即实现了 3.63 亿元。旅游收入的增长与当地节日活动的拉动

① 董国文、陈艺方：《民俗传承中民俗旅游资源的现代化阐释和应用——从贵州省台江县苗族姊妹节切入的研究》，《黔东南民族师范高等专科学校学报》2005 年第 2 期。

② 关于"姊妹饭"标记的意义：

1. 藏松叶：代表针，暗示后生们以后要回赠姑娘绣针和花线。

2. 挂竹勾：暗示用伞酬谢，挂几勾送几把伞，若放两个相互套着的竹勾，则表示希望日后多来与姑娘来往。

3. 放香椿芽：表示姑娘愿与后生成婚。

4. 放棉花：则暗示姑娘们很思念后生们。

5. 放香菜：其意和暗示与春芽菜相同。

6. 放棉花和香菜：则表示急于成婚的心情。

7. 挂活鸭：则希望日后回赠一只小猪给姑娘饲养，以备来年吃姊妹饭时，杀给大家吃，再度联欢。

8. 放辣椒或大蒜：暗示以后不愿再来往或绝交。

上述说法参考了黔东南州人民政府网对姊妹节的介绍。

密切相关。"21世纪以来，台江苗族地区的经济发展表明，节日规模的大小及其繁荣程度与当地经济发展水平成正比。在一定时期内，如果节日文化兴旺，人民收入就增加，地方经济就繁荣；反之，如果节日文化萧条，地方经济就会萎缩，人民收入就会下降。"① 台江苗族姊妹节持续二十余年的兴盛，其助推脱贫的作用不言而喻。由当地政府主导的姊妹节每年节日期间吸纳游客近15万人次，综合收入平均约7000万元，有力地拉动了黔东南和周边地区的旅游发展，实现了较好的社会效益和经济效益。

1. 凸显当地文化形象的重要窗口

当地紧紧围绕"天下苗族第一县"的形象定位，以"政府指导、社会参与、民间举办"的方式办节，彰显了国家级非物质文化遗产"苗族姊妹节"优美浪漫的节日文化内涵和团结、向善、尚美的民族精神。多年来，当地十分重视对姊妹节的宣传和报道，该节日已经成为凸显台江良好形象的展示窗口。以2017年为例，通过与贵州日报报业集团合作，先后在杭州、长沙、贵阳举行姊妹节新闻发布及旅游宣传推荐会，在机场、网络、电视、报纸等平台发布姊妹节活动信息；《人民日报》、中央电视台、新华社、贵州卫视、腾讯网等75家媒体330余名新闻媒体记者现场报道"中国·台江2017苗族姊妹节"；同时贵州电视台、贵州日报报业集团分别对姊妹节系列活动进行直播。姊妹节开幕式、盛装游演等系列活动关注量突破800万人次。姊妹节的声名远播使台江的知名度和美誉度得到了有效提升，为文化扶贫奠定了坚实的育民和励民基础。

2. 增强当地民族文化自信的有力推手

姊妹节既是宣传推介台江的文化盛会，又是振奋精神、凝心聚力的动员大会。经过多年办节，全县干部群众踊跃参与节日活动，学习和传承本民族文化的意识更加自觉，既增强了民族自信心、自豪感，又夯实了民族文化传承的群众基础。当地成立了姊妹节组委会，以四大班子领导为顾问，明确了各个活动组和保障机构组长和工作职责，做好节日组织保障工作；注重全方位拓展节日内涵，丰富节日内容；善于整合社会力量，激发群众主动参与的热情，组建了18个苗族文化俱乐部，聘请民间艺人指导、培训市民的歌舞技艺。历届姊妹节的成功举办，彰显了当地干部群众自觉自信、

---

① 张志发：《办好苗族姊妹节，大力发展台江经济》，贵州省文物局、黄平县人民政府、贵州省文物博物馆学会编《贵州民族传统节日文化保护与发展》，贵州科技出版社，2015，第179页。

齐心协力、团结一致、奋发向上、共谋发展的精神风貌。

3. 当地公共文化服务的有效平台

通过将原来的三天节日与"五一"黄金周进行嫁接，姊妹节在时间跨度上得到延长，在地域上也由节日发源地向县城和周边区域扩散，内容以舞龙嘘花、千人踩鼓、万人游方、苗歌大赛等一系列特色鲜明、雅俗共赏的优质文化活动为抓手，构筑了公共文化服务的有效平台。将观赏性、娱乐性与体验性相结合，吸引了大量游客和当地群众参与。以 2017 年姊妹节为例，参与苗族盛装游演的队伍达 5000 余人，其中来自台江本地 9 个苗族支系的群众就有 4000 余人，此外，节日期间群众自发的各种民间歌舞活动数不胜数，有力地增进了苗族同胞之间的情感交流，彰显了公共文化服务的地域特色和民族特色。

4. 特色文化产业发展的重要载体

作为政府主导的节日，台江苗族姊妹节具有强大的凝聚力和公信力，它已经成为推动台江特色文化产业发展的重要载体。政府办节的初衷，一是将其作为招商引资的载体，实现"文化搭台、经贸唱戏"，进一步扩大姊妹节的聚能效应，形成产业"孵化器"，有效推动"农文旅"一体化发展。2017 年姊妹节期间，围绕大健康、大旅游、山地高效农业、工艺品加工及基础设施建设等领域开展投资合作，吸引香港、台湾、北京、上海、杭州等 70 多家省内外企业代表到台江进行经贸洽谈。二是采取积极措施推动民间手工艺等特色产业的发展。当地按照"文化 +"的思路，以产业发展作为有力后盾，开发了一批独具民族特色和魅力的村寨。县里成立了刺绣、银饰加工等协会，采取"公司 + 农户"、政府贴息贷款等方式大力开发苗绣、银饰工艺等文化旅游产品。在节日期间举办民族民间工艺品及农特产品展销，宣传推介当地银饰、刺绣、剪纸、雕刻等传统特色手工艺制品，为特色文化产业提供权威的展示平台。2017 年姊妹节，参展的手工艺制品多达上百个品种，开幕式当天销售额即达 107.42 万元。调研中，当地银饰、刺绣手工艺人表示，在政府节庆平台参展后接到的订单会大幅增加。这极大地提高了当地手工艺人参与节会的积极性，有力带动了当地特色文化产业的发展。

（二）深度彰显台江苗族姊妹节脱贫价值的路径思考

姊妹节经过 20 余年的打磨，取得了有目共睹的文化扶贫成效。但姊妹节系列品牌的拓展深化、文化产业的提质增效、资金投入的效能强化、相关文创产品的深度研发及对区域发展的引领带动等都还大有提升空间，为此有如下路径建议。

1. 更好发挥党政部门的引领作用，更加充分调动社会力量参与

依托中央、省、州三级组织部门定点帮扶台江优势，以及省委领导到台江调研提出的"要把苗族姊妹节打造成一个比较有档次、有影响力的节庆活动、文化交流平台"新要求，提高政府资金投入的使用效能，更多地激发社会资本的积极参与，力争以小投入实现大产出，更好地体现办节的民间性、社会性、市场性。

2. 更加充分发挥节庆品牌在助推脱贫中的集聚效应

要增加活动载体，支持培育文化产业，利用赛事活动为苗族银饰、刺绣等文化产业发展注入新活力。积极培养农民的市场意识，全面推进县域境内公共文化设施、相关配套基础设施、旅游线路和景区景点建设。进一步拓展思路，从规模化、系统化入手，深度打造以中国传统村落集群、非物质文化遗产、民俗节庆文化为内涵的"农文旅"一体化观光体验产业集群走廊。围绕姊妹节品牌，深化系列文创产品的设计和开发，让姊妹节发挥其最大效能，助力脱贫攻坚。此外还要与黔东南州"千村百节"节庆品牌整体打造做好衔接，对接好凯里、镇远、雷山、剑河等周边县市旅游线路，实现资源共享、抱团发展，发挥节庆品牌在助推区域脱贫中的辐射效应。

四 结论与启示

黔东南州"千村百节"既继承传统，活跃了当地群众文化生活，又创新发展，丰富拓展办节内容和形式，通过打造新的节庆盛会，助力地方经济社会发展，助推当地脱贫致富。从开始推广到活动成功申报国家示范项目，再到项目推进实施，其综合的惠民平台作用越来越得以凸显。其对于当前各地利用节庆品牌助力脱贫攻坚和乡村振兴具有重要启示价值。

（一）要立足地域特色打造节庆品牌助推脱贫

黔东南州"千村百节"植根于当地丰厚的民族传统节日文化，注重政府引导，还节于民，通过节日平台，鼓励社会力量参与节庆文化助推脱贫

致富。无论是依托传统节庆"唱新曲"，还是新创节庆"奏欢歌"，其始终依托本土特色资源优势，尊重地域文化发展规律，汇聚地方民族文化元素，呈现民族文化风貌，进而塑造地方文化品牌形象。黔东南州的"千村百节"活动顺乎民心，合于民意，为民谋利，较好地秉承了当地民族传统节日的原有内涵和文化精髓，彰显了节日的精神光华，凝神聚气，赢得了当地干部群众认可，随着活动的深入推进，在各地树立了一系列高品质的民族传统节日文化品牌。众所周知，各民族多姿多彩、丰富多样的传统节日文化是我国传统文化重要组成部分，是国家和民族的凝聚力之所在，保护和坚守民族传统节日文化的固有特点和思想价值，发扬民族传统节日文化的天人合一与人伦道德传统是我们不可推卸的责任。当前出现了一些违背规律和实际的"节庆怪圈"现象，如"无节凭空编节""因人而变、因人而废"，盲目跟风、千篇一律的办节习气有所抬头，令人警醒。我们呼吁打造更多如黔东南"千村百节"一样既关注民生、坚守传统，又善于创新、注重挖掘文化资源优势的节庆文化品牌。"十二五"期间，黔东南州累计接待游客 1.56 亿人次，年平均增长 26.22%；旅游总收入达 1307.50 亿元，年均增长 28.31%，较"十一五"期末分别增长 270% 和 325%；而 2018 年黔东南州旅游，达到 1.08 亿人次，旅游总收入达 937 亿元，[1] 在这些数据背后离不开包括节庆文化在内的地域民族特色文化的有力支撑。为此，要积极利用节庆品牌搭台唱文化戏、旅游戏、经济戏，让传统节日充分发挥民众践行信仰、调节生活、团结互助、稳定社会、带动发展的文化功能和社会作用。2014 年 9 月，习近平总书记在中央民族工作会议暨国务院第六次全国民族团结进步表彰大会上指出："弘扬和保护各民族传统文化，要去粗取精，推陈出新，努力实现创造性转化和创新性发展。"[2] 民族传统节日文化亦当如此。"要加强民族文化资源的保护、传承和创新性转化，增强民族文化的时代性和市场竞争力。"[3] 通过加强对民族传统节日文化的梳理研究，去粗取精，去伪存真，革除节庆中的陋习，倡导健康向上的节日氛围，推

---

① 《2018 年黔东南州旅游总收入 937 亿元》，多彩贵州网，http://qdn.gog.cn/system/2019/03/11/017154561.shtml，最后访问日期：2020 年 8 月 7 日。

② 《中央民族工作会议暨国务院第六次全国民族团结进步表彰大会在京举行》，新华网，http://www.xinhuanet.com/politics/2014-09/29/c_1112683008.htm，最后访问日期：2020 年 8 月 7 日。

③ 徐静主编《红与绿的交响——多彩贵州后发赶超时代强音》，贵州人民出版社，2016，第 102 页。

动民族传统节日文化的保护、传承、发展，振奋精神，凝聚人心，汇集力量，为助推地方经济社会发展和群众脱贫致富奔小康提供重要的平台支撑。

（二）要完善运行机制推动节庆品牌助推脱贫

"千村百节"活动之所以取得显著成效，在于其在推进过程中成为凸显当地文化形象的重要窗口、增强地方文化自信的有力推手、提升公共文化服务的有效平台、促进地域特色文化产业发展的重要载体，较好地发挥了助推脱贫的综合效应。其对当前文化扶贫的启示，极为重要的一点就是完善运行机制推动节庆品牌打造，助推脱贫攻坚。"千村百节"由地域文化活动提升打造为颇具影响力的节庆品牌，成为当前助推脱贫攻坚的惠民平台，发挥了多方面的聚能效应，主要在于成功探寻了政府引导、四级联动、多方参与的实践路径。而四级联动机制是"千村百节"助推脱贫实践路径中的重要环节。通过"千村百节"活动的深入开展和带动，全州各级各部门看到发展民族民间文化的重要意义，自觉建立了州、县、乡、村四级联动"千村百节"助推脱贫的良好机制。在经费使用上，实现跨部门整合，同时吸纳社会资本投入，有效解决了节庆活动中的基础设施制约问题；在演艺队伍建设上，扶持和鼓励民间演艺团体，提供充足的人力资源支撑；在办节方式上，采取"官助民办"方式，大力扶持、鼓励民间恢复办好自己的节日，带动传统节庆活动兴起，还创新思路，引导民间"喜事节办"等。总之，黔东南州"千村百节"通过完善运行机制发挥节庆品牌的惠民平台功能，是对当前依托节庆品牌打造助力脱贫攻坚和乡村振兴的重要启示之一。

第六章 "文化 +": 贵州文化扶贫的 要素植入

"文化 +"是以文化为基础的一种跨业态融合,是文化与经济社会各领域的融合创新,"文化 +"的出现标志着文化发展达到了一个历史新高度,它可以拓展无限空间,注入无穷潜力,催生无尽的创意,可以提升一个民族的重量、一个国家的分量、一个时代的发展力和竞争力。"文化 +"发展带动了经济社会的各方面融合创新:"文化 + 社会",引领人类社会智慧能动、不断进步,在包容多元中促进繁荣、开放、和谐;"文化 + 经济",拓展金融领域的无限空间,打造强劲经济引擎;"文化 + 科技",促使科技在文化的滋养下加速发展,为人类社会迎来高度智慧的信息时代……如今,人类已进入"文化 +"时代,在贫困地区发展"文化 +",有助于促进传统文化资源创新转化及文化本身的价值传播,有助于促进文化及相关产业联动发展,能有效带动贫困群众脱贫致富。贵州将"文化 +"与大扶贫、大数据、大生态三大战略高度融合,成功走出一条有别于东部、不同于西部其他省份的脱贫攻坚发展新路,在"文化 +"的实施路径与取得成效方面亮点突出。本章通过分析"文化 +"的实践演进,"文化 +"助推脱贫的做法、成效和经验,结合贵州样本对西部及欠发达地区"文化 +"的脱贫攻坚路径选择做出现实示范,彰显文化助推脱贫在国家层面的启示意义。

一 "文化 +": 新时代多彩贵州文化融入 脱贫攻坚的必然选择

纵观国际"文化 +"理念的发展历程,多个国家和地区"文化 +"的兴起和发力源于经济下行、产业升级所带来的压力与动力,发达国家和地区的"文化 +"实践在挖掘自身的创新潜能、增强国际竞争力、缓解资源与环境紧张等方面肩负起独特的战略使命。英国是老牌工业国家,是全球以"文化 +"理念促进国家战略发展的先行者。英国最初的"文化 +"是将文化艺术与衰落工业区结合。早在 1997 年，英国就成立了包含多个政府部门首长、重要商业公司负责人和社会知名人士的"文化创意工作小组"，在管理范围上采取适当分权和"专""宽"兼备原则，既保持了主管部门的精干和高效，也有利于文化创意事业的繁荣发展。二十多年来，英国文化创意行业的平均发展速度是经济增长的 2 倍，所创造的年平均产值接近 600 亿美元，文化创意行业就业人数 195 万人，是英国容纳就业的第一大行业。20 世纪 90 年代后期，台湾开始探索实施文化创意产业发展策略。有别于欧美，我国台湾地区打造"文化 + 创意"路径时并不青睐科技手段的一味融入，而是更多强调美感和创意，追求慢节奏、舒适环保的"文化创意生活"：以消费者体验为核心，重视文化创意对全民美学素养和整体生活环境的提升，采取与社会生活形态相融合的发展策略，充分发挥出文化的社会效益。发达国家和地区的"文化 +"实践为我们探索出另一种可能：必须深化以知识为基础的经济竞争力，建立起以满足个性化需求为目的、具备灵活性的生产模式。发展"文化 +"，使文化和其他领域充分融合，更有助于经济和社会效益的发挥。

结合我国现实发展情况，党的十九大强调乡村振兴战略是迈入新时代的发展重点，而到 2020 年全面建成小康社会这一时间节点之前，贫困地区实施乡村振兴战略的主要任务就是脱贫攻坚，并在此基础上实现两阶段的战略衔接。一方面，只有坚决打赢贫困地区尤其是农村贫困地区的脱贫攻坚战，才算解决了全面建成小康社会任务中最为繁重和艰巨的关键性问题，才能以"农业升级、农村进步、农民发展"的全新面貌推动谱写乡村振兴的新时代篇章。另一方面，乡村振兴战略为贫困地区更好地开展脱贫攻坚提供了方向指引。从实现"产业兴旺、生态宜居、乡风文明、治理有效、生活富裕"的振兴目标来看，乡村振兴对贫困地区经济、生态、文化以及社会建设各方面要素的"因地制宜"以及"和谐共生"具有更高要求，贫困地区需要基于自身具备独特优势的禀赋元素，让脱贫攻坚中原本"各自为政"的措施手段围绕自身优势展开系统构建及有序融合，形成自我提升策略以助力乡村发展和振兴①。

作为我国西南地区重要省份，贵州贫困人口、贫困面、贫困程度在

① 汤雅乔：《乡村振兴战略下贵州石门乡民族文化扶贫路径》，《贵州民族研究》2019 年第 9 期。

全国占比较大，乡村地区尤为突出。但其文化资源丰富，绿色生态文化与民族特色文化交织形成"山地公园省·多彩贵州风"这一独特的文化名片。

充分认识自身文化资源价值发展"文化+"，是新时代贵州扶贫事业实现跨越式发展的重要途径和必然选择。

首先，"文化+"的形式融入能为贵州扶贫增添新引擎。通过挖掘文化内涵，激发民间资本，能促进特色产业的培育、发展；通过健全文化旅游市场收入分配制度，能让贫困人群从产业转型升级中获取更大收益；通过向贫困者（尤其是乡村贫困者）输入新文化、现代信息知识以及社会主义核心价值观等新鲜"血液"，分层次、分阶段、分工种传授农业生产技术，能够逐步提高贫困群众的文化素质，开拓脱贫攻坚新型可持续路径。也就是说，促进"文化+"有效植入扶贫，成为贵州脱贫攻坚的重要手段。

其次，"文化+"的多轮驱动必将彰显贵州扶贫的地域特色。"文化+"与贵州省大扶贫、大数据、大生态三大战略行动高度契合。通过"文化+"为旅游发展铸魂，部署一系列特色鲜明、发展可持续的扶贫载体，能有效促进贵州省乡村旅游提质升级，推动国家全域旅游示范区创建；通过"文化+"融入大数据产业，可将其谋划成为贵州省战略性的支柱产业，进一步创新扶贫手段；通过贯彻落实以贫困群众为中心的绿色发展观，精心规划"文化+大生态"路径，有助于推动贵州省贫困地区生态宜居的美好生活打造，为深化"十四五"时期国家生态文明试验区建设做好充分准备。以"文化+旅游""文化+科技""文化+大生态"形式推动全省扶贫事业发展，有助于以"产业升级、经济进步、群众发展"的全新面貌助力贵州实现脱贫攻坚和乡村振兴。

跨入新时代，贵州以大文化助推大扶贫作为突破口，围绕多彩贵州民族特色文化强省建设及国家全域旅游示范省创建目标，挖掘、开发、利用各类特色文化资源，以"文化+"形式促进文化与旅游、科技、生态等相关领域深度融合，助推脱贫取得明显成效。

（一）围绕"文化+旅游"，加速建设一系列脱贫载体

作为2012年就已开始建设"文化旅游发展创新区"、在全国率先编制文化旅游发展省级专项规划的贵州，一直具备文化旅游融合的良好基础。近年来，贵州又依托丰富的文化资源、得天独厚的气候风貌以及惊人的交

通建设成果做大文章，让"文化＋旅游"成为贫困地区实现井喷式发展的有效载体，也让文旅扶贫以多业态形式惠及千家万户。

一是建设"十大文化产业园区（基地）"。2011 年起，贵州将省级"十大文化产业园区（基地）"列入《贵州省国民经济和社会发展第十二个五年规划纲要》，依托文化旅游及传统工艺、歌舞演艺等产品开展"十大文化产业园区（基地）"建设，以期发挥集聚效应，让"十大文化产业园区（基地）"在延伸产业链、壮大文化产业、带动贫困人口就业方面起到示范作用。"十大文化产业园区（基地）"共包含 21 个项目，总规划面积 81428亩，建筑面积 3763 万平方米，计划总投资 1173 亿元。其中，"孵化创意类"的贵州（凯里）民族民间工艺品交易基地，搭建出包含文化产品研发、设计、制造、营销的一条完整产业链，园区开业即招商入驻 260 户，入驻率高达 93.23％，带动新增就业人员 1200 余人，年均接待游客 90.33 万人次，实现旅游综合收入 3.61 亿元；"文化体验型"的多彩贵州城、黔东南州民族文化产业园、毕节大方古彝文化产业园，体现出多彩的贵州民族文化，让游客记忆深刻、流连忘返；"物流会展型"的贵阳会展基地、遵义会展基地、六盘水会展基地入驻企业超过 300 家，解决就业 2600 多人，累计实现收入超 27 亿元，呈现良好的业态面貌。

二是建设特色小镇。2012 年，贵州省启动 100 个示范小城镇建设；2019 年，贵州省出台《关于加快推动特色小镇和小城镇高质量发展的实施意见》，明确提出坚定不移地走不同于东部、有别于西部其他省份的山地特色小城镇发展之路，并强力推动全省 100 个示范小城镇提挡升级，助推全省1000 多个小城镇同步小康。截至 2019 年，全省已有 136 个镇列入全国重点镇。贵州省以特色文化为引领，以文旅融合为抓手，成功打造出"中国文化和中国精神的缩写"——镇远古镇、"贵州历史的缩影"——青岩古镇、"互生和谐的文化孤岛"——隆里古镇等一系列贵州古镇的典型；形成了"中国酒都"名声日盛的仁怀茅台镇、"资源转型，绿色崛起"的铜仁万山镇、"企业包县，助力脱贫"的丹寨万达小镇等新型小镇；此外，拓展思路打造出黎平县茅贡创意小镇等带动周边实现连片发展的小镇。

三是实施"三个一"工程。贵州结合文化和旅游建设，通过培养、评选、命名一批"文化产业示范村、优秀演出团、特色文化产品"，以三位一体的模式促进文旅产业发展。"三个一"工程自 2013 年启动至 2019 年已公布七批名单，共评选出文化产业示范村 54 个、优秀演出团 31 个、特色文化产品 66 个。获得"三个一工程"称号的示范项目,在围绕"文化+旅游"促进就业,助力群众脱贫致富方面起到了良好的经验推广和带头作用。其中,示范村在对民族文化资源、历史文化遗产有效保护和合理开发的基础上开展农家乐、民俗展示、休闲娱乐等旅游项目,大幅带动村民增收。优秀演出团通过长期固定演出,不断丰富旅游景区内容和基层(乡村)群众的精神文化生活,创造出良好的社会和经济效益。特色文化产品通过精心融入当地文化元素,成为地域标志性文化旅游产品,帮助贫困群众增加经济收入。

(二)围绕"文化+科技",促进公共文化服务现代化

贵州省加大科技融入,不断完善现代公共文化服务体系,积极主动扩大服务范围,努力将文化产品和服务以现代方式推送给更多贫困群众,让乡村贫困群众在田间地头畅享便利的科学文化信息服务。一是狠抓文化信息资源共享工程建设。为促进贵州省公共数字文化服务提挡升级,在省、市(州)、县(市、区)文化部门共同努力下,贵州省构建了以贵州分中心为核心、市(州)县图书馆为骨干的地区性中心服务网络,形成各级文化共享工程服务点共 20441 个(其中省级分中心 1 个、地级分中心 2 个、县级分中心 88 个、乡镇服务点 1448 个、村级服务点 18369 个、城镇社区服务点 533 个),各级服务点均配备数字文化资源及设备,涵盖民族文化、农业知识、医学科普等各类资源总量超 30TB[①],技术平台基本完善,基层点数量稳步增加,服务质量不断提升。二是打造"多彩贵州文化云"平台。"多彩贵州文化云"通过发展电子政务,在提高贵州省文化和旅游系统政府管理水平的同时让群众快速了解各类文化惠民事项的办理途径,以移动终端实现文化资源及文化动态共享,将各类惠民之举覆盖全省。三是完善数字化基层公共文化服务体系。依托贵州数字图书馆搭建"贵州农家书屋"网站,为农村读者提供与他们生产生活相关的特色数字资源的免费浏览、下载等服务。同时,各农家书屋点上还安装配备了各类电子图书,让乡村读者在没有网络的环境下也能阅读到数字图书[②]。

---

① 张伟云:《推进贵州公共数字文化"共享工程"建设与使用搭建传播先进文化平台》,http://www.guizhou.gov.cn/xwdt/gzyw/201805/t20180502_1118299.html,最后访问日期:2018 年 5 月 2 日。
② 申子瑜:《浅谈"文化信息资源共享工程"在贵州省的建设运行情况及存在的问题》,《贵图学刊》2014 年第 6 期。

(三)围绕"文化+大生态",强化贫困群众环保发展新理念

作为全国生态文明试验区之一,贵州省委、省政府高度重视贯彻生态发展理念,并将其作为助推脱贫的有效路径,为深化"十四五"时期国家生态文明试验区建设做好充分准备。一是推行生态补偿机制。深入实施绿色贵州建设三年行动计划、环境污染治理设施建设"三年行动计划"等,围绕体制机制健全、环保责任落实、环境质量改善等方面发力,清偿生态历史欠账①,保住生态文明品牌、守住两条底线。二是严定标准,围绕农林业开展生态合作。贵州研究并发布 100 个生态地标的生态价值评定结果,在全国率先推动森林康养标准体系制定,不断完善农林产品生产标准体系,大力发展森林康养、名优绿茶等绿色产品,提升农林产品的生态文化价值,助推"黔货出山";成立贵州省绿色产业联盟,联盟成员围绕森林康养、特色农业等领域开展合作,中天金融集团股份有限公司、贵州产业投资集团等多家机构积极响应;就农林业的生态保护及绿色发展与国家农发行等多家银行达成战略合作意向,签订超 600 亿元的战略合作协议。三是强化生态意识,发展特色农业园。贵州各地区大力贯彻生态文明理念,积极改善生态,建设特色农业园。近年迅速发展起来的省级现代高效农业示范园区达 480 多个,根据 2019 年统计数据:园区完成投资 1377 亿元,入驻企业达 5433 家,实现综合产值 2420 亿元;园区培育农民合作社 6257 家,带动 71.6 万贫困人口就业②。实践证明,强化环保意识,坚持生态生产标准,让贵州走出了一条"百姓富,生态美"的成功之路。

二 贵州"文化+":文化多元融合助推脱贫的实践探索

近年来,贵州着力推动大文化与大旅游、大生态、大数据深度融合,拓展了文化助推脱贫攻坚的多元路径。

(一)文化+大旅游

伴随着中央到地方新组建的各级文化和旅游部门陆续挂牌及国务院办

---

① 黔建宣:《大生态:绿色发展 贵州先行》,《贵州政协报》2017 年 1 月 20 日。
② 赖盈盈、陈毓钊:《2018 年贵州省农业农村工作亮点纷呈》,《贵州日报》2019 年 1 月 19 日。

公厅《关于进一步激发文化和旅游消费潜力的意见》等文件的出台，文化和旅游高水平融合、高质量发展已成为新时代备受关注的热点，"文化+大旅游"也为处于西南地区的贵州探索出一条助力脱贫攻坚、实现后发赶超的重要路径。

1. "文化+产业园区（基地）"

促进文化旅游助推脱贫的要素聚集。为促进文化与旅游进一步融合，近年来贵州依托旅游产品发挥集聚效应，将建设十大文化产业园区（基地）作为文化改革发展工作的重点，以期在延伸产业链、壮大文化旅游产业、带动贫困人口就业方面发挥示范作用。

一是打造"孵化创意类"综合体。贵州（凯里）民族民间工艺品交易基地以苗侗建筑为平台、将苗侗民族文化作为"灵魂"嫁接，形成集创意、商业、居住为一体的苗侗风情体验地、贵州民族工艺品加工地、贵州省微型企业孵化地。为了让入驻企业进得来、留得下、能发展，基地提供了贴心优质的服务：设立基地企业服务中心，成立各类协会进行招商，积极为入驻企业搭建研发平台、投融资平台、技术平台和网络推送平台，确保每个服务环节不脱节、不缺位。同时，基地推进建档立卡脱贫户就近就业制，鼓励周边技术学校及乡镇定向培养输送优质人才，既免却企业主的用工困扰，又能助推贫困群众脱贫致富。作为基地孵化的特色项目，大型苗侗舞台剧《银秀》以市场为导向，创造性地将传统与现代元素有机结合，把文化与旅游"嫁接"得恰到好处。截至 2019 年，《银秀》已驻场演出超过 300 余场，观众累计超过 30 万人次。《银秀》的成功不仅宣传了贵州原生态民族文化与银饰刺绣文化，还有助于特色手工艺产品推广，大力带动基地相关企业共同发展，有效拉动当地贫困户就业。自 2013 年 5 月建立以来，基地先后荣获了贵州省"贵州民族民间工艺品交易基地""省级文化旅游聚集示范区"等称号。

二是打造"文化体验型"综合体。在国家级文化产业示范基地多彩贵州城中，"1958 文化创意园"以文化、创意为主题，通过文化元素重组和时尚符号嫁接，集聚艺术工作室、休闲吧和主题餐饮，将贵州文化、创想、生活等荟萃一堂，激发游客对贵州文化的归宿和热情。国家重点建设项目毕节大方古彝文化产业园融资 2400 万元，拍摄大型电视连续剧《奢香夫人》，大方也因此成为全国影视指定拍摄基地。随着《奢香夫人》在全国热播，前来感受彝族风光、考察学习、投资兴业的各种团队络绎不绝，为文化产业园增添了不少人气，活跃了当地经济发展，实现了百姓创收。

此外，黔西南民族文化产业园围绕非物质文化遗产传承与展示、民族歌舞体验、民族体育竞技表演等功能，整体规划凸显少数民族文化和地域特色，园区充分吸收和借鉴布依族、苗族等当地少数民族村寨文化元素，为展示、传承黔西南民族地区特色文化提供有效载体。园区占地面积约150亩，建筑面积约11万平方米，总投资6亿多元，开园即有百余家企业入驻，文化旅游融合集聚有效推动了当地经济社会发展。

总体来看，在旅游的"吃住行游娱购"各个环节有效融入文化元素，针对市场需求设计好产品，提升游客的精神追求，能更好地发挥文化产业园的集聚效应和经济效益，大力带动贫困户就业及脱贫致富，十大文化产业园区在这些方面无疑起到了良好的示范作用。

2. "文化 + 特色小镇"

打造文化旅游助推脱贫的新型平台。特色小镇对于贵州而言已不是普通意义上的小镇概念，而是一个展现"文化 + 大旅游"助力脱贫攻坚的大舞台。建设特色城镇，正成为贵州奋力后发赶超、助推脱贫攻坚的有力抓手。

一是通过点上文化凝练，提质升级，打造一批全国一流特色小镇。在历史文化古镇建设方面，贵州将保护好原生态古镇文化资源作为开发建设的前提和条件，在保持古镇原有历史文化遗产基础上，实现文化旅游融合发展。始建于明朝洪武十一年的青岩古镇，是贵州省四大历史古镇之一，屯堡文化、军镇时期文化、儒家占主流的多元文化等典型文化通过遗迹遗址、民间传说、历史典籍得以保存。青岩古镇早期的规划开发简单片面，没有从根本上发挥其独特历史文化价值来带动当地群众脱贫。为摆脱这一困境，当地政府经过深入研究，根据游客对古镇旅游的不同偏好，将青岩古镇建设成一个特色休闲与体验旅游娱乐场所和多彩贵州文化体验中心。通过制定政策、采取分级分区"点、线、面"结合的方法对明清时期房屋建筑、历史文人遗留真迹、名人故居牌坊等文物进行保护，在保存古镇原始风貌的基础上，从给水、供热、供电、通信等方面着手，完善旅游服务体系，使设施建设与古镇历史文化风貌相协调，既体现出古镇文化特色，又能满足游客多层次的需求；通过对主要景点、名人故居、古城墙进行标志的优化设计，在生动展示景点的同时加深游客印象，更好显现出古镇的特色文化底蕴；通过组织当地居民有偿参与古镇的卫生环境维护及生活垃圾处理工作，强化居民对自身文化的认同感和自豪感，起到物质和精神双重增收的良好效益；通过规范旅游商品的产销流程、减少冗余商铺，不断提升产品文化内涵，让游客通过旅游产品感受到更多古镇气息，实现产品销量稳增、居民致富的良性循环。经过科学严谨的规划落实，青岩古镇的文旅融合实现了跨越式发展，2016年被住建部列为首批中国特色小镇，2017年获评国家5A级旅游景区。80%的青岩本地居民直接或间接参与到文化旅游相关产业经营活动中，脱贫致富成效明显。

在打造新型小镇方面，贵州省创新理念，不断探索新模式，在整合提炼各地文化资源的基础上推出一批优质特色小镇。其中，丹寨万达旅游小镇是万达集团实践"企业包县，整体脱贫"模式的重要成果。小镇利用万达的商业平台和资源，整合展示丹寨特色民族手工艺（古法造纸、蜡染、芦笙等）、苗寨美食、苗医和苗药等，形成集合"吃、住、行、游、购、娱、教"的"一站式"苗族文化体验地，打造贵州文化旅游新名片。自2017年7月开业以来，小镇月均接待游客80万人次，直接吸纳近2000人就业，带动全县1.6万贫困人口实现增收。在2018年度中国特色小镇影响力排名中，丹寨异军突起，名列第二，成为当年中国特色小镇最大黑马。此外，剑河县仰阿莎温泉小镇依托非物质文化遗产《仰阿莎》苗族古歌、苗族锡绣和苗族水鼓舞等丰富文化资源发展温泉旅游产业，在建筑和产品设计上融入苗族文化元素，推出苗药温泉汤、水舞剧场、温泉博物馆等特色体验项目。同时，对温泉村寨进行统一规范化改造，鼓励沿街村民积极开发客栈、餐饮、手工作坊等延伸业态，让广大群众在家门口就业创收。小镇别具匠心整合运用当地文化资源，大幅增强了温泉旅游的吸引力和竞争力，有效带动一方群众脱贫致富。

二是通过面上示范带动，助力贫困乡镇脱贫摘帽。贵州省拓展思路打造创意小镇，依托乡村文化资源开展乡村旅游，带动周边实现连片发展。其中，黎平县茅贡文化创意小镇以点带面，成功带动周边乡镇30多个中国传统村落联合发展。依托辖区10个中国传统村落，茅贡镇深挖当地文化资源，将自身打造成为"百里侗寨精品旅游线路"重要节点，大力发展乡村旅游；探索传统村落"共保共享"机制，将地扪、登岑、寨头等村寨访客中心前置于茅贡镇，构建"百里侗寨旅游服务"集散地，形成集中接待、辐射周边的有序模式；培育乡村文化创意产业，搭建"创意乡村平台"，辐射九潮、坝寨、岩洞等周边区域联动发展。小镇立足乡村文化，打造特色乡村旅游，不仅增加了村民收入，还有效提高了村寨社区的整体发展水平。

总的来看，近年来贵州大力实践"文化＋特色小镇"，各类小镇"遍地开花"：仁怀市茅台镇依托白酒文化打造世界名镇，"中国酒都"声名日盛；习水县土城镇深入挖掘红色文化等资源，深耕旅游产业，成为全省红色旅游的后起之秀；铜仁万山区万山镇利用规模庞大的汞矿遗址，引入社会资本打造工业文化体验地，让原本濒临颓败的小镇重现生机；黔东南州雷山县西江镇依托民族风情打造苗乡小镇，成为贵州民族文化旅游的亮丽名片；黔南州平塘县克度镇做专做精"大射电"（FAST），倾心打造世界级天文小镇，促进天文研究、天文旅游、天文体验、天文科普一体化发展。① 通过充分发挥文化禀赋，贵州小镇风光无限，有效助推了脱贫工作。

3. "文化＋传统工艺"

实现文化旅游助推脱贫的有力抓手。发展传统工艺业是贵州文化旅游融合的一大亮点，结合非遗项目培训、各类节庆活动和展会进行旅游产品价值提炼和宣传推广，助推贵州文化旅游产品品牌提升，从而助力群众脱贫致富。

一是政府主推。台江县施洞镇党委、政府立足当地苗族银饰、刺绣等非遗资源优势打造旅游产品，通过"送出去"的方式，分批组织传统工艺非遗传承人参加省、州、县各部门举办的"十百千万"等传统工艺培训，开扩传承人视野，引导其树立卓越的工匠精神和进取的创新精神，助推其产品的品质优化和价值提升；鼓励各级非遗传承人大量收授学徒，在言传身教中有效延续传统工艺文化内涵；成立准入门槛低、包容性强的合作社，实现零散的家庭手工作坊抱团发展。2017 年以来，该镇仅岗党略村就有 18 户 76 人依靠银饰刺绣实现脱贫致富②，传统工艺旅游产品带动就业增收效果明显。安顺市政府在大力实施"锦绣计划"的基础上推广"能人＋基地＋公司"模式，鼓励企业与省外、国外知名设计师、知名企业合作，有效提升了当地妇女手工产品的市场价值，三年累计实现蜡染及民族民间旅游工艺品产值 9.76 亿元，成功助力"巧手脱贫，美丽致富"。

二是企业主力。近年来，一些主打传统文化旅游工艺品的企业也成长

---

① 本报记者：《特色靓镇 生态优美——既要现代城镇，也要乡村乡愁》，《贵州日报》2017 年 6 月 7 日。

② 杨嘉浩、张净、潘鸿、冯桂菊：《台江县施洞镇发展银饰刺绣成脱贫攻坚"助推器"》，《黔东南日报》2019 年 7 月 3 日。

为龙头，发展得风生水起。位于凯里市的贵州苗妹银饰工艺品有限公司以弘扬少数民族厚重历史文化、促进贵州传统民族手工业发展为理念生产银饰、刺绣等旅游产品。公司在雇用 160 余名员工的同时，采取'公司＋农户＋基地'的生产模式，与 1000 余户遍布黔东南苗乡侗寨技艺精湛的居家银匠绣娘开展合作，在市场效益的助力下促进传统手工技艺传承发展；通过将专业老师请到村里对农户开展面对面培训，有效提升合作农户的技艺水平；通过投资建设苗妹非遗博物馆，公开免费展示 1000 余件以传统服饰、银饰、少数民族传统生产生活用具等为主的藏品，并通过与旅游结合，促进了公司银饰工艺品的销售。

三是平台推广。贵州通过积极组织各类特色手工艺品参加深圳文博会、北京文博会以及贵州民博会等进行展示展销，帮助旅游产品扩大影响力，提升销售规模。2016 年贵州民博会组织上万种商品参展，实现交易 1.6 亿元。2018 年中国（贵州）国际民族民间工艺品·文化产品博览会以"展示文旅精品，助力脱贫攻坚"为主题，来自 28 个国家和地区的 67 家企业、88 名境外展商和贸易代表，省内 6 家省直国有文化企业集团、200 多名非遗技艺传承人、300 多家民族民间工艺品和文化旅游商品企业，全国各地 100 余名工艺美术大师参加展会，集中呈现了十八大以来贵州民间民族工艺品和文化产业发展中涌现出的新业态、新模式、新品牌[①]。此外，充分利用中央电视台"广告精准扶贫"、多彩贵州网、家有购物集团电商平台等线上、线下销售渠道，整合省内外资源，启动"黔系列"民族文化品牌推广，帮助文化旅游产品实现"黔货出山"。

四是节庆带动。以台江县"苗族姊妹节"为例，经过长年打造呵护，姊妹节成为既丰富当地群众文化生活又推动地方经济发展的节日盛会。节日期间举办的民族民间工艺品及农特产品展销，有效宣传了当地银饰、刺绣、雕刻等传统特色手工艺制品。经过多年努力，姊妹节已成为文化部公共文化示范项目——黔东南州"千村百节"的核心内容之一。此外，雷山县苗年节以丰富的民族民间文体活动展示，让苗族文化不断得到挖掘、提升和应用，带动木鼓、铜鼓、芦笙等工艺品推广销售，成功开启了将民族文化资源优势转化为旅游经济优势的有益尝试；安顺市以"布依族六月六风情节"为平台，大力宣传布依族蜡染文化，推广蜡染产品等。总之，依

---

① 王红霞：《贵州文化产业发展报告》，《新西部》2019 年第 7 期。

托节庆品牌促进传统工艺品的生产销售，成为贵州发展"文化＋大旅游"助推脱贫的一道亮丽风景。

4."文化＋特色演艺"

塑造文化旅游助推脱贫的亮丽名片。贵州的文旅融合独辟蹊径，结合传统文化资源与现代时尚审美习惯，以民族特色演艺实现文化惠民、文化励民与文化育民。其中，《多彩贵州风》作为贵州文化的亮丽名片，以色彩斑斓的苗衣、清脆婉转的侗族大歌、欢快动感的反排木鼓舞等展示了贵州质朴的民族风情和神秘的山水胜景，同时也有效发挥了育民、励民、惠民等积极作用。

一是助力文化育民。为培养本土艺术人才，多彩贵州文化艺术股份有限公司相继成立多彩贵州艺术学校、多彩贵州艺术团①。艺术学校就地招生，优先照顾贫困生源，培养了大批苗族、侗族歌唱人才；艺术团通过吸纳国内优秀的舞蹈人才，在交流合作中不断带动本地人才扩展视野，提高艺术素养，为《多彩贵州风》的演出储存优质的后备力量。当年多彩贵州艺术学校的学生和教师，大都留在《多彩贵州风》的舞台上②，《多彩贵州风》为他们提供经济支持和精神指引，而他们也陪伴着《多彩贵州风》一路同行。

二是实践文化励民。在做好《多彩贵州风》日常商演的同时，将触角向下延伸，以品牌文化节目打造汇聚各地精粹，并统筹集中至贵阳大剧院进行演出，让每个人都能在低价、平等、和谐的文化场馆中收获文化生活的幸福感③。通过淡化商业色彩，以可感知、可体验、可触摸、多元化的文化氛围和产品为生动载体，宣传展示了贵州的良好形象，有效提升了贵州人民的文化自觉、文化自信，是文化励民的生动体现。

三是促进文化惠民。《多彩贵州风》自推出起，一直保持两个版本同时演出，一个版本作为旅游版对外宣传推广，另一个版本则立足本土文化市场。旅游版《多彩贵州风》在贵阳大剧院天天上演，场场爆棚，为群众带来聚贵州多民族歌舞风情于一炉的视听盛宴。而后，《多彩贵州风》又赴德江县、遵义县、湄潭县和贞丰县等地参与"送欢乐、走基层、唱和谐、促发展"文艺演出活动。演出团队以"公益性、基本性、均等性、便民性"

① 周静、谢瑶：《〈多彩贵州风〉十年创新发展路》，《贵州日报》2016年3月11日。
② 周静、谢瑶：《〈多彩贵州风〉十年创新发展路》，《贵州日报》2016年3月11日。
③ 周静：《激活文化遗产 凸显经济价值》，《贵州日报》2013年8月30日。

的文化惠民要求, 深入农村基层、城市社区、工厂企业等进行演出, 把精彩文艺节目送到村庄和社区, 把欢乐带到群众家门口, 让普通老百姓尤其是贫困群众及时欣赏到已经走出国门、富于本土特色和时尚风味的民族歌舞精品, 把服务困难群众与培养观众有机结合, 带动当地文艺氛围提升, 促使更多贫困群众走进艺术殿堂, 开启了文化惠民新篇章。

经过十几年不懈努力,《多彩贵州风》已列入《国家文化旅游重点项目名录》, 成为贵州省著名的旅游演艺品牌, 其打造者多彩贵州文化艺术有限公司作为一个集宣传、创意、服务、投资于一体的文化旅游综合平台, 已于 2016 年 11 月正式挂牌新三板, 以 "贵州文产第一股" 的身份受到市场强烈关注。

(二) 文化 + 大数据

近年来, 着力 "文化 + 大数据", 有助于进一步转变观念, 利用大数据延伸文化旅游服务链和产业链, 推动贵州文旅事业和文旅产业大发展。

1. 建设文化信息资源共享工程

文化信息资源共享工程作为一项文化建设重点工程, 由文化和旅游部、财政部主持开展。工程通过采用现代信息技术进行数字化加工、整合, 并借助网络传输, 将文化、旅游信息资源最大限度地提供给社会公众[①]。通过建设文化信息资源共享工程, 贵州乡村文化旅游基础设施、文化生活的困境得以改善, 有效释放了 "文化 + 科技" 的惠民效能。

在文化信息资源共享工程建设过程中, 由于各级地方财政较为困难, 贵州将中央对地方配套资金要求的 80% 转由省级财政承担, 有效地解决了建设资金紧缺的问题, 同时, 通过与县级人民政府签订责任书, 保障共享工程建设顺利开展、按期达标, 并对资金和管理等方面工作开展较好的县, 安排专项 "以奖代补" 资金, 有效调动地方的工作积极性[②]。

为了方便快捷地为广大群众服务, 更大限度地发挥惠民功效, 贵州文化信息资源共享工程综合采取了多种极具特色、高效实用的服务措施。

一是加强资源建设。贵州省围绕民族文化资源优势, 不断提升资源总量。从国家级非物质文化遗产代表作入手, 制作了一批具有贵州特色的原

① 申子瑜:《浅谈 "文化信息资源共享工程" 在贵州省的建设运行情况及存在的问题》,《贵图学刊》2014 年第 2 期。
② 徐圻:《贵州: 让文化信息资源润泽城乡百姓》,《中国文化报》2009 年 12 月 29 日。

创性资源库和高清视频专题片，如《侗族大歌》《贵州傩戏》《苗绣》《玉屏箫笛》《红色资源库》等，自制资源总量已超 15TB；分期分批地完成全省国家级、省级非物质文化遗产代表作名录数据库建设，为贵州民族文化资源的长期保存和提供数字化服务奠定了基础。全国文化信息资源共享工程贵州省分中心自成立以来，接收全国文化信息资源共享工程中心下发光盘超 10000 张，刻录了中国农业知识仓库、农村医药科普知识库、贵州民族戏曲等 2000 余种 83000 余张光盘发放到各基层点为群众服务。目前，全国文化信息资源共享工程贵州省分中心文化信息资源总量已超 30TB，每月平均刻录光盘 5000 张发往各级支中心①。

二是推出共享工程便民服务卡。农村基层服务点的村民只要拨打便民服务卡上提供的电话，共享工程的免费放映就会如约而至。该服务主要针对农村实际，利用农村婚丧嫁娶、乔迁寿宴以及农闲时节等时机免费提供服务，丰富群众的精神文化生活，让老百姓得到更多实惠。

三是建立科技信息帮扶示范点。随着经济社会发展及回乡创业农民增多，村民对信息和技术的需求也日益强烈，共享工程充分利用基层点的信息资源和设施设备，与农村远程教育办公室、镇畜牧站、村委会等联合建立了科技信息帮扶示范点，搭建了科技助农平台。各农村基层点通过科技帮扶平台，定期放映养殖业、种植业等方面的光盘和进行信息查询，把惠民政策、物质支援送到群众手里。目前，此项工作已在全省的上万个共享工程农村基层服务点开展，成效突出。

四是注重为弱势群体提供服务。充分利用共享工程丰富的文化信息资源以及设施设备，到农村敬老院、留守儿童较多的聚集地放映电影和动画片，丰富他们的文化生活。

五是建设贵州民族文化数字体验馆。体验馆基于共享工程的丰富资源，结合先进的科技手段，提供视频观赏、音乐点播、虚拟现实互动体验等服务，将丰富的民族文化呈现给观众，在欣赏和互动中让观众体验文化共享工程先进的服务手段。该体验馆被列为国家公共文化数字支撑平台特色应用体验基地，截至 2019 年接待公众已超 8 万人次。

此外，共享工程通过基层服务点的反馈，能够及时了解各乡镇、街道、

① 申子瑜：《浅谈"文化信息资源共享工程"在贵州省的建设运行情况及存在的问题》，《贵图学刊》2014 年第 2 期。

社区居民的文化参与情况、偏好等信息，有针对性地推送信息、提供服务。利用大数据和新媒体技术，更加快捷、准确地向群众提供喜闻乐见的文化产品和文化服务，由政府"端菜"向群众"点菜"转变，既方便快捷地派送出文化产品，又能被群众接受、令群众满意，通过科技运用使公共文化服务进一步由广泛覆盖向定点投放转变。

2. 打造"多彩贵州文化云"

为突破文化资源缺乏统一协作平台，呈现形式单一、共建共享不足的困境，贵州省依托大数据整合文化资源，着力云管理、资源共享、应用集成、评估管理等系统建设，正在强力打造"多彩贵州文化云"。

一是建设多彩贵州特色文化云平台。首先是搭建管理服务平台。通过梳理、整合、开放、共享文化系统政府数据，促进政府、企业、社会各领域之间的大数据应用流转，有效打破数据壁垒，提升贵州省文化旅游系统政府管理效率，通过流程电子化、高效率的信息服务，为群众了解文化旅游系统动态和办理文化惠民事项提供了有效途径。其次是实现文化资源共享。在同一内存池中汇集所有公共文化服务单元数据，突破地域限制和个体限制，使文化资源的交流、访问实现最大程度的共享。同时，"多彩贵州文化云"体系可以搭载微信等社交软件、移动 App，大大提高群众文化培训、创作、展示、交流的便利性，加强群体互动，并促进群众个性化的文化服务开展。例如，"文化云"以贵州各地民族文化资源数据为支撑，利用现代科技手段将各地民间文学、音乐、舞蹈、传统戏剧、传统技艺等文化项目进行整合，在各类终端上以文字、图片、视频、音乐、虚拟教学等形式呈现，并通过掌上 App、微信公众号等进行互动体验链接及文化旅游路线推荐、产品购买，为群众提供方便、快捷和海量信息，满足群众的现代公共文化服务需求。最后是丰富文化服务群众体验。根据群众访问留下的"电子脚印"进行数据分析，从而深入把握群众的需求规律，打造"适销对路"的服务产品。

二是建立数字化的基层公共文化服务体系。目前，基层公共文化单位也树立起大数据意识、互联网思维，充分利用贵州发展"文化+科技"的有利契机，探索"文化+大数据"的新模式。以贵阳市为例，在完善数字化公共文化服务体系方面，贵阳市开展了文化信息化建设。该市将重点围绕文化信息上下互联和综合运行管理等方面，建设文化大数据资源中心、应用支撑、安全体系，力求加快文化大数据生产和传播创新，形成具有贵阳特色的大数据文化创新体系。2020 年底，贵阳"文化大数据资源中心"将通过采集、交换、汇集等手段，建立公共文化、产业资源、行政执法数据库，实现全市跨地区、跨部门、跨行业的文化信息"数据大集中"，为全市进一步开展文化建设提供数据支撑。在"文化大数据"应用方面，贵阳市还将建设"贵阳市方志云"。方志云包括"综合资源平台""知识服务平台""'志'能交流平台"等 7 个云平台，通过大数据技术运用，让群众获得可靠真实的资料，实现"众手修志"。作为贵阳市打造的文化惠民工程之一，方志云项目得到全国地方志界广泛好评，将更好地发挥地方志"存史、育人、资政"的功能作用。

三是扩展"文化 + 大数据"应用范围。除了公共文化服务领域外，贵州还将大数据融入文化旅游、创意市场，从而有效提高文化旅游产品科技含量，提高行业参与度，带动就业，为贵州文化旅游产业发展增添新的活力。

在提高产品智慧化、服务精准度方面，遵义海龙屯世界文化遗产景区通过大数据信息手段，建设多媒体展示系统、语音导览系统，运用 AR、VR 和裸眼 3D 等数字展示技术真正让海龙屯文物活起来，让中外游客更清晰地了解、更直观地感受海龙屯 700 多年苍茫的历史和厚重的文化底蕴；借助大数据平台，准确锁定目标客户群和潜在客户群，通过广告和其他宣传渠道实现海龙屯土司文化的全面营销推广；通过地理区位计算技术整合景区资源禀赋、自然资源、投资竞争力、交通和气候等数据，为广大游客和消费者提供精准服务。

在规范市场、提高安全度方面，兴义市以万峰林、万峰湖、马岭河峡谷"一城三景"为核心，围绕"健康休闲文化、智慧现代生活"规范旅游市场，提升服务品质。运用大数据技术建立景区人流信息化监控系统，实现重点场所实时监控，搭建事前预警机制、事中应急处置机制、事后改善提升机制，使游客的行程更舒心①，也让景区管理更加便捷、规范。通过用好"数据、文化、山林"等资源，实现景区群众由农民向工人、商人、艺人、股民、市民跃变，兴义市旅游业取得了长足发展。2019 年假期，兴义市接待旅游人数同比增长 8.35%，旅游收入同比增长 6.33%，文化和旅游市场繁荣有序。

---

① 张恒：《智慧旅游：景区更"聪明"游客更便利》，《当代贵州》2018 年第 18 期。

（三）文化+大生态

面对资源约束趋紧、环境污染严重、生态系统退化的严峻形势，贵州大力弘扬优秀生态文化传统，走"文化+大生态"发展路径，助力脱贫攻坚。

1. "文化+林业"：探索生态文化助推脱贫攻坚的"下一蓝海"

贵州作为一个林业资源较为丰富的省份，全省森林总面积 1.374 亿亩，森林覆盖率达 52%。但富集的森林资源与经济社会贡献度并不匹配，2016 年全省林业总产值仅为 1000 亿元，全国排名第 21 位。针对林业发展的痛点和难点，贵州省强力推进"文化+大生态"建设，实施绿色生态文化推广计划，整合绿色资本发展绿色经济，助推贵州脱贫攻坚和转型升级。

一是助推林业生态保护与发展实现良性互动。近年来，贵州依托林业资源优势，大力培育林业生态技术，发展林业生态文化。通过研发运用水生态净化、土壤生态净化等技术，支撑林业资源可持续转化；通过引入文化创意团队，创作林业相关生态文化产品，有效倡导生态文明价值观。

二是着力森林康养产业，加快生态林业精准扶贫精准脱贫。森林康养产业，是以森林景观、空气环境、森林食品、生态文化等为主要资源和依托，配备相应的养生休闲及医疗、康体服务设施，开展以修身养性、调适机能、延缓衰老为目的的森林游憩、度假、保健、养老等活动[1]。森林康养这样的新产品，一方面可以倒逼贵州省林业部门加大森林保护力度、不断完善森林基础设施、美化森林环境，将丰富的森林资产进行激活、变现；另一方面还能有效缓解贵州老年人医疗、养老等社会问题，促进健康理念转变，从森林健身开始，提高省民素质，助推全民健康[2]。贵州蕴含着丰富的民族民间健康养生文化，众多的自然信仰、禁忌习俗、节庆活动，蕴含着"天人合一"健康养生理念，森林康养将成为贵州林业产业发展新的重要增长极。贵州正立足自身林业资源丰富的优势，以生态理念引领，推动森林康养产业发展，助力"百姓富、生态美"的统一实践。修文县扎佐林场为走出"种树、砍树"的不可持续困境，经历了漫长的探索实践，悟出"生态理念先行，保护与开发并行"的道理，探索出森林康养的发展方式，

---

① 安启明、贺彬：《森林康养产业：铜仁生态发展之路》，《知行铜仁》2016 年第 1 期。

② 侯拥军、章薇、方春英：《【这里是贵州】林业，为幸福而来》，《贵州日报》2017 年 10 月 18 日。

景阳森林疗养院、森林野生动物园、快活林饮食城、森林疗养吧等项目应运而生。"文化＋大生态"让扎佐林场实现了大转型，也为林场的可持续发展和经济增长找到了新的爆发点。截至 2019 年，扎佐林场仅森林疗养一块，经营产值已突破 2000 万元，达到生态效益、经济效益、社会效益三丰收①。可见，以"文化＋大生态"为抓手，充分挖掘森林的养生功能，大力培育森林康养，是贵州有效发挥森林多种功能，破解林业产业与森林资源优势间发展不平衡的重要诀窍。

为推动森林康养产业发展，贵州省根据各地森林资源情况、项目推动进展等标准综合评定将 12 个森林康养基地纳入贵州首批森林康养试点。贵州充分利用地区资源优势，重视森林康养这个生态理念的"下一蓝海"，走"文化＋森林康养"道路，加强森林服务功能和绿色发展宣传，加紧森林康养基地建设技术标准体系建立，加快森林健身、度假旅游、森林医院、森林养老院等基础设施建设，加大森林护林员和森林康养师培养力度，不断探索森林康养发展模式，有效提高了贫困人民的文明素养，带动其就业增收。截至 2019 年底，贵州共建设森林康养试点基地 79 个，其中省级森林康养试点基地 52 个。森林康养基地涉及农户 7277 户，其中建档立卡贫困户 2092 户，促进农户增收 2500 元以上②。

2. "文化＋特色农业"：凝练生态文化助推脱贫攻坚的现实价值

贵州在贯彻生态理念、发展特色农业方面做出大量有益尝试。

一是严定生态标准。以茶叶为例，贵州拥有全国最多的茶园面积，是我国名优绿茶重点产区。贵州绿茶具有"翡翠绿、嫩栗香、浓爽味"的品质特色，明显有别于其他产区的绿茶。近年来，贵州在贯彻生态理念、打造高质茶产品方面成效显著。生态理念成全了贵州绿茶独一无二的高品质，"高品质造就可持续，可持续成就大品牌"，而生态标准化的生产对于贵州塑造茶叶品牌、带动贫困人民增收至关重要。

早在 2008 年，贵州就把保证茶叶生态化生产作为头等大事，投资 400多万元把未来规划种植茶叶的 400 多万亩茶园用 GPS 定位，检测土样的 pH 值和重金属元素，确保种植的茶园土壤重金属背景值在安全底线内③。2014

---

① 姚建勇、方春英：《贵州："大生态＋森林康养"引领林业崛起》，《贵州日报》2017 年 6月 17 日。

② 梁圣：《贵州第三批省级森林康养试点基地发布》，《贵州日报》2019 年 8 月 5 日。

③ 樊园芳：《贵州绿茶：大地标厚植大品牌》，《贵州日报》2017 年 6 月 7 日。

年，贵州提出"宁要草，不要草甘膦"的生态种植概念。2015年3月，省质量技术监督局和省农委联合发布《贵州茶叶标准技术规程》，"都匀毛尖""湄潭翠芽""绿宝石"等10种名茶的生产加工标准升级为省级标准①。

如今，作为世界优质绿茶原料最大产地，贵州绿茶以"无污染、零农残"的优良品质通过了欧盟的463项检测，打开了欧洲市场的大门，还进入了星巴克的采购体系。贵州茶山引来"凤凰"无数，优质茶园纷纷建成。其中，位于贵安新区的禅茶观光园立足茶叶生态化生产，将万亩生态茶基地打造成高山避暑胜地，实现"茶区变景区、茶山变金山"，成为集观光休闲、体验加工、品鉴销售于一体的文化景观茶园。在建设运营中，贵安新区禅茶观光园积极探索"国有资源+国有企业+专业化公司+贫困户"的产业扶贫模式，引入贵安栗香生态农业有限公司进行市场化经营，将经营收益的30%共30万元分配给全区673户1321人政策兜底户，同时解决贫困人口就业，带动周边村民参与季节性用工，人均实现工资性收入6000元②。通过发展生态茶产品带动百姓富、推动生态美，贵安禅茶观光园成为"2017生态文明试验区贵阳国际研讨会"生态文明建设观摩中既补齐短板又做优长板的亮点成果。目前，贵安禅茶观光园正在进行提升改造，利用茶园得天独厚的生态环境、交通便利的区位优势、优良的茶树品种、传统的制茶工艺和现代化的光波茶业专业生产线，打造成集观光旅游、体验加工、品鉴销售于一体的现代都市景观文化茶园③。

二是建设生态农业园。贵州立足于生态理念进行招商引资、聚集要素资源，推进生态农业园区建设，从而带动和引领农业增效、农民增收、农村发展。

在遵义市播州区枫香镇花茂村，新式黔北民居与标准化智能大棚交相辉映。当地政府从省外引进公司投资2.6亿元，在花茂村建设集种植、加工、配送、观光于一体的多功能九丰生态农业园。园区通过改土壤、整田地，先后精选百余种农产品试种，最终顺利产出80多种绿色、无公害的蔬菜瓜果。九丰生态农业园不仅就地吸纳170多人就业，还引进技术人员在管

---

① 《〈贵州茶叶标准技术规程〉地方标准发布实施》，《中国茶叶》2015年第4期。
② 李中迪：《提高脱贫精准度 提升群众获得感》，《贵州日报》2017年6月21日。
③ 罗欢：《贵安新区：城中"世外桃源"，捕捉乡村之美》，http：//www.ddcpc.cn/zhengnengliang/201912/t20191212_730174.shtml，2019-12-12，最后访问日期：2019年12月12日。

理日常种植的同时向当地村民传授知识，培养其走上"专业化""职业化"道路。随着九丰农业园扎根，当地村民的收入结构和增幅开始改变。村民通过流转土地、入园打工、组建合作社、加入公司基地等利益分配模式，每年都能获得上万元的收入。依托青山绿水而崛起的生态农业正在加快把花茂村村民的"小康梦"变成现实。

近年来，贵州大力改善生态环境，筑"巢"引"凤"，一个个各具特色的农业园区成为招商引资、脱贫致富的新平台，加快了当地经济社会的发展①：凤冈县大屋村秉承"四季有花、四季有果"的生态理念建立农业示范园，种植万寿菊、发展茶园，帮助农民增收 1 万元以上，解决 160 名村民长期就业；丹寨县着力生态和发展并行，规划建设绿海蓝星现代高效农业示范园区，采取土地流转、政府引导、企业主体、农民受益等方式，引进了巨能实业、苗都生态农业、龙源农业科技等 16 家省内外的龙头企业入驻，以畜禽养殖、有机蓝莓、生态蔬菜为主导产业，形成"公司 + 合作社 + 农户"和"企业 + 基地 + 农户"等多元化经营主体，园区成功带动当地 1140 户贫困户就业，实现人均月收入 2100 元。种种事例表明，贯彻生态理念，发展特色农业正逐渐成为推进脱贫攻坚的强劲动能，推动形成贵州"百姓富、生态美"的良好态势。

（四）"文化 +"助推脱贫成效

1. 有效促进了传统文化资源创新转化

贵州虽然拥有丰富的传统文化资源，但在初级层次的利用和开发模式下，传统文化资源远没有发挥出应有的作用和潜力，大都处于静态的待开发状态，多数历史文化资源深居堂奥人未识。在新的历史时期，贵州通过"文化 +"的融合渗透，赋予了传统文化资源更多文化影响力，打造出区域特色文化品牌，在实现传统资源创新转化、提升贵州文化竞争力方面成效突出。

其一，通过促进贵州传统文化与其他领域的深度融合，发掘出贵州文化资源过去不为人知的一面，从扩大的时空视角和视野，带来对传统文化的新体验。其二，使贵州传统文化资源不断经由新的路径进入大众消费领

---

① 何天文、汪军、向定杰：《贵州贫困山区"生态饭"越吃越香》，http：//www. gov. cn/xin-wen/2016 - 12/16/content_ 5148883. htm？ _ k = 9sfstm，2016 - 12 - 16，最后访问日期：2020 年 8 月 7 日。

域，产生符合大众历史寻根意识、文化认同意识的传统文化产品，释放大众对传统文化现实和潜在的消费需求。一方面引导更多人关心文化遗产，另一方面也促进了贵州传统文化市场的繁荣并带来可观收益。其三，通过迅速找到贵州传统文化与其他行业的结合点，较快形成产出，将贵州传统文化资源转变为直接的经济效益，从而广泛吸引民间投资，扩大贵州传统文化保护和开发的参与范围，有效解决传统文化保护传承单靠政府有限投入的不可持续问题。

以道真大沙河仡佬文化国际度假区为例，作为全国仅有的两个仡佬族苗族自治县之一，道真县充分发挥"文化+"效用，推动传统文化与旅游、生态在资源整合中焕发生机，打造仡佬文化国际度假区。以高耸巍峨的中国傩城、绚丽梦幻的生态亲子乐园、扣人心弦的高台舞狮、精致前卫的傩文化工艺品店、美味独特的仡乡大宴为载体，凝聚仡佬族文化、傩文化要素，让游客亲身体验传统文化的现代表达以及无穷魅力。以打造"中国傩城"为品牌号召，引进重庆名豪集团参与度假区项目建设，着眼"遗产变文产"，广泛凝聚社会合力，共同将大沙河仡佬文化国际度假区打造成为一个超大型文化旅游产业平台。发展"文化+"不仅促进了仡佬文化、傩文化等传统元素创新转化，也为当地带来了较大的经济效益：短短一年间，仅度假区"中国傩城"一个项目就已直接扶贫近600户，直接脱贫近300户，拉动周围贫困户近900户，新增就业岗位4000个，提前3年实现脱贫。

2. 有效促进了文化本身价值传播

在贵州，"文化+"作为一种创新的传播方式，通过结合现代需求和人们喜闻乐见的形式，以一种参与性的活泼方式进行文化价值传播，真正起到"润物细无声"的效果。

一是利用"文化+影视"，以情节画面表现价值。如大型电视连续剧《奢香夫人》，凭借贯穿政治家奢香一生的紧凑剧情和独特迷人的彝族风光，宣传彝族文化，倡导"团结统一"的价值观。《奢香夫人》在神州大地掀起一场"彝族旅游热"，开播期间位于大方县的奢香博物馆和贵州宣慰府游客剧增，单日接待量曾突破3万人次，极大地推动了彝族文化及其价值观的传播。二是以"文化+创意"为核心，深度研发各类文化创意产品进行价值传播。如地扪生态博物馆依托自然禀赋和古老手艺打造"创意乡村·农心匠意"品牌，生产面向小众群体，手工限量的木制品、药皂、有机米等乡村文化创意产品，宣扬"保护传承乡土文化，城乡共享自然馈赠"的核心价值观，地扪也因此成为"侗族文化活态保育与传承"的代名词。三是大力开展以文化为主的公共外交活动，以"文化＋公益""文化＋传播""文化＋科技"等方式，通过文化交流提升外界对贵州的价值认同。例如，多彩贵州文化艺术有限公司推出的大型民族歌舞《多彩贵州风》长期在贵阳驻演的同时，以另一个版本积极参与"四海同春"等大型国际文化交流活动，还赴各市州进行公益文化演出，开通网上购票及旅游推荐平台——"自游猫"，生产服装、工艺品、图书等衍生产品，通过多种形式的"文化＋"将《多彩贵州风》打造成贵州的亮丽文化名片，为传播贵州少数民族主流核心价值观推波助澜。

可以看到，贵州深厚的文化积淀是发展"文化＋"的重要资源，贵州结合多种形式发展"文化＋"，打造出富有民族特色的文化精品，形成具有自身民族特色的文化产业，对于获得更大范围的文化价值认同，增强贵州本土文化的感召力和凝聚力，加强对外文化交流和价值传播，具有明显效用。

3. 有效带动了文化及相关产业发展

贵州省通过抢占文化与相关领域深度融合这一战略制高点，在新形势下发展"文化＋"，从资源、产品、服务、营销渠道及资本创新等层面多措并举重塑文化产业结构，在培育文化产业新业态、带动相关产业同步发展方面成效突出。

通过"文化＋产业园区（基地）"建设"十大文化产业园区（基地）"，对贵州的文化产业发展起到明显的拉动支撑作用，不断提升贵州文化产业的整体实力与核心竞争力。据 2018 年数据统计，省属十大国有文化企业总资产将近 280 亿元，主营业务收入为 108 亿元，利润总额近 7 亿元，成为引领全省文化产业发展的重要力量[1]。通过"文化＋金融"着力推行"文企贷"，有效解决文化产业融资难、融资贵的问题，为文化产业加快发展注入强大动力。"十三五"时期，131 个省级重点文化产业项目总投资 3279.07 亿元，高出企业贷款年均增速 23.3 个百分点；截至 2019 年 2 月底，完成投资 965.95 亿元，建成使用、基本建成和部分建成文化立业项目总计 64 个，

---

[1] 王红霞：《贵州文化产业发展报告》，《新西部》2019 年 7 月上旬刊。

占总数的 48.9%，正在建设 57 个，占总数的 43.5%[①]。通过发展"文化＋创意"，举行"寻美贵州"山地文创旅游商品设计赛，让贵州民族文化元素得到有效转化，并在随后的 2019 年中国（贵州）国际民族民间工艺品·文化产品博览会隆重登场，受到大众瞩目。通过实施"文化＋大数据"，在贵阳国家级文化和科技融合示范基地形成了集文化软件、动漫游戏、文化旅游等于一体的文化科技产业集群。

4. 有效推动了贫困群众脱贫致富

坐拥丰富的自然资源和独特的文化资源，却被贫困包围，在贵州，"富饶的贫困"依旧是当前亟待解决的难题。近年来，贵州依托其文化资源、生态资源优势和特色，把发展"文化＋"与群众脱贫致富紧密结合，取得了成效。

第一，"文化＋"拓展了贵州贫困群众的就业空间。近年来，贵州省充分发挥各地特色文化资源优势，大力实施"文化＋"，推动特色文化产业发展。结合"文化＋旅游""文化＋创意""文化＋节庆"等路径，形成特色文化旅游、特色民族工艺品和特色节庆演艺活动等具体产品和服务，赋予贫困群众在兼顾耕田种地的同时拥有从事文化旅游、文化服务、民间工艺加工、民俗风情演出等更广阔的就业选择，既撬动了当地经济发展，又能让贫困群众在家门口就业增收。

第二，"文化＋"激发了贵州贫困群众的脱贫动力。就业情况的改善，物质经济上的增收，虽然能起到立竿见影的脱贫效果，但难以解决长远性、根本性问题。对此，贵州大力发展"文化＋"，将"致富文化"的理念根深蒂固地植入贫困地区，在扶"志"上用真功，有效激发了贫困群众脱贫致富奔小康的内生动力。通过"文化＋公益"，组织"送欢乐·下基层"等各类文化惠民演出，加大优秀文化产品供给，用社会主义先进文化占领贫困群众的生活时间和心灵空间；通过"文化＋网络"，推进文化信息资源共享工程建设，加快构建覆盖城乡、惠及全民的公共文化服务体系，解决农民的"文化温饱"问题，扩展农民群众视野，变"要我脱贫"为"我要脱贫"；通过"文化＋培训"，实施"十百千万"，举办"文化创意设计大赛""能工巧匠选拔比赛"，结合项目观摩、分级分类培训、赛事选拔等多种手

---

① 邓小艺：《2019 上半年贵州文化产业项目观摩总结大会召开》，http://www.gog.cn/zonghe/system/2019/03/12/017157193.shtml? from = groupmessage，最后访问日期：2020 年 8 月 7 日。

段培育贫困群众,提高其脱贫的技术和本领,帮助贫困群众持续改善生活质量,进而激发其自强自立的脱贫动力,防止脱贫之后返贫。

三 茅贡文化创意小镇:为脱贫攻坚厚植文化要素

黎平县地处黔湘桂交界处,是国家扶贫开发工作重点县。地扪是黎平县茅贡镇的一个村寨。2008年,地扪以"时光边缘的村落"为题登上美国《国家地理》杂志,惊艳世界。地扪在践行"传统村落整体保护及活化利用"的基础上开展乡村建设;面向小众群体进行限量生产、专属服务,打造自然生态农业和传统手工业产品;搭建"互联网创意乡村"平台,完善地扪生态博物馆功能。在"重估乡村价值、输出乡村价值"方面形成了颇具参考意义的"地扪经验",作为"乡村可持续发展的贵州范本"受到各方关注。茅贡镇人民政府通过深入总结"地扪经验",在实践农耕文化和民俗文化"保育"的基础上,于乡镇一级平台创造性地整合转化当地文化资源,将乡镇价值最大限度地扩展释放,统筹规划打造文化创意小镇,培育发展乡镇文化创意产业,促进乡镇经济社会发展,彰显文化产业扶贫新亮点。

(一)活化利用老旧建筑和传统街区,搭建文化产业支撑平台

除了保持乡镇建制所必需的空间布局外,茅贡镇结合当地特有文化基因,充分利用原有废旧空间构建文化产业的支撑平台,在盘活闲置资产的同时实现传统文化、公共艺术和创意乡村的价值叠加及有效输出。

一是成立"贵州匠人乡土建筑营造社"。开展原308省道沿线闲置空地的改造利用,依托非遗项目"侗族传统木构建筑营造技艺",培育乡村手工匠人,发展传统木构建筑产业。"贵州匠人乡土建筑营造社"包含乡土建造研究所和匠人木构建筑工场,实行订单式生产。产品根据客户需求,经乡土建造研究所设计,再由匠人木构建筑工场生产输出。研究所引入外来设计师参与合作,在沟通碰撞中不断提高本地匠人手工技艺及对产品细节和美学的追求。仅2017年,该社在西江苗寨、肇兴侗寨接到的订单生产额就超1000万元。

二是建造"农特产品产业园"。以当地特有的农业文化遗产——"稻鱼鸭复合农业生态保护区"为依托,利用原308省道沿线空旷地带规划建设茶叶交易市场、有机米加工厂果酒加工厂、药草皂加工厂等,形成农特产

品产业园，培育发展地方特色产业。依托所辖村寨（地扪等）"一村一品"特色种养基地，延长所在地农特产品深加工产业链。该产业聚集区能够吸纳 200 人进厂就业，实现全镇 1000 户村民通过发展特色农业创收 2000 万元，带动 200 名贫困人口脱贫。

三是打造"粮库艺术中心"。利用茅贡老粮站库房、办公楼等旧建筑建设艺术中心。在让老粮站重现生机的同时，适应了当地村民的文化需求，提升了当地村民的艺术素养，为当地村民开展乡镇文化创意工作提供了物质条件。

四是开设"创客中心"。利用廉租房建设茅贡创客中心（包括创客工作室和创客公寓［又称艺术家公寓］）及大学、科研机构教学实验基地，孵化文化创意企业（含小微企业），开展学术研究和文化交流活动，培育发展乡镇文化创意人才，有效吸纳返乡村民、大学生、城市创意人群入驻创业。

五是建设"电商物流中心"。利用茅贡农牧站闲置空间改造电商物流中心，发展农村电商产业。借鉴地扪"互联网＋创意乡村"模式打造电商平台，推广茅贡地域知名产品。联通黎平、榕江县城与茅贡 15 个中心村寨的物流配送业务，匹配快递资源，搭建服务平台，让农户足不出户尽享电商平台便利。

（二）创新小镇管理和产品供销新模式，延伸文化创意产业链

在构建小镇管理新业态方面，黎平县文体广电旅游局、茅贡镇人民政府、地扪侗族人文生态博物馆共同成立了茅贡文化创意小镇规划建设和运营管理委员会。委员会构建"三位一体"运营管理机制，致力于打造辐射周边的区域文化中心城镇；聚焦乡村文化创意产业，通过探索村镇建设管理模式、完善公共文化服务体系、引入外部资源参与运营，不断巩固小镇文化创意产业体制机制，发挥扶贫功效。

在实践文化创意产品供销新模式方面——

一是紧盯用户需求，不断提升产品附加值。茅贡结合当地文化内涵和受众的认知心理、消费心理进行产品创意设计，经过规范的生产运营凝练产品的文化符号，在此基础上健全完善"创客中心＋乡土建筑营造社＋特色产业园＋创意乡村电商平台"的运营模式，不断创造出文化新市场，扩展文化创意产业的发展空间。

二是加强合作机制，延伸文化创意产业链。推进村寨文化创意设计与

农业、旅游业融合发展，打造综合型新业态和产业链。鼓励龙头企业在产品研发中融入乡土文化创意设计；构建"创意乡村－农心匠意""创意乡村－设计师"品牌合作机制，引导国内外艺术家、设计师深入村寨与当地手艺人交流合作，促进传统手艺与现代创意双向互动。

三是综合多种渠道，释放文化创意产品经济价值。将农特产品、旅游产品通过"互联网＋创意乡村"公共平台、粮库艺术中心创意商店、地扪供销社等多种渠道销往全国各地，提高小镇社区经济发展水平，引领传统乡镇向创意乡镇过渡。

（三）高效整合传统村落资源，打造文化休闲新体验

茅贡镇依托辖区 10 个中国传统村落，借鉴"地扪传统村落整体保护利用"的实践经验，设置"百里侗寨·茅贡旅游服务中心"，规划"百里侗寨"精品旅游项目，构建"茅贡文化旅游产业综合体"。

一是设置"百里侗寨·茅贡旅游服务中心"。探索传统村落"共保共享"机制，将地扪、登岑、腊洞、樟洞、高近、流芳、寨头等村寨访客中心前置于茅贡镇，构建"百里侗寨旅游服务"集散地，形成集中接待、辐射周边的新模式；同时，由乡镇政府、村两委、村民代表组成的"村寨社区旅游联合体"主导，将政府和村民闲置建筑改建为特色乡居旅舍，鼓励发展村民共有产权的村寨"乡居旅馆"，引入外资参与建设村民持股的乡村度假酒店，扶持发展村寨集体经济，规范品牌运营管理，实现村寨联动发展，村民增收致富。

二是构建一体化旅游项目。依托境内的中国传统村落，重点培育"十里侗寨乡风俗体验游""发现乡村之旅""时光边缘的村落"等精品旅游线路，对"百里侗寨"沿线村寨的民俗节日、乡村活动进行细致规划，统一标准、统一运营、统一推广，实行村民共享和加盟经营的牌照化管理办法，引导村寨社区旅游朝"小众群体、养身养心"方向发展。

三是组建乡村旅游服务车队。整合现有私家面的等社会资源，成立乡村旅游客运公司，统一管理辖区内所有客运面包车，定期进行安全检查，为旅客提供便捷服务。

通过细致的考量规划，统一的项目管理，"茅贡文化旅游产业综合体"能为来客提供不同于"农家乐"和农村观光、民族村寨采风的"深度文化认知和乡风民俗体验"。"茅贡文化旅游产业综合体"全部建成后，将实现

年接待游客 5 万人次以上，年均旅游综合收入达到 1 亿元。

四 结论与启示

（一）要以大文化视野推动"文化＋"向纵深发展

改革开放以来，我国经过 40 多年的持续高速发展，创造了世界经济奇迹，经济总量跃居全球第二位。但受各种因素的影响，目前我国经济发展速度放缓，产能过剩、结构调整将是经济新常态，而在新常态下以"大文化视野"实施"文化＋"，把历史的文化和现实的文化、有形的文化和无形的文化、物质的文化和非物质的文化与相关领域有机结合起来，更有利找准经济的发力点和突破点。

要立体综合地进行考量，把文化已有及创新成果与经济社会各领域深度融合，推动文化传承、效益提升、产业转型和组织变革，不断提升地区文化产业及实体经济的创新力和生产力。应以文化为基础，融合为关键，转型为目的。通过"文化＋"把一个地方的文化资源优势挖掘出来、发挥出来、运用起来，从而促进地方发展转型升级，以"＋"的形式进行跨门类、跨要素、跨行业、跨地域融合，充分发挥优势文化的作用，将文化创新和创意成果深度融合于经济社会各个领域，实现文化产业的"空间重塑"和相关领域的联动发展；在全方位转型升级的新常态经济要求下，着力"文化＋"发展产业，能迅速增加第三产业比重从而优化经济结构，成为发达经济体转型升级的主导方向。通过"文化＋"铸造出一种新的产业组织方式和商业模式，有效活化历史文化资源，以"大文化视野"、融合创新的态度应对消费方式变革、市场竞争变化和发展转型需求，在实现发展转型升级的同时推动"文化＋"向纵深发展。

（二）要以"文化＋"助推贫困地区经济社会跨越发展

当前，"文化＋"理念以及由这一理念所衍生出的经济、社会、产业、科技等新的发展方式与新的发展形态正向我们走来，"文化＋"不仅是文化未来发展的重大战略指向，也成为引领贫困地区经济社会摆脱困境的重要手段。

在价值引领方面，"文化＋"路径具有物质与精神双重属性，能以多种形式充分挖掘文化产品民族魂、乡土情和神秘感，打造兼容物质和精神双重价值的文化商品，拓展出无限的市场，展现出巨大商机和经济能量。

大多贫困地区的思想观念不够解放，市场发育程度较低，文化产业基础普遍薄弱，人才匮乏。然而贫困地区一旦大力发展"文化＋"，将拥有的丰富自然与民族文化资源与人才、资本、市场相嫁接，会发生意想不到的"化学反应"。文化"＋"旅游业、科技、农业、房地产业、酒店服务业，将会以丰富的形式创造一系列产业生态链，成为增加就业、提高收入、脱贫致富的新途径，增强贫困地区和贫困人口的自我造血功能。因此，依托贫困地区的文化资源优势，解放思想，拓展视野，让"文化＋"成为脱贫攻坚的重要力量。善借外脑，多借外力，积极拓展新的发展空间以实现更具稳定性和可持续性的脱贫，助推贫困地区经济跨越式发展。

（三）要以"文化＋"助力地域文化自信提升

贫困地区的长期贫穷使人们把贫困变成了一种无奈的生活习惯和文化观念，贫穷文化深深烙在他们的脑海之中。贫困地区不仅经济贫困，更为重要的是人们文明程度、思维方式和生活习惯往往同样贫困，并在代际和周边关系之间自然传递，形成了一种"文化贫困陷阱"。实施"文化＋"进行文化扶贫，有助于打断其自然传递的进程，实现从自卑到自信的精神转变。结合贫困地区文化优势，着力"文化＋培训"，定期推出手工技艺、信息技术、生产管理等相关课程，免费培训贫困群众；发展"文化＋观光旅游""文化＋特色农业"，引导群众对自身宝藏进行深度挖掘，有利于提高贫困群众自我发展能力，"吃文化饭、走致富路"，激发其内生动力，过上幸福美好生活。

第七章 培根铸魂：贵州文化扶贫的精神支撑

脱贫攻坚需要伟大精神，脱贫攻坚也铸就伟大精神。在贵州这片火热的脱贫攻坚主战场，战天斗地，绝地突围，感人事迹比比皆是，英雄人物层出不穷，矗立起了一座座精神丰碑，提振了广大党员干部群众的精气神，坚定了全省改变落后面貌的信心和决心，凝聚了全社会攻坚克难的强大合力。

一 "新时代贵州精神"：决战决胜的精神力量

2017 年 10 月，习近平总书记在参加党的十九大贵州代表团讨论时指出，贵州取得的成绩是党的十八大以来党和国家事业大踏步前进的一个缩影，并要求贵州大力培育和弘扬团结奋进、拼搏创新、苦干实干、后发赶超的精神。深入领会习近平总书记的重要讲话，不难领悟其内在的深层逻辑：贵州后发赶超中凝聚起的精神力量，是新时代继往开来的不竭动力，必须大力培育和弘扬。2017 年 11 月，中共贵州省委十二届二次全会把"团结奋进、拼搏创新、苦干实干、后发赶超"明确为新时代贵州精神，强调要牢记嘱托、感恩奋进，最大限度激发起全省上下的热情和干劲，努力在新时代实现赶超跨越发展。新时代贵州精神是贵州各族人民共同拥有的精神支柱和宝贵财富，不仅体现了习近平总书记对贵州的殷切嘱托，也体现了贵州各族党员干部群众不畏艰险、奋力攀高、赶超跨越的精气神，是贵州人民决战脱贫攻坚、决胜同步小康的强大精神动力。

（一）新时代贵州精神是脱贫攻坚精神的贵州聚焦

新时代贵州精神受到习近平新时代中国特色社会主义思想的润泽和洗礼，生成于贵州这片特定地域之上，根植于脱贫攻坚这场伟大战役之中，是贵州脱贫攻坚中超越物质力量的精神力量生成的必然。"团结奋进、拼搏创新、苦干实干、后发赶超"十六字新时代贵州精神,彼此联系,相互促进,具有严密的逻辑内涵,从不同角度为贵州打赢脱贫攻坚战提供强大的精神支撑。

1. "团结奋进"彰显脱贫攻坚所激发的凝聚力

团结奋进就是心往一处想,劲往一处使,万众一心、奋发有为。贵州受地形和交通条件影响,在很长一段时间里被贴上了化外之地和贫穷地区的标签。生长在这片"天无三日晴、地无三尺平、人无三分银"的土地上的贵州人民,从来没有低头认过命,千百年来一直进行着与自然环境的斗争。实现脱贫致富,是千百年来贵州人民孜孜以求的共同夙愿。打赢脱贫攻坚战是一场大仗硬仗,必须加强团结,做到上下同欲,从而凝聚各方面力量,最大限度发挥1加1大于2的效果。只有这样,脱贫攻坚才能凝聚力量,才能出成效。

2. "拼搏创新"彰显脱贫攻坚所坚持的方法论

拼搏创新就是攻坚克难、敢为人先,推陈出新、敢闯新路。江南千条水,云贵万重山,隔山喊不应,走路要半天。作为山地省,与自然做斗争、拼搏创新谋生存是贵州人民长期以来的首要任务。贵州脱贫攻坚时间紧、任务重,时不我待,需要各族党员干部群众充分发挥主观能动性,把自己的力量发挥到极致,需要在脱贫的工作中,面对棘手的新问题,敢于打破常规,寻找出路。作为西部欠发达省份,贵州需在借鉴其他省区市先进经验的同时,从贵州的自然地理环境、交通、文化、国家扶持政策等各方面的实际出发,走出一条有别于东部、不同于西部其他省份的脱贫攻坚新路。

3. "苦干实干"彰显脱贫攻坚所提振的精气神

苦干实干就是不惧辛劳、脚踏实地,担当实干、狠抓落实。苦干实干是贵州人民自古以来的一贯精神风貌,一部贵州史就是一部贵州儿女面对恶劣自然环境筚路蓝缕的历史。党的十八大以来,贵州之所以能够取得大踏步发展,就是因为全省人民苦干实干的脚步从未停歇。贵州脱贫攻坚是一场史无前例的"战役",涉及各行各业,人数众多,规模宏大。要打赢这场输不起的脱贫攻坚战,不仅应该坚持创新思路,还必须聚焦脱贫攻坚这场"实战",出实招、出真招,打出真本事,打出真功夫,以蚂蚁啃骨头的精神,以逢山开路、遇水搭桥的气势,推倒、扫平脱贫攻坚道路上的障碍。

4. "后发赶超"彰显脱贫攻坚所指向的发展路

后发赶超就是不甘落后、跨越发展,弯道取直、赶超进位。长期以来,贵州经济社会发展相对滞后，存在感一直不是很强。实现后发赶超，是贵州实现跨越发展的必由之路。近年来，贵州省充分利用后发优势，以脱贫攻坚统揽全省经济社会发展，强力实施大扶贫、大数据、大生态三大战略行动，积极融入西部大开发、"一带一路"、长江经济带、粤港澳大湾区等国家战略，开辟了赶超跨越的新天地。后发赶超的势头不仅可以帮助贵州实现经济发展上的跨越，也使得决战决胜更有底气、更有支撑。

（二）新时代贵州精神是脱贫攻坚的内生资源

不容置疑，与全国比起来，贵州地处西南地区，发展相对滞后，物质基础薄弱，是一片经济洼地。物质力量不足，就得靠精神力量来弥补。贵州的脱贫攻坚，困难比别人多得多，难度比别人大得多，没有昂扬的斗志，没有坚韧的精神，打赢这场硬仗无从谈起。从某种意义来说，新时代贵州精神比物质更宝贵、更强大、更持久，是我们续写新时代贵州发展新篇章的内生资源力量，其时代意义尤其重大。

1. 为打赢脱贫攻坚战指引方向

蓝图是规划、是指引，决定了方向和方法，是根本性的指针，新时代贵州精神为全省绘制脱贫攻坚的蓝图提供了力量。习近平总书记希望贵州大力培育弘扬团结奋进、拼搏创新、苦干实干、后发赶超的精神，这是习近平新时代中国特色社会主义思想指导实践的具体表现，昭示了贵州脱贫攻坚的方向、方法和精神状态。一方面，贵州省委、省政府以这种精神为指引，大力实施大扶贫行动战略，提出来一场振兴农村经济的深刻产业革命，创造性推出"五步工作法"、产业发展"八要素"，指导全省脱贫攻坚工作程序形成环环紧扣的完整闭环，决战决胜工作稳步推进。另一方面，贵州党员干部群众以这种精神为指引，做学习贯彻习近平新时代中国特色社会主义思想的实践者，在脱贫攻坚的道路上团结干、创新干、拼命干、艰苦干、务实干，干出美好新未来。

2. 为打赢脱贫攻坚战汇聚力量

习近平总书记强调，脱贫致富终究要靠贫困群众用自己的辛勤劳动来实现，要激发内生动力，调动贫困地区和贫困人口积极性。贵州要赢得决战决胜的"战役"，就必须充分激发贫困群众脱贫攻坚的内生动力，全面发挥农村党组织"火车头"作用，突出基层一线党员干部"火车厢"带动支撑功能，引导贫困群众增强"火车尾"脱贫主体意识，以新时代贵州精神为指引，重点培养贫困群众的发展潜力和干事激情，在解决"硬件短板"的基础上，更解决好"精神贫困"，动员广大党员干部放开手脚闯、甩开膀子赶、撸起袖子干，真正实现脱贫攻坚的目标。总之，有新时代贵州精神这份共同的精神基因，全省上下就会心往一处想，劲往一处使，事往一处做，业往一处兴，凝聚形成强大的力量。

3. 为打赢脱贫攻坚战创新路径

唯物辩证法的基本观点中有一条是物质是绝对运动、相对静止的，世间万物无时无刻不处在变化之中。随着脱贫攻坚工作向纵深推进，面对的问题也随着时间推移发生着转变。贵州省委、省政府审时度势，先后打响了以农村"组组通"为重点的基础设施建设、易地扶贫搬迁、产业扶贫、教育医疗住房"三保障""四场硬仗"；为解决脱贫攻坚中存在的突出问题，开展了两轮"五个专项治理"，在治理贫困户漏评、错评、错退、农村危房改造、扶贫资金使用到位、东西部扶贫协作等方面取得实实在在的效果；针对深度贫困地区的特殊情况，大力实施"四个聚焦"，扶贫资金、东西部协作、帮扶力量、基础设施建设都向之倾斜。灵活的调整和应对，为贵州脱贫攻坚事业注入了动力，增添了活力，提升了工作的针对性和实效性。

（三）新时代贵州精神承载于脱贫攻坚主体之中

精神的生命力，体现在认同和践行中。新时代贵州精神，是贵州人民决战脱贫攻坚的强大精神动力，更是贵州人民不畏艰险、赶超跨越的真实写照。打赢脱贫攻坚战的过程，就是锤炼过硬作风的过程，就是大力培育和弘扬新时代贵州精神的过程。精神寓于实干，实干砥砺精神，在潜移默化中，新时代贵州精神引导贵州广大党员干部群众坚持脚踏实地、真抓实干，坚持问题导向，坚持以人民为中心，深入研究问题破解难题，尽锐出战、精准施策，只争朝夕、苦干实干，努力干出经得起实践和历史检验、经得起群众评判的脱贫攻坚实绩。

1. 党委政府勇于担当

贵州省委、省政府作为全省脱贫攻坚的总指挥、负总责，深入实施大扶贫战略行动，制定了《贵州省大扶贫条例》，出台了《关于坚决打赢扶贫攻坚战确保同步全面建成小康社会的决定》及10个配套文件，明确了脱贫攻坚时间表、路线图，出台了《关于深入实施打赢脱贫攻坚战三年行动发起总攻夺取全胜的决定》等系列政策文件，创造建立了"四场硬仗""五个专项治理""四个聚焦"、农村产业革命等系统推进的工作体系，创新探索易地扶贫搬迁"六个坚持"和后续扶持"五个体系"、农村产业革命"八要素"和"龙头企业＋合作社＋农户"等行之有效的具体抓手，总结提出"五步工作法"等务实有效的工作方法，这些都是新时代贵州精神的具体体现，并成为推动各项工作落地落细落实的"方法论"和关键招。市、县级党委和政府在新时代贵州精神引领下，狠抓落地落实，形成五级书记抓扶贫的攻坚格局，进行着轰轰烈烈的脱贫攻坚战。

2. 党员干部尽锐出战

党员干部是脱贫攻坚的主力军，每名党员都可以成为一面旗帜。近年来特别是党的十九大以来，全省广大党员干部在脱贫攻坚战场上尽锐出战、挥洒汗水、奉献热血，尤其是到脱贫攻坚的最后阶段，在整合统筹人力资源、保障工作正常运转的前提下，全省4万余党员干部下沉到基层一线，担任指挥长、驻村第一书记或工作组长，亲自到脱贫前线参与"战斗"，用心、用情、用力投入脱贫攻坚中，当好群众的"主心骨""领头雁"，满腔热情为人民群众谋幸福。这些党员干部全力以赴、苦干实干，舍小家顾大家，把全部精力投入脱贫攻坚，在平凡岗位上成就了不平凡的人生，是践行新时代贵州精神最生动的体现。实践证明，新时代贵州精神的激励作用是明显的，贵州打赢脱贫攻坚战的措施是管用的，方法是精准的，只要一以贯之抓实抓牢各项工作，勇于创新创造，就一定能取得喜人的成效。

3. 贫困群众感恩奋进

在党员干部的强力感召下，广大贫困群众逐步实现从"要我脱贫"向"我要脱贫"转变。通过加强文军扶贫、"冬季充电"、新时代文明实践中心、新时代农民讲习所工作等，贫困群众逐步实现从"无力脱贫"向"能够脱贫"转变。广大群众精神状态好、脱贫斗志高，自力更生、自我脱贫的意识不断增强、方法不断增多。"脱贫攻坚群英谱"先进典型邓迎香、余留芬、黄大发等就是奋战在脱贫攻坚一线的贫困群众先进代表，也是新时代贵州精神的忠诚践行者。正是有着他们这样的敢想敢干、自觉自强的先进典型存在，新时代贵州精神才显得愈加有光亮、有分量，他们是贵州贫困群众感恩奋进、自觉自强的缩影。这充分证明，只要党员干部冲锋在前、勇作表率，示范带动更多群众苦干实干，唤起工农千百万、同心干，就能凝聚、确保按时打赢、无坚不摧的磅礴力量。

二 新时代文明实践中心：志智双扶的创新平台

新时代文明实践中心建设是以习近平同志为核心的党中央夯实新时代基层基础宣传工作做出的重大战略决策部署。2018年10月，中央开展第一批50个新时代文明实践中心试点，贵州省作为参加试点的12个省之一，有赤水市、清镇市、龙里县3个县（市）入选。2019年10月，中央扩大试点范围，贵州试点县（市）增加到23个。

按照中央部署，贵州以"牢记嘱托、感恩奋进"为主题主线，聚焦决战决胜脱贫攻坚的大局，把最大的精力投入决战决胜上，将扶志扶智的职责、任务贯穿于新时代文明实践中心建设的各方面、全过程。通过新时代文明实践中心这个平台作用发挥，有力推动了党的理论政策的宣传宣讲，有力强化了扶思想、扶观念、扶信心的职责，大大地帮助贫困地区和群众树立起摆脱贫困的斗志和勇气，凝聚起决战决胜的磅礴力量。

（一）推进党的理论政策大众化

在推进新时代文明实践中心建设中，贵州着力打造五大服务平台，其中一个重要服务平台就是理论宣讲平台，打通新时代农民（市民）讲习所、党校（行政学院）、党员电教中心、党员活动室、道德大讲堂、村级组织活动场所和综合服务中心等现有阵地资源，强化党的理论和方针政策的宣传宣讲。

近年来，贵州持续加强党的理论政策宣传普及，取得了明显成效。但"进基层"还是一个比较薄弱的环节，工作既存在着没人做、不愿做的问题，也存在着不会做、做不好的问题。基层群众既是决战决胜脱贫攻坚的重要力量，也是决战决胜脱贫攻坚的主角，他们对科学理论特别是习近平新时代中国特色社会主义思想的认知和掌握程度，关系到能否以新的状态和姿态投身到脱贫攻坚战中。贵州注重创新拓展理论常态化"进基层"的有效载体，探索引导基层群众学习理论政策的组织方式，更好地搭建起理论政策与基层群众生产生活连接贯通的桥梁，推动广大基层群众在决战决胜中更加了解政策、强化信心。

1. 推动习近平新时代中国特色社会主义思想深入人心

充分发挥新时代文明实践中心强化基层思想工作的作用，聚焦宣传宣讲脱贫攻坚的理论政策，让老百姓切身体会到习近平新时代中国特色社会主义思想的巨大魅力，体会到我们党的为民情怀。比如，清镇市组织实施了"村官讲故事"项目，通过家庭会议、院坝会等，广泛采取诵读一段金句、讲一个感人故事宣讲等聚人气、接地气的形式开展"理论宣讲"活动，普及党的扶贫工作理论知识，把大道理变成小故事、大宣讲变成小课堂，让群众愿意听、听得懂。比如，赤水市充分利用市、镇、村三级新时代农民（市民）讲习所平台，全方位开展习近平新时代中国特色社会主义思想大宣讲，用老百姓听得懂、好记忆的方式开展扶贫政策宣传宣讲，引导群众算好"心酸账、害怕账、低效账、甜蜜账"，通过算账对比感党恩。比如，龙里县结合少数民族地区实际，用布依山歌、苗族古歌、刺绣、苗画等群众喜闻乐见的形式，开展学习科学理论、扶贫政策，让习近平新时代中国特色社会主义思想特别是习近平关于扶贫工作的重要论述内化于心、外化于行。

2. 深化党委、政府惠农富农强农政策措施的宣传解读

宣传宣讲党的政策作为新时代文明实践中心建设试点工作的重要内容，关系到广大农村干部群众了解和掌握党中央大政方针、为民利民惠民政策的程度。比如，赤水市白云乡针对农村"四季"农事特点，创新工作方法，积极开展"春助农耕""夏晒幸福""秋庆丰收""冬送温暖"的"情暖四季，新风白云"志愿项目，紧扣党和国家政策的重点、社会生活的热点、群众的关注点，充分运用群众讲习会、百姓农门阵等学习平台，用通俗易懂的群众语言宣传党的方针政策，把党中央为民利民惠民政策转化为鲜活的事例和生动的理念，让党的声音传达到千家万户，在全乡形成了懂感恩、能奋进、齐发展的正能量氛围。比如，清镇市以"文明实践日·相约星期三""主题党日""一村一月一台戏"为载体，打造文明实践"赶集日"，向群众宣传好党的惠农富农强农政策，全力提升群众对相关政策知识的知晓率，为群众解决生产、生活中的难题，引领群众感党恩、听党话、跟党走。比如，龙里县为了打通政策宣传宣讲"最后一公里"，针对一些边远地区交通不便、语言不通的问题，在各镇（街道）招募了一批党员干部、入党积极分子、第一书记、村贤寨老、农村知识青年开展党的方针政策宣传，使党中央大政方针、为民利民惠民政策家喻户晓、人人皆知。

（二）打通服务贫困群众"最后一公里"

开展志愿服务是新时代文明实践中心建设的重要内容和实现功能发挥的重要方式。在推进新时代文明实践中心试点过程中，贵州省坚持以志愿

服务为基本形式，围绕决战决胜脱贫攻坚的中心大局，聚焦群众所思所想所盼，加强项目策划、设计和组织，明确服务对象、服务内容、服务要求，打造接地气、聚人气的志愿服务项目，真正打通服务基层群众特别是贫困群众"最后一公里"，让新时代文明实践中心工作更接地气、聚人气、有活力、可持续。贵州省高度重视和大力推进新时代文明实践中心的志愿服务组织建设，在组织架构、平台载体、实施主体等方面都有所创新发展。一是设置志愿服务组织。整合现有阵地资源，构建文明实践工作体系，在县一级成立新时代文明实践中心，乡镇一级成立新时代文明实践所，行政村设新时代文明实践站，实现县级实践中心、乡（镇）实践所、村级实践站三级组织全覆盖。二是搭建志愿服务平台。结合基层的工作实际，建立理论宣讲平台、教育服务平台、文化服务平台、科技与科普服务平台、健身体育服务平台，以"五大平台"的形式提升志愿服务效果和质量。三是组建志愿服务队伍。组建新时代文明实践中心志愿服务总队，总队队长由县（市）党政主要领导担任。创新"骨干＋招募"文明实践志愿服务队伍建设，建立以机关党员、基层干部、先进人物、新乡贤、"五老"人员等为骨干，扎根本乡本土的文明实践志愿队伍。

1. 开展常态化志愿服务

为推进文明实践志愿服务的常态发展，贵州创新以"精英型"志愿队伍骨干为基础，以项目化社会招募为补充的文明实践队伍建设思路，统筹谋划建库、筛选、培训、保障四项机制建设。在志愿者招募，志愿队伍建设、管理、运行，志愿者激励等方面，形成一环扣一环的、系统化的工作机制。为此，贵州省委宣传部（省精神文明办）牵头，会同省民政厅、团省委、省文联邀请省内外专家，在清镇市、龙里县、赤水市举办了三期新时代文明实践中心志愿服务工作培训班，3 个试点县（市）文明实践中心、所、站业务骨干，各市（州）、贵安新区、部分县（区）相关负责同志共1300 多人参加培训，取得了很好的效果。这些固定的志愿者，有力保证了志愿服务活动的常态化开展。

2. 开展精准化志愿服务

贵州省在推进新时代文明实践中心建设试点工作中始终坚持以人民为中心发展理念，按照"群众在哪里，文明实践就延伸到哪里；群众需要什么，志愿服务就提供什么"的要求，将群众需求放在首位，主动倾听群众所思所想、所念所盼，统筹资源、设计项目、细化举措，坚持需求导向和项目驱动，分级分类制定服务"菜单"，不断推动文明实践志愿服务精细化，形成群众"点单"，志愿者"送餐"的菜单式服务，实现了文明实践志愿服务的"送下去"和组织引导群众的"两个精准"。比如，龙里县组建"网格信息搜集"的志愿服务队伍，实地走访搜集群众需求，让最偏远的贫困群众能切实感受党组织的"雪中送炭"，打通落地落实中央好政策的"最后一公里"。比如，清镇市开发"都来应"等手机App，打造"新时代文明实践云"，形成群众需求内容、志愿服务队伍供给内容的"大数据篮子"，发挥"大类自动匹配、分项具体对接"功能，创新线上点单、线上派单、线上线下服务、同屏共振的实践形式，打造新时代文明实践中心的线上"移动载体"，使志愿服务更精准、更便捷。

3. 开展项目化志愿服务

坚持项目化推动文明实践活动，在具体实践中确立与各级重点工作、部门职能优势、群众实际需求相结合的思路，既有普惠城乡的"大水漫灌"，又有对特定群体的"精准滴灌"，以文明实践项目落地解疑释惑、凝聚民心。建立文明实践项目互动机制，重点项目由县级实践中心研究设计，实践所和实践站以调查问卷、意见征求等形式从群众中征集贴近群众需求的项目。针对群众不同的服务需求，统筹"五大平台"资源招募志愿者，开展文明实践志愿服务活动，并及时征求群众对实践活动的意见建议，及时调整活动形式和活动内容，通过开展项目评比、项目观摩会等形式，把好的项目固化推广。

（三）增强贫困群众脱贫攻坚信心和能力

在脱贫攻坚中，无论是产业兴旺、生态宜居，还是乡风文明、治理有效、生活富裕，都离不开农民主体作用的充分发挥、积极性主动性创造性的充分释放。贵州省结合农村群众思想认识实际和生产生活需要，着力推动农村群众增信心、提素质、强能力、育新风，有力促进农村物质文明和精神文明协调发展，提高农民群众的整体素质，加快培养适应新时代要求的新型农民，为推动农业全面升级、农村全面进步、农民全面发展提供有力保障。

1. 增强脱贫致富技能

全省各地新时代文明实践中心结合当地产业发展实际情况，定期开展讲座学习培训，传授产业科技知识，提高农民群众增收致富的技能。比如，赤水市将脱贫攻坚指挥作战体系引入试点工作中，做足做活产业文章，走出一条生态产业化、产业生态化的绿色发展新路。在竹产业上，大力实施"竹艺工匠兴乡"计划，成立了竹编竹雕技艺传授志愿服务队伍，通过"竹艺生花"志愿服务项目，培养近百名骨干志愿者，带动千余名群众从事竹工艺品加工，成功打造了"极竹堂""赤货""赤水竹雕"等一批竹文化品牌，不断提升竹产品文化附加值，辐射 20 万竹农增收致富奔小康，为破解致富难题，实现农业强、农村美、农民富注入新鲜活力。比如，务川县新时代文明实践中心建设始终立足于搬迁群众长远发展需要，因地制宜，精准施策，积极启动"富脑"工程，对其进行技术和知识上的支持，广泛开展"学技术、学知识、学点子"活动，把村民真正培养成懂知识、会技术的实用型人才。

2. 促进基层乡风文明

推进乡村移风易俗是新时代文明实践中心的一项重要任务。各文明实践所、站强化实践导向、价值导向，沉在一线扎扎实实做群众工作，努力树起乡风文明的标杆，成为乡村治理的依托。着眼于文明传播的基层末梢，引领乡村移风易俗，革除陈规陋习，铲除非法宗教、鬼神迷信等歪风邪气影响，弘扬传统文化精华，培育信党、爱党、跟党走的新时代农民，推动乡风文明革新。把解决思想问题与解决实际问题结合起来，把树新风、扬正气与打歪风、祛邪气结合起来，推动完善村规民约、行为规范，引导群众自觉抵制封建迷信、非法宗教渗透、宗族势力等，抵制陈规陋习以及腐朽落后文化侵蚀，涵育文明乡风、良好家风、淳朴民风。针对红白事大操大办、奢侈浪费、厚葬薄养等不良习气，设计文明实践志愿服务项目，深入细致地开展志愿服务，倡导科学文明健康的生活方式，宣传普及工作生活、社会交往、人际关系、公共场所等方面的文明礼仪规范。开展乡风评议，发挥村民议事会、道德评议会、红白理事会、禁毒禁赌协会等群众组织的作用。

3. 实化公共文化惠民

随着经济社会的快速发展，农村群众对精神文化生活也提出了更高要求，由在乎"有没有"到注重"好不好"，由盼"数量"到盼"质量"。这迫切要求精准把握农村发展的新变化、农民群众的新需求，坚定不移推进供给侧结构性改革。贵州省在建设新时代文明实践中心过程中，坚持以人民为中心的工作导向，把满足人民日益增长的精神文化生活需要作为着眼点和着力点，充分发挥县一级的枢纽和统筹作用，整合调配全县域各种资源和力量，打通科技示范基地、农村科技创新室、科技信息站、益农信息社、科普中国乡村 e 站、科普大篷车、科普活动室、农家书屋等基地，增强文化服务的综合性、适用性，大力开展群众喜闻乐见的文化文艺活动，提高文化供给的精准化、便捷化水平，不断增强农民群众的文化获得感幸福感。特别是针对贵州易地扶贫搬迁群体，做好易地扶贫搬迁"后半篇文章"，完善安置点健身锻炼器材、文化活动广场等文化体育设施，丰富安置社区文化生活，开展形式多样的文化文艺活动，架起连通"精准扶贫"与"乡村振兴"的桥梁，引导搬迁群众过渡到新市民生活。

三 "脱贫攻坚群英谱"：勇斗贫困的榜样引领

创造奇迹的过程，必定是英雄辈出的过程。在贵州战天斗地全力摆脱贫困的过程中，涌现出一大批决胜脱贫攻坚的英雄模范和先进典型，谱写出一首首惊天动地、可歌可泣的奋斗赞歌，他们是新时代贵州精神的最美践行者。从 2017 年开始，贵州省委宣传部在全省范围内持续开展了"脱贫攻坚群英谱"选树宣传工作，先后推出了 700 余位先进典型，并每年举行"脱贫攻坚群英谱"发布仪式。这些先进典型成为贵州脱贫攻坚战场上的独特符号和醒目标识，成为点亮脱贫攻坚之路的精神火炬，是脱贫攻坚一线可亲、可敬、可信、可学的身边榜样，发挥着榜样引领效应。

（一）"脱贫攻坚群英谱"选树时代榜样

在贵州如火如荼的脱贫攻坚主战场上，感人事迹和典型人物比比皆是、层出不穷。为了推选好这些榜样，宣传好这些榜样的精神，让更多贫困群众感受榜样力量、学习榜样精神，贵州省以"脱贫攻坚群英谱"为载体，大力发现、宣传自强不息、自力更生的脱贫典型，发挥榜样力量，引导贫困群众向身边人身边事学习，激发脱贫致富奔小康的信心和志气。通过持续培育推广、广泛挖掘推荐、层层筛选评价和媒体深入报道，集中推出了 700 余名涵盖扶贫、教育、科技、交通、水利、医疗卫生、生态环保等不同行业、不同领域的先进典型，其中不乏在全省、全国都具有较大影响的"时代楷模"文朝荣、黄大发等重大典型。

1. "时代楷模"文朝荣

20 世纪 80 年代，毕节市海雀村曾以"苦甲天下"而闻名全国。1985

年，全村人均纯收入仅 33 元，人均占有粮食仅 107 公斤。从 1987 年冬天起，为改变海雀村恶劣的生态环境状况，时任村支书文朝荣开始带领村民每天早晨 6 点多就背着华山松树苗上山栽种，种下了 30 多个山坡的华山松，使大片大片的荒山秃岭第一次披上了绿装。在文朝荣的带领下，海雀村守住了发展和生态两条底线，村容村貌发生了翻天覆地的变化。文朝荣同志用自己默默无闻、无私奉献的一生，忠实履行了一名共产党员的神圣职责，体现了新时期共产党员的先进性和纯洁性，2014 年 6 月被中组部追授为全国优秀共产党员，2015 年 1 月被中宣部授予"时代楷模"荣誉称号。

2. "时代楷模"黄大发

在 1995 年以前，遵义市草王坝村：吃水难，全村老少守着一口望天水井不分昼夜排队挑水；种庄稼难，农民不敢种水稻，地里几乎全是苞谷、红苕和洋芋，年人均粮食 150 斤，人均产值 80 元。自 20 世纪 60 年代，黄大发带领群众，历时 30 余年，靠着锄头、钢钎、铁锤和双手，在绝壁上凿出一条长 9400 米、地跨 3 个村的"生命渠"，结束了草王坝村长期缺水的历史，乡亲们亲切地把这条渠称为"大发渠"。水渠通了后，黄大发又带领群众开展"坡改梯"，发动群众选址修建学校。2017 年 4 月 25 日，黄大发被中宣部授予"时代楷模"荣誉称号，同年 11 月，荣获第六届全国道德模范（诚实守信类），2018 年 3 月 1 日，当选感动中国 2017 年度人物，2019 年 9 月 25 日，获"最美奋斗者"个人称号。

3. "最美奋斗者"余留芬

地处贵州高寒山区的盘州市淤泥乡岩博村，十几年前还是一个不通路、不通电、不通水，村集体经济为零的穷村。1988 年，余留芬从外乡嫁到岩博村。余留芬同志自 2001 年当上岩博村党支部书记以来，带领村民先后建起了煤矸石砖厂、岩博山庄、岩博特种养殖专业合作社、火腿加工厂和岩博酒业公司，实现村经济"井喷式"发展，走出了一条"党建引领、村企合一，能人带动、人才强村，股权合作、共同富裕"的路子。在余留芬的带领下，岩博村的人均可支配收入已经从不足 800 元增加到 2.26 万元，村子也从贫困落后的彝家村寨发展成为远近闻名的"先进村、文明村、示范村、小康村"，村集体资产达 9200 万元。余留芬也成为新时代的改革先锋。

4. "最美奋斗者"邓迎香

麻怀村地处罗甸县大山深处，孩子上学要翻山越岭，生产生活物资运不进去，农产品运不出来，成了与世隔绝的"世外桃源"。自 2009 年 6 月起，邓迎香带领群众锲而不舍、夜以继日地磨凿，终于在 2011 年夏天建成一条长达 216 米、高 3.5～5 米、宽 3.9～5 米的"麻怀隧道"，解决了麻怀村以及邻近田坝、甲哨等村 6000 多名群众的行路难问题，被誉为"当代女愚公"。2014 年初，邓迎香当选为麻怀村村委会主任，凭着一股不服输的"牛劲"，她四处考察，寻找适合麻怀村发展的项目，她鼓励村里的几个"能人"，拿出手头积蓄，办起村里第一个种植专业合作社。在邓迎香的带领下，麻怀村面貌已今非昔比，村民精神面貌焕然一新。邓迎香 2014 年获评全国三八红旗手标兵、全国扶贫先进个人，2016 年获"全国优秀共产党员"荣誉称号、全国脱贫攻坚奖，2017 年 12 月当选感动中国 2017 候选人物，2019 年 9 月 25 日入选"最美奋斗者"名单。

（二）"脱贫攻坚战场上的精神丰碑"营造决战风尚

选树典型的目的是形成示范引领作用，使先进典型广泛流传、深入群众，得到认可、影响社会。为宣传阐释好脱贫攻坚战场上涌现出的先进典型，贵州省委宣传部启动开展"脱贫攻坚战场上的精神丰碑"主题宣传，精心策划、深度宣传，齐心协力、同频共振，用榜样的力量感染人鼓舞人，有效激发群众脱贫的内生动力，在全省全社会逐步形成决战决胜的良好风尚。

1. 新闻宣传营造氛围

贵州省各新闻单位和所属新媒体平台统一开设该专栏，《贵州日报》等主要新闻媒体推出综述，全面盘点贵州脱贫攻坚先进典型群像，深入分析脱贫攻坚战场上集中表现出的新时代贵州精神，深入刊播"脱贫攻坚群英谱"和"牺牲在脱贫攻坚一线的英雄人物"的感人事迹。连续策划推出"新闻＋理论"全媒体组合式报道，报纸以"人物通讯＋理论文章＋新闻评论＋记者手记＋相关新闻链接"等方式呈现，电视以新闻专题方式呈现，新媒体以"人物速记＋图片＋音视频＋短评"等方式呈现。贵州广播电视台以"脱贫攻坚战场上的精神丰碑"为主题，组织"论道"专题节目，邀请学者名家、先进典型、有关领导、普通群众等走进演播室，畅谈脱贫攻坚战场上的感人细节，深入探讨脱贫攻坚战场上表现出的新时代贵州精神。

2. 理论研讨厚植根基

高规格组织召开"坚守初心勇担使命，向脱贫攻坚英雄学习"理论研讨会，探讨贵州脱贫攻坚群英辈出的时代背景与思想内涵，以及对新时代贵州精神的铸就与贡献，揭示其精神实质和时代价值，营造崇尚英雄、捍卫英雄、学习英雄、关爱英雄的浓厚氛围，为决战脱贫攻坚、决胜全面小康助力鼓劲。积极组织社科理论界对贵州省脱贫攻坚先进人物的典型事迹、经验做法和可贵精神开展深入调查，进行理论意义、实践价值的研究，以理论研究的成果激励全省干部群众对标脱贫攻坚先进人物，汇聚脱贫攻坚的强大合力。组织举办主流新闻媒体的业务研讨交流，邀请《人民日报》、新华社等中央媒体理论部门，社科理论界著名专家学者，省主要新闻单位负责同志和一线新闻采编记者，深入探讨脱贫攻坚战场上表现出的新时代贵州精神具有的历史意义、时代意义和实践意义。

3. 群众活动比学赶超

深入挖掘报道一批扎根基层、真抓实干的党员干部以及自立自强、通过辛勤劳动脱贫致富的普通群众，宣传社会各界积极支持和参与脱贫攻坚、默默奉献、真抓实干的先进典型和感人事迹，各媒体策划制作推出"加油！脱贫攻坚"系列短视频。组织开展"我为攻坚英雄喝彩"等互动性群众性网络主题活动，组织开展脱贫攻坚群英谱漫画展、征文、演讲比赛以及"百名英才进百校"等活动。举行"贵州脱贫攻坚群英谱"演讲比赛，举办"贵州脱贫攻坚群英谱"电视发布仪式，持续开设《脱贫攻坚群英谱·决战》电视专栏，拍摄30名群英谱典型代表。

4. 文艺作品讲好故事

出版"贵州脱贫攻坚群英谱"口袋书、漫画创作、掌上电子书，出版"贵州脱贫攻坚群英谱"图书。推出反映易地扶贫搬迁先进典型的话剧《出山！》、以"时代楷模"黄大发为原型的黔剧《天渠》、以余留芬为原型的花灯剧《一路芬芳》，推出脱贫攻坚一线优秀党员干部对话节目《楷模》，推出以余留芬为原型的电影《芬芳的红杜鹃》、以邓迎香为原型的电影《邓迎香》，推出反映脱贫攻坚故事的电视剧《花繁叶茂》《看万山红遍》，推出歌曲《第一书记》《幸福花》《打个电话》《感谢老张》《搬新家》《易地》《有你才真正好》等。

（三）脱贫攻坚榜样有力发挥榜样引领作用

榜样是座灯塔、是面旗帜，榜样的力量是无穷的。一个人、一个故事、一段话语，看似平凡简单，却能点燃许多人心中的激情与梦想。"脱贫攻坚群英谱"来自人民，"脱贫攻坚群英谱"鼓舞人民。通过大力选树、宣传脱贫攻坚先进典型，以先进为标杆，以典型为榜样，引导广大干部群众齐心协力、攻坚克难打赢脱贫攻坚这场硬仗。

1. 广泛凝聚正能量

通过"脱贫攻坚群英谱"选树宣传出一批脱贫攻坚战场上的先进典型，把旗帜立起来，把榜样树起来，进一步彰显了他们理想坚定、爱岗敬业、无私奉献、扎根基层、只争朝夕、驰而不息、久久为功的崇高精神，示范带动全省广大干部群众决战决胜脱贫攻坚。"脱贫攻坚群英谱"让基层干部、扶贫干部学有榜样、干有目标，激发起广大干部群众众志成城战贫穷的斗志、万众一心奔小康的干劲。特别是举办的年度发布仪式，群英谱人物们的感人故事，打动了不少观众、听众，激励广大基层干部群众发扬新时代贵州精神，苦干实干誓除贫困。

2. 有力引导舆论场

先进典型虽然事迹各不相同，但都凝聚着先进的理想信念，体现着时代的发展方向，都从不同侧面展现着社会主义核心价值观的本质要求，能够对广大干部群众产生很强的示范、鼓舞和引导作用，为人们所学习和效仿。通过选树"贵州脱贫攻坚群英谱"，用重大典型的先进事迹和崇高精神，引导了广大干部群众以先进典型为榜样，找准自身站位、找到自身方位，树立鲜明正确的价值导向，见贤思齐，争做先进，产生了引领社会风尚、凝聚人心、弘扬正气、催人奋进的作用，有效引导了脱贫攻坚的社会舆论。

3. 丰富拓展宣传力

近年来，贵州省推出了文朝荣、黄大发、余留芬、邓迎香等重大个体典型，但是尚未形成先进典型的群体结构，尚未在全国打响贵州先进典型群体品牌。通过打造"脱贫攻坚群英谱"这一综合性典型选树宣传平台，有力推动了各级各地下大力气，有计划有系统、分阶段分类别去发现、选树、宣传、推广脱贫攻坚战场涌现的群英谱，产生了集中宣传、持续推进、形成声势的巨大宣传实效。

四 结论和启示

贵州省在树立精神丰碑、推进文化扶贫的实践探索中取得了显著成效，充分激发了全省各族人民只争朝夕、苦干实干的奋进激情，为开创百姓富、生态美的多彩贵州新未来凝聚了磅礴力量。这启示我们，在树立精神丰碑、提供动力支撑过程中，需注意以下几点。

（一）树立感恩之心，弘扬自强精神

贵州要撕掉千百年来的贫困标签，就必须心怀感恩之心，坚定不移地增强"四个意识"、坚定"四个自信"、树牢"两个维护"，坚决贯彻落实习近平总书记关于大力培育和弘扬新时代贵州精神的指示，持续掀起"比、学、赶、超"的新热潮。选树的脱贫攻坚先进典型，都是感恩奋进模范，他们用几年、十几年乃至几十年的实际行动证明：只要在中国共产党的坚强领导下，其他地方能够办成的事情、能够摆脱的贫困，贵州不仅同样能做到，而且能做得更好！要倍加珍惜、更好培育这股感恩奋进、自强不息的精气神。

（二）坚持民生为本，走好群众路线

坚持以人民为中心，是各级党员干部任何时候都不能忘记、更不能丢弃的原则。选树宣传先进典型，实际上是重温初心使命、走好群众路线的过程。这些年来，广大党员干部群众牢记嘱托、感恩奋进，全身心投入脱贫攻坚这一伟大历史进程，涌现出无数可歌可泣的先进典型，这一事实时刻提醒我们一个历史唯物主义的原理：人民，只有人民，才是历史的主人。各级党员干部务必摆正自己与群众的位置，深怀敬畏之心、敬重之心、敬爱之心，发自肺腑地热爱群众、相信群众、依靠群众，自觉自动地"问政于民""问需于民""问计于民"，真正把群众当主人、当老师、当亲人，时刻把群众的利益放在至高无上的位置，始终从群众那里汲取营养，找到解决矛盾和问题的钥匙。

（三）运用辩证思维，坚持系统谋划

贵州省决战脱贫攻坚、决胜同步小康是一个极为复杂的系统工程，不能见物不见人，更不能只见物质不见精神。要将精神丰碑作为扶贫扶志的重要支撑，从各行各业选树各具特点的先进典型，全面、整体、辩证、动态地谋划和推进工作。要进一步从机制入手，通过普查机制化、遴选平台化、发掘常态化，让典型"立"起来；从手段入手，发挥好新技术的穿透力、全媒体的传播力、联动宣传的聚合力，让典型"亮"起来；从策划入手，深刻把握时序系统性、动态平衡性、传播协同性，让典型"强"起来，不断地将先进典型宣传做成舆论热点、社会亮点、群众关注点，更好地发挥精神丰碑的动力支撑作用。

结　语

　　贵州作为全国脱贫攻坚主战场，近年来在习近平新时代中国特色社会主义思想和关于贵州工作的重要指示引领下，大力培育和弘扬新时代贵州精神，脱贫动力得到激发，脱贫能力得到增强，脱贫路子得到拓宽，正满怀信心开创百姓富、生态美的多彩贵州新未来。其卓有成效的实践探索，开启了文化自信命题下的脱贫攻坚新路。

　　文化自信命题开启了一条更加坚定脱贫攻坚决心的路。历史和现实启示我们，脱贫攻坚就是要不忘初心、继续前行。习近平总书记指出，消除贫困、改善民生、实现共同富裕，是社会主义的本质要求。[①] 可以说，中国共产党从成立那一天起，就一直在为这个目标而奋斗。一切向前走，都不能忘记走过的路；走得再远、走到再光辉的未来，也不能忘记走过的过去，不能忘记为什么出发。今天，经过近百年的奋斗，中国共产党带领各族人民实现了从站起来、富起来到强起来的历史性飞跃。但是，我们不能忘记，消除贫困仍是中国共产党人的初心。贵州近年来着力加强以遵义会议纪念馆为代表的长征文化传承基地建设，奋力打造国家长征文化公园贵州重点建设区，让红色基因代代相传。今后，我们要更加继承崇高的革命文化，把中国革命历史当作最好的营养剂，激励我们坚定革命信念、彰显革命豪情，带领贫困地区和贫困群众不忘初心、继续前行，坚定不移完成社会主义共同富裕的最终答卷。

　　文化自信命题开启了一条更加增强脱贫攻坚能力的路。历史和现实启示我们，脱贫攻坚就是要坚持扶贫与扶智相结合。贫困地区和贫困人口首要的问题就是发展能力弱，能力弱就容易缺乏信心和斗志。因此，脱贫攻坚首先要紧扣"扶智"做文章，大力培育和增强贫困群众自我发展能力。正如习近平总书记在深度贫困地区脱贫攻坚座谈会上的讲话中所说："要注

[①]　习近平2015年6月18日在贵州召开部分省区市党委主要负责同志座谈会上的讲话。

重调动贫困群众的积极性、主动性、创造性，注重培育贫困群众发展生产和务工经商的基本技能，注重激发贫困地区和贫困群众脱贫致富的内在活力，注重提高贫困地区和贫困群众自我发展能力。"① 作为脱贫攻坚主战场的贵州省，近年来积极开展包括传统手工技艺"十百千万"培训工程在内的贫困劳动力全员培训促进就业计划，增强贫困群众脱贫能力。今后，要进一步整合各相关部门力量和资源，开展更有针对性和实效性的脱贫技能培训。尤其要特别注重山区贫困地区下一代的成长，切实抓好教育扶贫，让贫困地区的孩子们受到好的教育，不输在起跑线上，阻断贫困代际相传，切实把贫困地区孩子培养出来，这才是根本的扶贫之策。

文化自信命题开启了一条更加激发脱贫攻坚斗志的路。历史和现实启示我们，脱贫攻坚就是要坚持扶贫与扶志相结合。贫困地区和贫困群众不同程度地存在自卑、自轻、自懦、自弃心理，容易为发达地区所看不起，最后甚至连自己都看不起自己。因此，脱贫攻坚更要紧扣"扶志"做文章，激发贫困地区和贫困群众的信心和斗志，点燃贫困群众脱贫致富奔小康的激情和动力。正如习近平总书记《在深度贫困地区脱贫攻坚座谈会上的讲话》中所说："'弱鸟先飞'，就是说贫困地区、贫困群众首先要有'飞'的意识和'先飞'的行动。没有内在动力，仅靠外部帮扶，帮扶再多，你不愿意'飞'，也不能从根本上解决问题。"② 近年来，贵州脱贫攻坚主战场上陆续涌现出黄大发、文朝荣、姜仕坤、李桂莲、李光、张有光、余留芬、邓迎香、杨波、潘学军等典型人物，他们发挥了典型的引领作用。今后，要进一步增强文化自信，更加树立发展自信，最大限度地激发、激活贫困地区、贫困群众的发展信心和脱贫斗志，从小处着眼、从细处入手，一点点地积累起发展的信心和斗志，最终汇成磅礴的力量，奋力实现经济社会发展的历史性跨越，攻克贫困道路上的"娄山关""腊子口"。

文化自信命题开启了一条更加压实脱贫攻坚责任的路。历史和现实启示我们，脱贫攻坚就是要坚持扶贫与脱贫主体责任自觉相结合。曾经，一些地方出现干部作用发挥有余、群众作用发挥不足现象，"干部干，群众看""干部着急，群众不急"。一部分贫困地区和贫困群众缺乏发展的积极性和主动性，一些贫困群众"等、靠、要"思想严重，"靠着墙根晒太阳，

---

① 习近平：《在深度贫困地区脱贫攻坚座谈会上的讲话》，《人民日报》2017 年 9 月 1 日。
② 习近平：《在深度贫困地区脱贫攻坚座谈会上的讲话》，《人民日报》2017 年 9 月 1 日。

等着别人送小康"。这种现象的背后所折射出来的就是贫困群众缺乏脱贫责任。因此，坚持扶贫同扶智、扶志相结合，一个很重要的方面就是要压实贫困群众的脱贫责任。正如习近平总书记《在深度贫困地区脱贫攻坚座谈会上的讲话》中所说："一个健康向上的民族，就应该鼓励劳动、鼓励就业、鼓励靠自己的努力养活家庭，服务社会，贡献国家。要改进工作方式方法，改变简单给钱、给物、给牛羊的做法，多采用生产奖补、劳务补助、以工代赈等机制，不大包大揽，不包办代替，教育和引导广大群众用自己的辛勤劳动实现脱贫致富。"① 习近平总书记的讲话，提出了压实贫困地区和贫困群众脱贫攻坚主体责任的要求。如果没有这个责任压实，无论政府主导下我们做出多大的努力，群众也不会有脱贫攻坚的内生动力。正是在这个意义上，贵州省近年来通过"冬季充电"、新时代文明实践中心、新时代农民讲习所等，激励贫困群众感恩奋进，取得了积极成效。今后，要更加激活贫困群众内在动力，压实贫困主体脱贫责任，让贫困群众自觉认识到，脱贫既是权利，更是责任。在这个问题上，每个贫困群众都必须觉醒起来，这是中华民族伟大复兴新征程上每一个人应有的担当。

　　文化自信命题开启了一条更加深化脱贫攻坚内涵的路。历史和现实启示我们，脱贫攻坚就是要坚持全力扶贫与全面扶贫相结合。2011 年，国家把扶贫标准上调至 2300 元。实践中，我们既要牢牢守住这个底线，但又不能仅限于这个底线。牢牢守住这个底线，就是把脱贫攻坚作为硬任务，面对这个硬任务不妥协、不退缩、不敷衍。不局限于这个底线，就是不拘泥于 2300 元这个数字，而是要为这个数字注入深刻的内涵，其中也包括文化内涵。正如习近平总书记《在党的十八届五中全会第二次全体会议上的讲话》中说："全面小康，覆盖的领域要全面，是五位一体全面进步。全面小康社会要求经济更加发展、民主更加健全、科教更加进步、文化更加繁荣、社会更加和谐、人民生活更加殷实。"② 正在这个意义上，贵州在"十三五"期间推动贫困地区基本公共文化服务体系建设全覆盖，保障群众基本文化权益。今后，要进一步提升贫困地区公共文化服务体系建设质量，全面提升贫困人口精神文化生活质量，促进乡风文明，实现乡村文化振兴。

　　文化自信命题开启了一条更加丰富脱贫攻坚资源的路。历史和现实启

① 习近平：《在深度贫困地区脱贫攻坚座谈会上的讲话》，《人民日报》2017 年 9 月 1 日。
② 习近平：《在党的十八届五中全会第二次全体会议上的讲话（节选）》（2015 年 10 月 29 日），《求是》2016 年第 1 期。

示我们，要利用一切可以利用的资源助力脱贫攻坚。正如习近平总书记2013 年 11 月 26 日同菏泽市及县区主要负责同志座谈时的讲话指出，要紧紧扭住发展这个促使贫困地区脱贫致富的第一要务，立足资源、市场、人文旅游等优势，因地制宜找准发展路子。① 习近平总书记的指示启示我们，资源不仅仅只包括自然资源，也包括文化资源。事实上，文化资源兼具精神与物质的二重属性，不仅意味着一种精神的激励和能力的提升，也意味着是一种现实的发展要素。尤其对贫困地区来说，挖掘当地特色文化产业助力脱贫攻坚，无疑是产业扶贫的重要组成。特色文化产业源于民间，贴近民众，具备内容、社会、艺术、经济、传承、就业创业和脱贫等多层次、多方面的复合价值，与当地群众的生产、生活息息相关，是一个包容性强、进入门槛低、深受当地群众喜爱、有传统根基和时代气息的新兴产业。近年来贵州特色文化产业、文化旅游扶贫的案例证明，把文化旅游产业作为一种新的精准扶贫方式，是符合中国国情特点、兼具公益性和产业化脱贫的重要路径和战略选择。更为重要的是，在文化旅游产业助推脱贫攻坚的进程中，将有助于我们更加传承好优秀传统文化、更加彰显我们的文化自信。

文化自信命题开启了一条更加巩固脱贫攻坚成效的路。历史和现实启示我们，脱贫攻坚必须要有持续的内生动力。现实中，具体到每一家、每一户的脱贫攻坚，要让其在某个阶段、某个时刻越过 2300 元的国家贫困线，往往不是最难的课题。真正的难点在于，让贫困人口稳定地、持续地、长期地、远远地越过贫困线而不返贫。事实上，扶贫不同于减贫，扶贫不能只靠救济。扶贫的意义在于对那些有一定发展能力，但能力和信心还不足的贫困人口，通过国家和社会的力量帮一把，让他们靠自己的辛勤劳动摆脱贫困。实践中，很多贫困人口也许在某个时刻信心被强化、斗志被激发，但还不够坚定，一遇到暂时的挫折就会泄气。这个时候，更需要持续地打气鼓劲、强心壮骨、拓展视野、创新思路，以保证攻坚克难、永不退缩。否则，贫困人口一遇到挫折就容易认为贫困是命中注定，从而甘于贫困。在这一意义上，我们理解习近平总书记《在深度贫困地区脱贫攻坚座谈会上的讲话》中强调要"加大内生动力培育力度"，将是一个长期的过程。无

---

① 习近平：《同菏泽市及县区主要负责同志座谈时的讲话》（2013 年 11 月 26 日），共产党员网，http://fuwu.12371.cn/2016/11/02/ARTI1478071671062313.shtml，最后访问日期：2020 年 8 月 7 日。

论是信心的强化，还是斗志的激发都不是一蹴而就，更不是一劳永逸的，这是一个长期而艰苦的过程。在这个过程中，不能把扶贫工作简单化，尤其不能把扶贫等同于救济，等同于"补、给、送"，从而强化"等、靠、要"。正是在这一点上，我们都应该从文化意义上坚守扶贫工作的底线和要义。也正是基于此，贵州省委印发"文军扶贫"脱贫攻坚三年行动计划，把文化扶贫作为贯穿"十三五"始终的重要任务。历史将证明，文化是脱贫攻坚的重要力量，在创造减贫奇迹、巩固脱贫成果的时代必将做出更加持久的贡献。

总之，在文化自信战略命题指引下，文化已经走进扶贫攻坚主战场，发挥应有的作为与担当，开辟了脱贫攻坚新路。我们坚信，中华民族在摘掉贫困帽子的同时，也将一并去除文化自卑心理，在开创百姓富、生态美的新未来时，背后积淀的只能是更加强大的文化自信。到那时，中华民族才会真正在物质和精神层面强大起来、复兴起来，屹立于世界民族之林。

附　录

一　课题访谈

访谈一

访谈人：龙仕勇（课题组成员，以下简称龙）

访谈对象：范钟声（黔东南州文广新局局长，以下简称范）

访谈时间：2017 年 8 月 24 日

访谈地点：黔东南州文广新局

访谈背景：黔东南州民族文化资源丰富，特色浓郁，在推动文化旅游深度融合发展、传统手工技艺增收致富、传统村落保护发展等方面亮点突出，通过对黔东南苗族侗族自治州文广新局局长范钟声同志的访谈，可以从宏观角度对文化行政管理部门推进实施大文化助推大扶贫情况进行了解。

访谈记录：

龙：范局长您好！在全省大扶贫战略行动引领下，目前全省大文化助推大扶贫正在深入开展，省文化厅也印发了《文化扶贫行动计划（2017—2020）》。请您从文化育民、励民、惠民、富民的角度谈谈黔东南州在大文化助推大扶贫方面有哪些亮点，还存在哪些困难和问题，以及下一步工作打算。

范：龙老师好！我州在大文化助推大扶贫方面主要有如下亮点。

一是精准抓好传承性保护培训工作，提升群众脱贫能力。我局制定印发了《黔东南州传统手工技艺助推脱贫培训计划（2016 - 2020 年）》，积极推进"十百千万"人才培训工程。2016 年组织"中国非物质文化遗产传承人群研修研习培训计划"732 人，其中，州内开展完成普及培训 11 期 634 人次，遴选外派研修研习培训 98 人次。大力开展各县市非遗传承人群培训工作，2016 年共计培训 29 期 2393 人。培训项目涉及传统手工技艺、银饰、刺绣、蜡染、传统医药、音乐、舞蹈等，为群众变资源优势为经济优势、助推脱贫奠定了基础。

二是大力开展文化励民工程，增进地域文化自信。全面做好文艺精品创作，推出《巫卡调恰》《嘎老》《守望》等一批优秀歌舞剧目，深受观众喜爱，进一步满足了群众精神食粮的需求。大力开展文化"三下乡"活动，在州级层面每年为基层开展 200 场次以上，各县市每年各开展 100 场次以上。开展农村公益电影放映，年均放映近 4 万场，观众达 300 多万人次。译制了苗、侗语故事片，苗、侗语科教片。促进全民阅读活动蓬勃开展。尤其是通过"千村百节"活动，将各族群众喜闻乐见的踩芦笙、服饰展演、歌舞表演、对歌等节目融进其中，进一步丰富节庆内涵的同时，做到还节于民，提振了地方文化自信，增强了群众自我发展的内生动力。

三是大力开展文化惠民工程，文化阵地建设进一步夯实。2016 年，新建凯里市"三线"建设博物馆，启动了台江县"三馆一台"建设项目；改扩建了一批县市图书馆和文化馆舍、博物馆（纪念馆）及乡镇综合文化站，建成村级综合文化服务中心示范点 144 个，基本实现县、乡镇、村三级公共文化基础设施全覆盖，推进城乡公共文化服务均等化发展；完成全州 2000 多个行政村多彩贵州"广电云"建设任务，铺设光缆干线上万公里；建成 14 个县级"村村通"长效服务分中心、158 个乡镇服务点，维修更换"村村通"设备近 3 万套。2017 年开始实施多彩贵州"广电云"户户用工程，截至 8 月 14 日，全州用户发展完成数排名全省第一，用户发展完成率排名全省第二。

四是大力开展文化富民工程，非遗经济进一步发展壮大。大力开展非遗产品研发设计工作，积极探索"高校＋企业＋学员"模式，打造传统工艺创意生活工作站。2016 年我州完成建立"苏州工艺美术职业技术学院＋深圳非遗生活有限公司＋优秀银饰、刺绣、蜡染学员""北京服装学院＋黔东南州阿科里绣娘农民专业合作社＋优秀刺绣、蜡染学员""苏州工艺美术职业技术学院、凯里学院、黔东南民族职业技术学院＋贵州苗妹银饰工艺品有限公司＋优秀银饰、刺绣学员"等 3 家传统工艺创意生活工作站，其研发设计产品已在北京、深圳、上海、杭州、济南、苏州等地进行推介营销。与此同时，在保证中央、省级传承人传承经费补助发放的前提下，将州级传承人传承补助待遇提高到每人每年 5000 元，并引导各级非遗传承人发挥"领头雁"作用，致力于发展非遗经济。据不完全统计，黔东南州非遗研培学员创业达225家，2016年实现年销售收入7.5亿元，完成培训新学员并带动就业9500人（其中贫困人口占58%），实现带动就业人员年人均收入2.2万元。涌现出了一批传承人代表，凯里苗妹银饰博物馆欧阳珍珍，带动贫困户800多户1000多人就业，实现年销售额4000万元，人均增收2.4万元；台江锦绣图腾工艺品有限公司刘忠常，带动农村贫困妇女500多人就业，实现年销售额1544万元，人均增收2万元。此外，《天下西江》《古韵镇远》等剧目已实现驻场演出，仅《天下西江》2016年演出创收达760.8万元，吸引了大量游客旅游观光，增加了群众收入。

存在困难和问题方面：一是公共基础设施需进一步加强；二是基层公共文化资金投入不足；三是州、县两级文化单位编制配置不足，导致许多基层馆、站无法在脱贫攻坚中充分发挥其阵地作用；四是公共文化设施的使用率较低，政府公共文化服务意识仍需进一步强化；五是文化产业发展需进一步推进，黔东南文化资源虽然丰富，但文化资源优势仍未能充分转化成经济优势，文化产业比重占经济总量还较少，脱贫效果仍不够明显。

下步将做好以下几方面的工作：一是整合各类资源，加大文化扶贫力度，推动公共文化服务体系建设再上新台阶；二是弘扬中华优秀传统文化，抓好文化遗产保护利用，用好民族文化这个宝贝，探索文化扶贫新路径；三是发挥群众主体作用，深入开展各项文体广电扶贫活动，不断丰富基层群众精神文化生活；四是围绕文体旅融合，促进文体创意产业发展，带动文化扶贫工作持续推进。

龙：您曾长期主抓旅游工作，现在又到了文化部门。尤其是黔东南州自然生态资源和民族文化资源都很丰富，因此如何用好这两个"宝贝"，促进文化旅游的深度融合并助推大扶贫？想请您谈谈。

范：我确实在旅游部门工作过几年，到文化部门工作的时间还不长，开始对黔东南州的文化旅游发展有了新的认识。目前，黔东南州委、州政府已明确提出要"守住两条底线，用好两个'宝贝'，打造国内外知名民族文化旅游目的地"，这对文旅融合发展、发挥黔东南优势、助推大扶贫有积极的促进作用。我们将坚决贯彻落实上级关于脱贫攻坚的决策部署，践行五大发展理念，坚持问题导向，突出特色优势，全力打造好相关文化品牌，如以雷公山区为核心的苗族文化品牌、以百里侗乡为核心的侗族文化品牌等。实施好文化服务标准化、民族文化特色化等工程，促进文化旅游的深度融合并助推大扶贫。

龙：黔东南目前有 309 个传统村落，是全省最多的。黔东南在对传统村落保护方面的亮点有哪些？目前还有哪些制约？您认为传统村落在助推群众脱贫致富方面有何优势？

范：黔东南州内有自然村寨 3900 多个，其中 500 个纳入中国传统村落备选名单，有 309 个村落列入中国传统村落名录，位居全国市州级第一，是中国传统村落分布最为集中、保存最为完好、最具特色的地区。这其中最具代表性的 22 个苗族、侗族村寨在 2012 年被国家文物局列入《中国世界文化遗产预备名单》。

黔东南在传统村落保护方面：一是出台地方性保护法规和办法；二是规划引领；三是大力推进传统村落保护项目建设；四是培育以传统村落文化内涵为基础的相关产业；五是加强技术改造，合理开发利用；六是举办峰会提高黔东南传统村落知名度；七是利用苗族村寨、侗族村寨申报世界文化遗产提升典型传统村落价值和保护级别；等等。目前，通过大力抓好传统村落保护规划编制工作，完成了 309 个传统村落保护发展规划编制以及发展项目库。全面整合文、体、农、林、水等各种涉农资金，启动实施农村综合环境整治、"一事一议"、消防改造等项目建设，累计完成投资 2.7 亿元，完成了 100 个传统村落消防安全改造任务，传统村落生产生活条件得到了较大改善。西江、肇兴、岜沙等一批传统村落通过发展旅游业，带动了群众脱贫致富。

制约黔东南传统村落保护的因素：一是传统村落保护范围广，制订标准规范难；二是乡土建筑数量多、规模大、维修费用高，地方财政对传统村落保护投入不足、资金匮乏；三是乡土建筑产权分散，权属模糊，增加了保护难度；四是传统村落保护法规仍不健全；五是行政体制存在"多头管理"缺陷，比如说传统村落具有物质和非物质文化遗产及自然遗产等属性，应该说几个部门都该管，但至今没有一个明确的部门专门负责。

传统村落有着优良的文化资源和自然生态资源优势，这为当地群众脱贫致富提供了广阔的发展空间。利用传统村落得天独厚的民族文化资源和自然生态资源，充分发挥自身的资源优势，大力发展观光旅游和乡村旅游业，可以将资源优势转化为促进山区群众脱贫致富的经济发展优势。同时，依托传统村落，大力发展特色文化产业，尤其是依托居住在传统村落里的刺绣、银饰、蜡染、服饰、节庆、歌舞、饮食、民俗、建筑等一大批非遗传承人，致力于发展非遗经济，开发有特色、高品位的民族文化产品，变资源优势为经济优势，能够很好地助推群众脱贫致富。

龙：请简要谈谈文化部门在"千村百节"活动中发挥了怎样的作用？今后在这方面有何创新举措？

范：一是推动民族文化的保护传承。通过开展"千村百节"活动，将许多优秀的民族民间文化融到节日当中，让群众看到民族民间文化的重要性，促进了群众保护民族文化的积极性和主动性。二是培育一批文艺精品和优秀文艺人才。通过开展"千村百节"活动，从中挖掘深藏于民间的民族文化、民间艺人，并进行艺术创作加工提炼，着力打造文艺精品，依托"千村百节"活动载体，挖掘民间故事传说推出了苗族歌舞剧《仰欧桑》《巫卡调恰》、侗族大歌音乐诗剧《行歌坐月》、电影《侗族大歌》等一批精品剧目。三是促进民族文化产业发展。通过开展"千村百节"活动，吸引了大量游客观光体验，活跃了当地商业文化，直接拉动内需，促进消费，推进我州旅游业发展，民族节庆文化经济已成为黔东南文化产业的一大特色和亮点。年创收1000万元以上的文化企业127个，如苗妹银饰有限责任公司、欧东花银饰博物馆、贵州国春银饰有限公司、贵州杨芳蜡染有限责任公司等一批优秀文化企业。年创收500万元以上的文化企业有396个。2016年全州文化产业增加值占GDP比重达到3.96%。四是助推文化精准扶贫。通过"千村百节"活动的带动，全州每个村都建有文艺表演队，有的表演队代表贵州出访法国、美国、马耳他、日本、韩国、俄罗斯等国家进行文化交流。在"千村百节"活动的带动下，外出务工的青年大都回乡创业，创办了自己的公司，产品主要以银饰、刺绣、蜡染、编制等为主，这些文化产品都销往大中城市，有的甚至是出口产品，销往欧洲、日本、韩国等。总体解决了农村2万余人就业，如贵州国春银饰有限公司不仅解决年富力强的青年人就业，还解决20名残疾人就业，为脱贫攻坚做出了贡献。五是推动公共文化服务体系建设。通过开展"千村百节"活动，全州各级各部门看到发展民族民间文化的重要意义，自觉建立了州、县、乡、村四级联动机制，并整合文化以奖代补资金、美丽乡村建设资金、非物质文化遗产保护项目资金等资源，吸纳社会资本投入群众文化活动，加快建设民间鼓楼、花桥、芦笙堂、踩歌堂、斗牛场等民间文化服务设施，确保全州各县乡村传统节庆活动正常开展，进一步推动了公共文化服务体系建设。

创新举措方面，为保障我州"千村百节"传统节庆文化活动持续深入开展，我州整合文化以奖代补资金、美丽乡村建设资金、非物质文化遗产保护项目资金、州级文化补助资金等，用于该项目舞台搭建、场地建设、器材购置、场地租赁、活动补助奖励等，确保全州各县乡村传统节庆活动正常开展。建立州、县、乡、村四级联动机制，整合各部门资源，吸纳社会资本投入群众文化活动，推动公共文化服务体系建设。进一步加强基层公共文化服务人才队伍建设。督促各县市各有关部门认真落实保障标准，认真完善选人用人机制，确保乡镇（街道）综合文化站专职工作人员不少于 1 人，实现专业专职，做到村（社区）至少有 1 名财政补贴的文化管理员（文化指导员）。同时从大中专院校毕业生、民间艺人、文艺爱好者等社会人士招募志愿者，他们利用自己的时间、文艺技能等，自愿深入县、乡、村为社会和他人提供公益性文化艺术服务和帮助。

龙：黔东南州在利用传统手工艺助推脱贫方面有哪些做法？成效如何？

范：一是建设传统工艺保护发展示范村。目前，我州完成规划建设丹寨县石桥村古法造纸、台江县施洞镇苗族银饰、从江县高华村瑶族药浴、雷山县格头村苗族医药、雷山县控拜村苗族银饰等传统工艺示范村，整村整寨地推进文化扶贫工作。二是发展特色工艺品牌。以州内企业为策划、建设、运营、管理及投融资主体，通过旅游演艺、节庆活动在传统工艺核心地策划展演，发展黔东南苗族银饰、苗族刺绣、苗族蜡染、苗族酸汤鱼、侗族牛羊瘪、侗族腌鱼、苗族医药、侗族医药等特色工艺衍生产品品牌，成为州内知名商标，力争将其列入"黔系列"民族文化产业品牌名录，使之成为贵州省著名商标，争取进入中国驰名商标。三是扶持传统工艺企业。调查摸底全州特色传统工艺及其企业，建立特色传统工艺发展名录，在资金投入、立项、用地、税收、融资、社会保障、知识产权、奖励等政策方面定向扶持相关民族文化企业发展民族传统工艺，评选传统工艺名师、大师工作室，推荐申报省级、国家级相关示范基地，探索建立低成本、便利化、全要素、开放式的特色传统工艺众创空间或孵化器，搭建并完善公共服务平台，集聚各种大中小微型传统工艺创客企业相互促进协同发展，最大化形成产业集群效应。四是创建传统工艺工作站。我州建立了一批"高校＋企业＋学员"传统工艺工作站，以之推动"传承人＋合作社＋农民"连心同技共富工程。五是研培提升人才素养。建立部门传统工艺研培工作联席会议制度，整合全州研培资源，严格按照培训计划要求，每年开展"十百千万"人才研培工作，促进我州大众创业、万众创新的"双创"工作上台阶，为传统工艺"小商品、大企业"的产业集群奠定人才基础。六是推动人才发现计划。加强部门传统工艺人才评选认定工作，推动"传承人""工艺美术大师""名工匠""工艺师""工匠师""百佳绣娘"等传统工艺人才的培养使用，积极引进国内外高层次文化创意人才和创业团队联合我州传统工艺人才建立各种类型的传统工艺创意人才工作室，对做出突出贡献的集体和个人给予表彰和奖励。七是建立传统工艺学科。组建黔东南州民族文化旅游研究院，深度挖掘整理研究黔东南银饰、刺绣、蜡染、酸汤鱼、牛羊瘪、腌鱼、苗族医药、侗族医药等民族特色传统工艺，在全州中等职业技术学校、中小学校开设符合地方特色的 DIY 手工制作课堂，在凯里学院、黔东南民族职业技术学院设立传统工艺系（院），建立相关学科专业，并与相关传统工艺企业紧密合作，拓展黔东南传统工艺产学研销一体化新路径。八是扩大传统工艺宣传。积极组织传统工艺人才参加国内外各种形式的博览会，展示展演展销黔东南传统工艺品，运用互联网建立黔东南传统工艺品销售平台，应用手机微信、微博、客户端建立黔东南传统工艺品推广平台，在民族文化产业园区设立黔东南传统工艺品专卖城，利用《黔东南日报》、黔东南广播电视台开辟黔东南传统工艺宣传专栏。

通过大力实施上述措施，近年来黔东南州传统工艺不断走进现代生活、融入现代生活，顺利实现了与市场、就业有效衔接，很多特色工艺发展成为驰名州内外的品牌，极大地促进了我州的就业创业工作。

龙：请您再谈谈黔东南州在发展特色文化产业方面的思路和做法。

范：一是依托浓郁的民族文化特色发展文化产业。整合提升民族节庆，坚持原生态与现代化相结合，深入挖掘整理黔东南州民族节庆文化内涵和展示方式，扶持打造"台江姊妹节""苗族苗年节""侗族尝新节""芦笙节"等一批风情浓郁、参与性强的少数民族传统节庆活动，做好整体宣传推介，推动特色文化产业发展。二是积极开发设计具有黔东南特色的工艺品。以特色民族民间工艺美术资源为依托，以旅游纪念品的研发生产为目的，重点发展工艺创意制作业，强调艺术化、实用化、品牌化、规模化方向，大力开发蜡染、银饰、木雕、农民画、民间剪纸、民族刺绣、民族服饰等具有黔东南特色的工艺品、旅游纪念品和礼品。三是大力推进以文化旅游融合发展为重点的新型产业。要在全面分析黔东南民族文化旅游资源的基础上，精心设计民族文化旅游线路，加大线路的宣传推广力度。有效整合特色文化旅游资源，推出主打品牌，提高策划包装水平。加强文化部门与旅游部门的相互合作、优势互补，积极引导社会力量以各种形式参与文化旅游资源的开发、利用和经营。重点鼓励演出项目、民间艺术和艺术品开发项目与旅游企业的结合，着力打造"苗乡侗寨情·大美黔东南"文化旅游品牌。

下一步，将从以下方面推进。一是政府引导，市场运作。紧紧围绕市场需求，充分发挥政府的统筹作用，整合资源，加大投入，推动黔东南州特色文化产业成长壮大。二是品牌领先，龙头带动。牢固树立品牌意识，把黔东南州特色文化产品培育成为民族文化的重要标志，把黔东南州民族文化企业培育成为龙头企业，形成以品牌引领、龙头企业带动的民族文化产业化发展格局。三是发挥优势，形成产业。突出传统民族文化工艺优势，因地制宜实施，形成合理产业链条，加快黔东南州民族文化产业化发展步伐，努力形成规模化、基地化、标准化的文化产业化发展模式。四是分类实施，体现特色。针对不同类别的文化产业，采取适宜的发展方式，增强针对性和实效性，充分彰显黔东南州文化产业的独特优势，形成各具魅力的特色品牌。五是民生为本，群众受益。充分调动群众的积极性和能动性，广泛发动群众参与到民族文化产业化发展中来，让群众在挖掘、整理、传承和发展民族传统文化中得到实惠，促进增收致富。

访谈二

访谈人：刘杰（课题组成员，以下简称刘）

访谈对象：吴水根（国家级非遗传承人，以下简称吴）

访谈时间：2017 年 7 月 2 日

访谈地点：贵州省非遗博览馆

访谈背景：处于苗疆腹地的贵州省黔东南州台江县施洞镇有"苗族姊妹节""龙舟节""银饰制作技艺""苗绣"等国家级非遗项目，是贵州省的非遗大镇。当地银饰制作技艺国家级非遗传承人吴水根（岗党略村村民）二十余年来，打破银饰"传男不传女""传内不传外"的祖训，广收学徒传授技艺，并成立公司带动村寨脱贫致富。吴水根这种利用传统银饰制作技艺带动全村苗族同胞脱贫致富的具体做法，对于贫困地区利用传统工艺助推脱贫具有典型的参考价值和样本意义。

访谈记录：

刘：您好！首先我想了解下，你们施洞塘坝村成立了银饰合作社，您在里面任职没有？

吴：没有，在合作社里，我只是一个普通社员。但我自己成立有一个公司，我任法人代表。现在塘坝村合并到岗党略村了，我目前是我们岗党略村党总支宣传委员。岗党略是苗语，汉语意思是踩歌堂，娱乐玩耍中心点的意思。

刘：从报纸上看到您已当选为党的十九大代表，这和您从事银饰制作工作有关系没有？

吴：肯定有关系。通过村、镇、县、州、省层层选举，最后成为党的十九大代表，我感到很荣幸。我个人认为有三个因素，一是我是苗族党员，二是我是银饰制作国家级传承人，三是我从艺这么多年，突破祖辈银饰制作技艺不外传的传统，教了很多徒弟，他们学会后又教了很多徒弟，这样在我们施洞就形成了一个银饰产业，带动了很多老百姓脱贫致富。

刘：您现在技艺那么好，请问您是多少岁和谁学习银饰制作的呢？

吴：我学银饰是祖传的。父亲是银匠，小时候就看到父亲在打银饰，八九岁就晓得很多银饰种类，但没实际操作，等到十八九岁（1984年左右）才正式跟随父亲学习银饰制作。银饰制作，除了图案制作，银饰焊接才是其核心技术，也是我们学习银饰的"机密"，这也是我父亲教我的。我父亲是1990年去世的。我学习银饰制作学了两年，到1986年20岁时就走村串寨到其他苗寨，给人家打银饰。当时我出门打银饰，都是母亲用她的嫁妆（外婆给的银锭，本来准备将来留给我姐的嫁妆）给我做本钱。给别人家打银饰，客户1.1两银锭材料兑换1两成品（含0.1两损耗），另外支付2~3元的工价（难易程度不等，最多3元），当时一天就可以收入10元（外出打工只有5元），打牛角银饰则要60元。

刘：您20岁就独立外出给人家制作银饰，到什么时候才没种庄稼而专门从事银饰制作的呢？

吴：1986年到1987年农闲时候走村串寨打银饰，农忙时还是在家种庄稼。但从1988年开始，随着名声的扩大，很多国内外游客常来参观、购买我的银饰，远近村寨的父老乡亲也爱来找我打银饰，当时生意好，我自己就没种庄稼了，但家人还在种。到1993年，生意做大了，家人也参与一起做银饰，于是就把土地外包给别人耕种，只留一点隔家近的水田养鱼。到2008年我入党以后，全家人都从事银饰制作，都没种庄稼了。在这个过程中，我1987年结婚，1988年女儿出生，1991年儿子出生，当年我父亲也过世。

刘：您参加过关于传统工艺方面的培训没有？

吴：参加过。一次是在凯里市，一次是在台江县，都是当老师，培训别人。在凯里上半天课 600 元，在台江上半天课 500 元。这个月 12 号凯里学院还有一次课，他们已经定了，我到时还得去授课。

刘：近几年来，您参加过哪些展销会活动？情况如何？

吴：2009 年我成为省级非遗传承人后，主要还是做非遗方面的工作。比如今天，我接到任务说来展演，本来是前天就要来的，可遇到下大雨，今天上午天还没亮就从家里出发，下午 3 点才赶到。除此之外，其他的展销活动很少参加。记得 2006 年首届多彩贵州"两赛一会"活动，我第一次参加黔东南赛区的选拔比赛，获得"名匠称号"，但没有推到省级参加比赛。

刘：据我了解，2008 年您接到了"多彩贵州"系列活动的奖杯制作任务，当时您有压力没有？谈谈当时的情况和感受。

吴：肯定压力大！是这样的，2008 年省里举办"多彩贵州"原生态国际摄影大赛要制作奖杯，当时谢省长亲自到黔东南督办这事情，从凯里、雷山、台江几个地方抽调几个银匠的作品进行筛选，我很幸运被选中了。但时间只有 2 个月，要制作 24 个奖杯，5 个大的（8000 元/个），19 个小的（6000 元/个），而且还没有制作稿件。后来等刘雍老师创作设计稿件出来后，和刘雍老师一起商量制作，样品出来经领导审核过关后，我就及时召集了 60 名银匠加班加点，认真制作，还好，在比赛前两天顺利完成。接着2009 年又接到同样的任务，也是顺利地完成了任务。

刘：2008 年您入党，制作省里的奖杯，又被评为国家级非遗传承人，这一年对您来说是不平凡的一年，谈一下个人的感受。

吴：我 2003 年开始任县政协委员，担任了两届。从 2006 年至今，一直担任黔东南州人大代表，2008 年入党后，更深感银饰制作的传承发展在自己肩上的责任重大，只要有人愿意学，我都愿意教。

刘：您是哪年开始带徒弟的？带徒弟收不收学费？收徒弟有没有性别限制？

吴：我是 1993 年开始收徒弟的，第一个徒弟叫龙长降（妻子兄弟，1976 年出生），1995 年收了第二个徒弟，叫吴建江（男，本村人，1976 年出生），收的第二个徒弟不是本家（兄弟或侄子），这种做法当时来说就是打破了银饰制作不传外的祖训，我那时没考虑那么多，只想有人愿意来学就好了。其实按常理，一般收徒弟，还是看人品，不管是不是外人，一般都要有所了解，不过大多数都是想学习的年轻人的父母（有的是亲戚，有的不是）和师父关系比较好，并亲自托付教习。

我们当地带徒弟不收任何费用，徒弟来学习打制、雕刻、焊接、拉丝等制作技艺，一般都是和师父同吃住，师父到哪，徒弟跟到哪，过年过节徒弟回家或者赶场，师父都会给徒弟几十元几百元的费用。

我们苗家做银饰，原来一直都是传男不传女的。但到我这一代后，我发现我女儿对银饰制作非常感兴趣，七八岁就会跟着做一些"匝丝"的活，看她认真，后面我就破例教她了，现在她已经出师可以独立制作银饰了。现在拉丝、焊接都有机器，制作银饰不用很大的力气，所以在实际的制作上，女生感觉能力还强一点，比如剪纸、雕花、拉丝等这些细致的工作，她们都比男生做得好。目前，打破规矩以后，在我们村寨，估计都有十多个妇女会做银饰了。

客观点讲，我们的祖先是很保守的，不传女儿是因为担心她学会了把手艺带走。自己传给儿子是独门生意。一个人过上好日子不算好，要大家过上好日子才算好，说难听点，别人不好了抢你咋办。

但是我们传统制作的那套工具我们还是保留好的，有时也还用。

刘：您收徒弟需不需要举行什么仪式？

吴：举行。一般情况下，确定收某人做徒弟了，他会叫他父母和亲朋一起，提着一只公鸭、一斤猪肉、两瓶酒来拜师。届时，要在制作银饰的车间杀鸭烧香烧纸祭奠银饰祖师，说某人来学习银饰制作，并以此发家致富。然后在场的所有人吃顿拜师饭就算认定师徒关系了。等徒弟学成以后，他会请师父和亲朋好友到他家吃顿饭，宣布自己开业了，希望大家多多关照，照顾生意。到时，也得在自己的新车间供上酒肉烧香烧纸祭拜银饰祖师，说学成归来准备开业，希望祖师保佑生产平安，顺顺利利。

刘：近几年国家对小微企业、民族企业等都有相关优惠政策，请问您享受到哪项没有？

吴：没有，我成立公司没有享受到任何优惠政策，只是非遗方面我得到了传承补助经费，如2009年我被评为州级非遗传承人，每年领到3000元的传承补助经费，2010~2011年，被评为省级非遗传承人，每年领到8000元（省5000元＋州3000元）传承补助经费，2012年被评为国家级非遗传承人后，每年领到1万元传承补助经费。

刘：您从事银饰制作，而且开了公司，你们村还有合作社，以2016年为例，谈一谈你们村银饰产业以及您的收入情况。

吴：2016 年我的公司营业收入有 200 万元，利润有 60 多万元，我个人有 20 万元的收入，带动有 10 多人一起制作，他们每人有 2 万 ~ 4 万元不等的收入。这些和我一起做的银匠，其实他们的收入也不低，除了接我的单外，他们自己也在做。

现在我们岗党略村有 80 多户 300 余人从事银饰制作，从实际情况看，银饰制作是传统手工技艺，是以个人的技艺好坏为基础，技艺好的找的人多，东西也好卖，技艺不好的找的人少，做了卖不出去，浪费时间和材料。正因为这一特殊性，它不同于发展种植业养殖业可以整体推进，所以 2010 年村里成立的合作社根本就发挥不了整合协调的作用和功能，这条路是行不通的。我个人认为还是成立公司好，有法人代表牵头接订单，然后派发给银匠按要求完成，这样就有约束和责任感，接单的也会认真做。

刘：你们村有那么多银匠，现在他们的收入情况如何？

吴：做银饰嘛，收入有高有低，从几千元到一二十万元不等，这和个人掌握的技艺熟练程度有关，有的贷款四五万元来加工银饰，技艺不好，生产的卖不出去，最后也负债。但这毕竟是少数了。总的来说，大部分银匠的技艺还是很好的，主要问题是销路问题，大家得赶场、赶节日摆摊销售，近几年来我都没去赶场了，你不晓得，要是我去，很多客户都会来找我，他们就没生意，这样会影响我和众多银匠的关系。我也想过，以国家级非遗传承人的身份去摆摊，召集大家一起做，但他们会想这样我赚了他们的钱，我想他们不会干。我从 2009 年起陆续得到州级、省级、国家级非遗传承人称号，在村寨很多人都对此意见很大，认为我会说话，上面有熟人当领导，照顾我才得的。但实际上一直以来我保持本分做事，听组织安排，直到今年我参加选举成为党代表后，大家慢慢地就服气多了，对我的态度也转变了很多。

刘：现在找您的人特别多，应该说基本上不愁销路了，谈一下您现在接订单主要有哪几种方式？

吴：我梳理一下，前面我说了，从实际情况看，发展银饰制作技艺走合作社这条道路是不行的，走公司发展道路一是有法人代表负责找销路和严把质量关，二是和外界沟通是公司之名听起来给别人的信任度也要高些。单独是个人手工作坊这条路，给人的感觉体量很小，不能做量大的活，从发展的角度看，这也是不妥的。所以最好的办法就是"公司＋农户（手工作坊)"的方式。现在我有时也得找销路，只是不像原来去赶场摆摊了。目前我接的单主要有几种，一种是成为国家级非遗传承人后，认识我的人特别多，打过交道的直接打电话来和我要货。一种是在非遗博览馆展演体验，游客回去后会加我微信进行购买，这种得注意，比如广州、福建的商家，他们想用我是国家级传承人的名义在他们当地销售他们的银饰，来订货只是要去做样品，这种给我多少钱我都是不干的。

刘：你们做银饰制作技艺，银子原材料从哪来，成本是多少，做好的成品价格怎样？

吴：我们原材料都是国营企业提供的，和湖南、上海的要过货，凯里也有一家专做银锭生意，现在我们一般都在这家进货，目前原材料的价格是 4 元/克，我们做好的成品，由于制作的工序、难易程度、时限、制作人名气等的不同，价格一般从 10~50 元/克不等。从这点就可以看出银饰的价格完全是和手工技艺好坏有关。

刘：现你们村寨有那么多人通过银饰制作修建了新房子，买了车，过上了好日子，可以说这样也是大家想看到的。那么现在对于银饰传统技艺的传承和发展，您有什么好的意见和建议，请谈一下您个人的看法。

吴：现在我担心的一大问题是诚信问题，害怕由于利益的驱使，有的银匠不讲诚信，做不好的银饰给客户，把我们施洞的名誉搞糟糕就完了。建议有一个我们所有银匠自我约束的条规，大家共同遵守，如果有人违反，一旦发现，应该受到什么样的惩罚等，这样就没哪个敢整假货欺骗顾客了。二是让更多的人掌握银饰制作技艺，把这一技艺传承发展下去，同时，这样才能形成一个大的银匠产业群体，才能做大事。比如我们塘坝寨子，20世纪 80 年代只有七八家制作银饰，发展到现在有五六十家都在从事银饰制作，我也鼓励我们村寨的人和我的徒弟，到其他村寨教习银饰制作技艺，让更多的人会银饰制作，懂的人多了，就会形成大的产业群，慢慢就变成银饰"老字号"，以后不论出去还是在本地才好与外面大的企业谈合作发展。

在这我得澄清一个事情，我们苗族有个别银匠，他们购来白铜，同样打造成和白银一样的手镯、项链等饰品，并取了个名字叫"苗银"，我觉得不妥，一是有点贬低我们苗族人的意思，说我们苗族用的就是这种银饰，二是有的银匠拿这种只卖 20 元的东西充当白银银饰卖给消费者，这就没有诚信了。客户一旦晓得是假的，就会对我们整个苗族形成不好的印象，觉得我们是一个没有诚信的民族，这不害人吗？所以这样的人我也希望政府管一管。

刘：在省非遗博览馆这里展演，你们的食宿是怎样解决的，卖的银饰如何结算？

吴：在省非遗博览馆这搞展演，本身就是我的工作，我要保证随时都有人在，所以叫我姑娘（女儿）、姑爷（女婿）来换一下班。在这条件好，食宿都不开钱，而且我们卖银饰得的费用他们一分都不提成，全部归我们传承人所有。

刘：到现在你自己教了多少徒弟？

吴：手把手的有 18 个了，徒弟又去教徒弟，现在随时都可以召集起来的有 60 来人。我做大的单子全靠他们一起完成。

（访谈时吴水根的女婿杨文也在，以下是对他的访谈）

刘：你和吴水根是什么关系，也是银匠？收入如何？

杨文：我叫杨文，苗族，1977 年出生，是台江县老屯镇白土村人，我是吴水根的女婿，2008 年开始学习银饰制作，2009 年就可以单独做了。从收入来看，我家两个大人都会做银饰，一年收入都在 12 万元以上，而且在家可以照顾小孩和老人，比外出打工好。现在我们做银饰有 3 个点，一个点在施洞，一个点在凯里（娃娃在凯里读书），一个点在贵阳这里的省非遗博览馆，昨天我妻子才从这去凯里，我来这里换她。有时也换我岳父。

访谈三

访谈人：杨仪均（课题组成员，以下简称杨）

访谈对象：杨正洪（安顺木雕省级传承人）

访谈时间：2017 年 5 月 27 日下午

访谈地点：贵州省非遗博览馆

访谈背景：杨正洪，贵州省安顺市西秀区雕刻世家出身，在承袭祖传雕刻技艺的同时，多年来他不断创新，将传统雕刻工艺与安顺民间艺术融会贯通，形成了独特的艺术风格，让这一传统文化技艺得到传承。1998 年，其制作的木雕傩面具"金兀术""杨任"获首届中国国际民间艺术博览会金奖。2012 年，获"省级非遗代表性传承人"称号。2014 年，木雕作品《创意关公》获农业部休闲农业创意大赛金奖。如今，其木雕工艺产品年产值数百万元，有力带动了当地木雕艺人脱贫。目前定点在贵州省非遗博览馆展陈。

访谈记录：

杨：杨老师，您是哪一年出生的？

杨正洪：1962 年。

杨：汉族？还是其他民族？

杨正洪：汉族。屯堡人嘛。

杨：老家在哪？屯堡？

杨正洪：在安顺西秀区。

杨：学木雕是家传的吗？

杨正洪：是家传的。有 500 多年的历史了。

杨：您现在带有多少学徒？

杨正洪：几十个。

杨：您是什么时候开始做这行的？现在你们那里从事这行的大概多少人？

杨正洪：从 1976 年我高中毕业之后开始做，在这 40 多年的时间里，以前只有我一家人做，现在发展到村子以及周边 300 多人都在做地戏面具、安顺木雕。

杨：当地有没有专门这方面的培训？

杨正洪：目前每年要举行两次培训，一次 60 天。

杨：是您给他们上课还是外面请人？

杨正洪：都是我上。我是市管专家，又是工艺美术大师喽。

杨：获得工艺美术大师是哪一年？

杨正洪：就是首届工艺美术大师。哪一年我忘记了。大概 2000 年我得过一次艺术家的称号。

杨：哪里给的？

杨正洪：贵州省文联。

杨：全名是什么？

杨正洪：贵州省十大民间艺术家。

杨：工艺大师是省级的，还是国家级？

杨正洪：省级的。

杨：您是省级传承人还是国家级传承人？

杨正洪：我是省级传承人，但是安顺木雕这个技艺是国家级的非遗项目。今年已经报了 48 个国家级传承人，已经快要下来了。

杨：杨老师您有几个子女？

杨正洪：我有四个。两个会做，两个不会做。大儿子和二女儿会做。

杨：他们有没有跟着您从事这个？

杨正洪：都在做。

杨：他们成家了没有？

杨正洪：成家了。

杨：成家还跟着您在做？

杨正洪：是的。

杨：你们一年产品可以达到多少？

杨正洪：按一个人算，如果是精品就做不了多少。一般的话一个人一天可以做一个。

杨：大型的话？

杨正洪：一个星期。还有做几年的都有。

杨：您做过的最大的面具多大？

杨正洪：两米的。被成都西南民族大学收藏了。

杨：我就是西南民族大学毕业的。

杨正洪：西南民族大学博物馆好多藏品都是我做的，跟他们很熟。

杨：藏品是按友情价？

杨正洪：对嘞。

杨：我看您这展点写得有"体验"。如何参与体验？

杨正洪：这里只能体验上色这块。工艺上就做不了。

杨：美术学院的能做吗？

杨正洪：美术学院的也做不了。他们是画在纸上的，是平面的。有个美术学院的跟我做了三个月，还做不出来。

杨：这个工艺从小就要开始？

杨正洪：从小就要看，像我儿子七岁就会做了。

杨：他什么时候开始跟您学的？一出生就看到了？

杨正洪：是的，拿到一根木头他就知道咋个做。

杨：看来您儿子得了您真传。

杨正洪：他拿把锤子，敲出来就像面具。

杨：你们的材质都是木头吗？

杨正洪：是的，一根整的原木，分下来一半就各是一块。

杨：现在地戏还用这个面具吗？

杨正洪：用的，全套地戏用面具。现在周边少数民族和汉族融合了，也在用。大概有三百多堂地戏。特别是谷子扬米花的时候就演。现在啊在舞台上也能够用。

杨：地戏嘛，原来都在田间地头，后来才搬上舞台。

杨正洪：对！1986 年第一支地戏队出去到法国。就是我们那过去的。

杨：哦！当时是哪里组织的？

杨正洪：文联。当时有个民间文艺家协会组织这一块。从 1995 年之后，带上工艺品参加第四届妇女大会，又走上文化的舞台。当时得到外国官员的高度赞赏，从那以后我就在文化部的一个下属公司，叫作半球文化艺术公司，做艺术指导。面具本身的历史很久远，好多年前，就有了面具，在秦朝以前。人如果带上面具就是演戏，脱下面具就是人生。面具是慢慢传承下来的。

杨：您第一件作品大概是什么时候做出来的？

杨正洪：是我 1976 年高中毕业以后。从 1976 年我开始做，到 1977 年跟着父亲一起走村串寨。在屯堡有各个地戏队，那个时候开始恢复地戏队了。

杨：80 年代我们那边到处都是戏台。

杨正洪：那边演的是阳戏。

杨：80 到 90 年代最热闹？

杨正洪：90 年代又逐渐变成商品化。在市场慢慢流通，国家又出新政策，我们也是从 1995 年、1996 年到 2000 年开始参加贵州民间文艺家协会组织的活动，陆续地参加一些国际博览会，开始是在北京第一届，逐步在各省的展览中心展览。

杨：有没有到国外？香港和台湾去过没有？

杨正洪：去过，香港、台湾都去过好多次，还有加拿大。我是从商务厅这边走的。从文化厅这边，还有民委也走得多，香港、台湾是经常去的。

杨：文化厅这边组织的话，去了几个国家和地区？

杨正洪：文化厅这边走了俄罗斯，还有港澳台。还有墨西哥，还有好几个国家都是作品去，我没去。

杨：作品去那肯定数不清了。民委这边组织去了几次？

杨正洪：两次，其他也都是作品参加。

杨：杨老师，公司是哪时候创办的，注册资金多少，现在员工多少？

杨正洪：2006 年举办了第一届多彩贵州能工巧匠大赛，我参加得了个一等奖。那时我就创办一家公司，安顺市屯堡雕刻艺术有限公司，注册资金 10 万元。现在签订合同的员工 43 个。多数都是"以师带徒"走出来的，也是弟兄。

杨：兄弟姐妹中有没有从事这一行的？

杨正洪：有。都是哥哥姐姐。当时，已经分家了都是自己去做事情了，也是为了维持自己的生活。看到我做起来之后，他们又重新回来做。从1976 年开始，那个时候很苦，教师工资才 8 元钱一个月。我们做一个月下来，有时候可以得 600 来元钱。从那个时候开始做起，慢慢地到 1990 年以后，进入市场运作。老祖宗留下的东西给我们创造了很多财富。

杨：是精神的财富，也是物质的财富。

杨正洪：都有了。1998 年，我获得首届中国国际民间艺术博览会金奖。当时博览会是在北京举行，每个省都差不多有一个金奖。博览会一共 5 天，到第三天（第一天布展，相当于两天）就全部卖完了。我带了五件（箱）去，特别好销。卖了 6 万多元，这是我的第一桶金。当时的订单比较少，而且原来的定价是 10 元钱一个，在北京展览的时候第一次卖到 100 元钱一个，是不是涨了很多、翻了好多倍?! 我那时觉得只要是展会都好，有展会展览我都关注这些信息。2002 年，在北京参加中央电视台"家和万事兴"栏目，贵州代表团获得"最佳才艺奖"。

杨：还有没有其他奖？

杨正洪：2005 年，获得中宣部、文化部颁发的"全国服务农民、服务基层先进文化工作文化大院（文化户）"。那个时候在人民大会堂领奖，是刘云山同志颁的奖。2007 年又获得一个奖，"中国创造民间文化品牌 AAA艺术家"，是由中国文联和国家群艺馆颁发的。后来文化部门的这一块，首届非遗博览会，第二、第三、第四届都参加，都分别获得金奖、银奖、优秀奖，各种奖都得了。

杨：都是很有分量的奖。获得省级传承人是哪个时候？

杨正洪：是第三批。

杨：前面几批没有申报？

杨正洪：当时第一、二批申报时我还在北京。

杨：按您这种工艺和奖项应该早就是国家级传承人了。也就是您早就走出去了?

杨正洪：是的。早在 1991 年，我就开始给上海博物院做东西了。从 1995 年到 2002 年都是在外面，北京，还有深圳的锦绣中华，断断续续回来。注册公司之后就长期在家。

杨：当时是哪样影响了您?

杨正洪：两赛一会。当时的省委副书记王富玉说是要搞两赛一会，把多彩贵州推出去。我得了省里面的奖，又去领了市里面的奖，当时安顺市的市长是杨梦龙。他说，小杨啊，开个公司吧。

杨：如果没有他们来提醒您，您还会在外面自己做?

杨正洪：是的，一个人在外面一个月两三千元钱、三四千元钱很轻松。

杨：一个月相当于人家一年的收入?

杨正洪：是的。当时都是他们提醒，开业的时候很多省里领导都来捧场。受到他们影响之后，我慢慢就把公司注册了，然后就开始经营了。

杨：当时跟您一起做的有多少人?

杨正洪：注册的时候就是几十个人。

杨：当时都是跟您一起跑外面?那材料咋个解决?

杨正洪：我带着大家一起往外跑，在上海的时候就是他们那边提供材料，在深圳也是他们出材料，我们出手艺，在北京也是一样。就这样做了这么多年。

杨：那时候跟现在还是不一样，自己直接送出去找买家，现在直接是人家上门来订?

杨正洪：是的，我们要通过火车发物流送出去。发西安，发上海，都是一吨一吨地发。物流也不贵，200 元钱一吨。就是时间慢点。

杨：销售这块怎么样?

杨正洪：当时做下来，公司注册后第一个月的时候销售是 10 万元，是有 10 个人在做。

杨：现在一个月的销售额多少?

杨正洪：如果是按平均现在一个月是 20 多万元到 20 万元的样子。2012 年的年产值达到 600 多万元。

杨：去年情况怎么样?

杨正洪：去年是 200 多万元。记得当年龙洞堡机场启航的时候，一天就跟我要了 10 多万元的东西。

杨：现在一般能够稳定到两三百万元的样子？

杨正洪：是的，也能够带动一些农户致富，通过"公司＋农户"的这种形式，线上、线下进行销售。

杨：你们是挂在其他网络平台销售吗？

杨正洪：贵州云。

杨：平台由哪里来运作？

杨正洪：市里的商务局。

杨：可以帮你们解决后顾之忧哈？那你们咋没有自己来运作网站销售、自己的平台呢？

杨正洪：我从 2006 年就开始做的。但是手工艺的东西，做出来跟图片不一样，特别是细节的东西，有差异，容易扯皮。手工的东西跟机器产品不一样，做出来每一个都是不同的艺术品。第一个作品是和第二个不一样。当时，我自己做得有网站（公司网页），后来因为爱扯皮我就取消了。

杨：手工的即使是同一造型，每一个都不同。另外，杨老师，您带的徒弟有没有获奖的？

杨正洪：徒弟参加"多彩贵州"两赛一会有获得新人奖、创意奖，还有两个二等奖的。

杨：传承人呢？

杨正洪：我带的徒弟省级的传承人都有两个，市级有三个。

杨：员工一个月大概的收入有多少？

杨正洪：做得好一点的有 5000 ~ 8000 元。有些是按照计件，做得特别好的两个是固定拿月薪 1 万元。

杨：是省级传承人？

杨正洪：还不是，他们不愿意参加这些评选，只是埋头苦干。我说帮他们申报，他们说不干，耽误时间，影响他们的收入。我的员工喊他们来馆里，每天补助他 100 元，他不干，在家里他一天可以挣 300 元。

杨：1 万元工资的员工有没有工作量？

杨正洪：有的。其实也和计件工资差不多。比如 1.6 万元的作品，你自己在一个月内好久完成都可以。他们完成一些好的作品，通常也要花二十五六天。他有心思做，按照程序来就做得好。

杨：产品的价位在多少？

杨正洪：一般面具是 300 ~ 1800 元。

杨：那木雕、根雕呢？

杨正洪：一般是 1000 元到 10 万元不等。工艺品就这样靠木材、靠手艺。

杨：一般高价的就是请那两位高薪水的来做？

杨正洪：也是看图纸，如果喜欢的他就做得出来，不喜欢就做不出来。有这个心思能理解出来就能做。

杨：待遇最低的员工能够拿到多少？

杨正洪：最低的是 3000 元的工资。

杨：也比外面打工强。

杨正洪：在家里能够照顾小孩读书，照顾老人，就业也就解决了。

杨：亲朋好友有事也可以帮忙。

杨正洪：是的。

杨：厂子的规模有多大？

杨正洪：我的厂房有 2000 平米，展馆有 260 平米。一楼、二楼做展厅。

杨：除了工人之外，涉及销售的员工有没有？

杨正洪：会计一个。跑外销的有一个，给他一个月一万元，拿年薪的。

杨：有奖励没有？

杨正洪：有提成。销售到 10 万元提 0.1，销售到 100 万元提 0.5。

杨：销售这一块也很重要，互惠互利的。

杨正洪：对的。他是我姑妈家一个姑娘的儿子，他懂 7 个国家的语言。

杨：那很厉害呀，了不得！他是专职还是兼职销售？

杨正洪：是兼职。他有自己的事情，自家开了一个商贸公司，现在在义乌。去年我派他去西班牙、巴西。

杨：算是他的福利？

杨正洪：是的。

杨：他相当于是您的侄儿？

杨正洪：是表侄儿。

杨：年纪大概多大？哪毕业的？

杨正洪：35 岁。是上海交通大学毕业的。学 7 个国家的语言也是慢慢摸索出来的。

杨：他基本上不用在公司？

杨正洪：是的，主要是在外面。

杨：他自己的公司是经营哪样？

杨正洪：主要是小旅游商品。不要小看这些旅游商品，很便宜但是基数大。常在义乌和广东等地。

杨：他姓什么？

杨正洪：姓徐。徐杰，豪杰的杰。

杨：对了，杨老师，你们在这食宿由文化厅提供？

杨正洪：是的。我们的任务就是展示产品，一是宣传自己，二是可以充实非遗馆的展品。

杨：如果要买这些产品的话呢？

杨正洪：可以卖。

杨：卖了一件又重新补齐？

杨正洪：对的。

杨：由非遗中心来整体运营博览馆？

杨正洪：是的。我去年一年在非遗博览馆的订单就是10多万元。看了这些展品之后，客户往厂里发的订单。

杨：是通过旅游团队还是其他渠道来的？

杨正洪：都有，这个平台是很好的展示渠道。

杨：有没有客户提要求的订单？

杨正洪：有。只要他提供图片我可以加工。

杨：一方面你们是按照传统的地戏面具的造型来制作，另外也做客人要求的木雕工艺品？

杨正洪：是的。

杨：主要是木雕，面具有没有？

杨正洪：有。

杨：产品的去向是哪里？

杨正洪：收藏，或者挂在家里作为一种装饰品。

杨：在非遗展览的过程中您觉得是原来的产品造型销路好还是新的产品？

杨正洪：保持传统的东西肯定要做，在传统的基础上进行创新做成卡通的也在做。

杨：卡通的？！

杨正洪：也在做。还有文创产品。

杨：传统的东西要保存。卡通也是文创的一种。

（他通过手机向访谈人展示自己的创意作品，并做介绍）

杨正洪：这是安顺市举办农运会时的作品，当时用威亚吊起来的。金刺梨的卡通造型，一共做了几个，还有茶叶、葡萄等，作为农运会的吉祥物，有6米多大。

杨：材质是木头？

杨正洪：用的是泡沫。

杨：也就是把传统的雕刻工艺用在了泡沫上？

杨正洪：他们也没有提供图纸，材料也是我们自己去买。

杨：做这么多给多少钱？

杨正洪：一共给了8万元。

杨：新的材质哈？

杨正洪：用树脂也可以做。我们这个品种送到深圳做成树脂的，再烫金，再烫银，都做成小的文创产品，像钱包，可以做成LOGO放在上面。

杨：那公司可以做小产品哈，杨老师您的产品和思想都走得比较超前，这跟您长期各处跑和国外的经历有关哈？

杨正洪：是的。国外最讲究，比如意大利的米兰，还有美国的拉斯维加斯，都注重这些东西。有一次我受邀到上海财经大学讲课，美国那边也邀请我过去，那边薪水开得特别高，6堂课6万美元。

杨：那确实很重视。

杨正洪：我刚刚被贵州师范大学聘为硕士生导师。

杨：可以直接带研究生。是在美术学院带？

杨正洪：是的。

杨：现在已经不单是在做工艺品了？

杨正洪：是的。李克强总理提出来的工匠精神，我们都在学的嘛。

杨：您参加过的培训对课程这块感觉如何？

杨正洪：我去上海参加国家民委组织的在上海的高级人才研修班也是一些数字化的东西，理论的东西一般拿来不实用，虽然讲课的一般都是讲师以上。

杨：理论的东西不实用？

杨正洪：实践性的东西才实用。

杨：讲如何拓展销路啊、如何提升创意这些？

杨正洪：对。品牌这些也可以。一般他讲理论，我们不适应。每次参加国家民委在上海社会科学院举行的高层次人才培训，每年都有一次，都讲，但属于高谈阔论。一次就是七八天。当然好的方面还是有的，比如参观人家那些做得好的东西。

杨：讲课和学员的需求需要磨合。

杨正洪：是的。

杨：耽误您的时间了。谢谢您！

杨正洪：不用客气！

访谈四

访谈人：杨仪均（课题组成员，以下简称杨）
访谈对象：王登书（黄平泥哨省级传承人，以下简称王）
访谈时间：2017 年 5 月 27 日下午
访谈地点：贵州省非遗博览馆
访谈背景：生于 1968 年的王登书，知名手工艺者，擅长泥哨制作，是贵州省级非物质文化遗产传承人，被誉为"泥哨大师"。他师承黄平泥哨创始人吴国清，自 1985 年开始，数十年坚持泥哨传承发展。获得多项殊荣，产品远销国内外，每年实现纯利润 20 余万元。目前定点在贵州省非遗博览馆展陈。

访谈记录：

杨：王老师，您做泥哨是从哪一年开始的？跟谁学的？

王：1985 年就开始了。跟吴国清学的，他是黄平泥哨创始人。

杨：现在家里还有哪些人在做泥哨？

王：家里还有我徒弟在做。

杨：目前在做的徒弟还有几人？

王：还有三四个人。

杨：是个体经营还是公司？

王：还没有做成公司，是个体经营。

杨：您是省级还是国家级传承人？

王：现在还是省级。已经申报国家级了，马上快得了，应该要公布了。

杨：那问题不大了。祝贺您！

王：谢谢！也不一定得。

杨：做一个小物件一般需要多久时间？

王：需要的时间长哩，要捏好，烧好，光是阴干都需要一个星期。都是成批地做，一般拿半个月来做。做好想干得快，拿去太阳底下会裂开的，一般都是阴干的。

杨：泥哨对土质有特殊的要求吧？

王：是的，还是很选土质的。在我们那边的田土，一般是地面三尺以下的土才可以用。

杨：相当于挖下去一米深，等于上面的土都不能用？

王：上面有石头的那些土不能用。

杨：要很细的土才能用？

王：对。

杨：王老师，您有几兄弟几姊妹？

王：我家三姊妹，我有一个大哥，一个大姐。

杨：那他们有没有做泥哨？

王：只有我一个人做。他们做农活。

杨：那您家里的农活还做吗？

王：我有好几年没有做农活了。从大哥分家就没有干农活了。

杨：那跟大哥分家大概是哪一年？

王：结婚之后几年就分家了，大概是九几年。

杨：九几年就没有做。学的时候应该才十几岁？

王：是的。十几岁。

杨：非遗馆这边给你们提供场地，要收提成不？

王：是免费提供的，吃住都免费。

杨：所以国家的这个政策是很好的，能够有这么集中的展示点提供给大家。

王：是的。我们在黄平也是县文广局提供场地，在飞云崖那边。

杨：节日博物馆那边？

王：是的。免费提供场地，免房租。以前没有上来的时候，到每个星期六、星期天都要去展示，那是给游客看的，现在我来这，那边就是徒弟去。有蜡染、刺绣、泥哨三个点，每个星期都要去展示。还要去学校上课。

（访谈中不停有游客来购买泥哨，咨询泥哨相关情况）

杨：现在给传承人的钱国家给你们提高了没有？

王：现在省级 5000 元，我们州级也提高到 5000 元。

杨：那黔东南还是做得比较好。早几年就已经提高了，还有县级也有钱。而外面有些地方市州级是没有钱的。那如果评上国家级就更可观了。

王：是的，黔东南是做得比较好的。评上国家级那自然好了。

杨：省里和国家层面您获奖的情况，请您介绍下。

王：2006 年在县里得了特等奖，省里得了三等奖。

杨：后来参加几届？

王：我参加了两三届。

杨：是两赛一会？

王：是的。县里得了奖又去州里、省里比赛。

杨：得了奖和荣誉对产品有好处？

王：是的。2014 年获得了农业部的奖。贵州得了三个金奖：我，安顺木雕杨正洪，还有马尾绣。但三都马尾绣人太多了，不晓得去的是哪个得。我 2006 年就得了高级工艺师。

杨：现在就已经是 11 年了。当时哪里给您评的？是省里面？

王：是省人事厅评的。到 2016 年又得了省里的民间工艺大师。国家级的工艺大师要等得了省级的才可以去评。

杨：从 2014 年以来，还有没有参加国家级的比赛？

王：都没有参加了。但参加的各类活动就多了。

杨：王老师您现在有几个娃娃？

王：有四五个。现在最大的一个已经出嫁了。

杨：子女中，他们有没有跟您学的？

王：还是有想学的。

杨：但是如果读书的话，也只是寒暑假或者回家的时候才跟您学？

王：是的。

杨：他们是自己喜欢跟您做，还是忙的时候叫他们来帮忙才做？

王：他们自己看起来觉得好玩就来做。现在他们读大学，读本科了，对非物质文化遗产也是比较重视。

杨：他们受了学校的高等教育后更加喜欢，那他们学的是哪些专业呢？

王：有个学电脑，有个学护士去了。

杨：是哪个娃娃比较喜欢一点？

王：是学护士那个，那是个女娃娃。

杨：那学电脑的那个男娃娃还不太喜欢？两个娃娃都上了大学？

王：唉，对的。

杨：他们在哪里上大学？

王：一个在凯里，一个在贵阳。学电脑的是贵阳职业技术学院。

杨：学电脑也可以帮着设计。那以后他们就业的话有哪样打算？

王：学电脑的快毕业了。他们以后可能也是跟着我做泥哨。

杨：那您有没有在网上销售？

王：没有。我不懂电脑。

杨：那以后您的子女可以帮您在网上扩大销路。而且现在乡下也搞农村电商，县里头也有这方面的点，快递可以直接到您家取件了。可以喊他们帮您做起来。

王：是的。他们懂点电脑还是好。但是我不懂网店怎么搞。

杨：但是如果他们感兴趣的话，在大学也可以做，兼职也可以帮您做起来，订单直接就来了，网上可以卖。晓得您是传承人，肯定销路好。

王：对的。

杨：您学护士的女娃娃参加工作了没有？不过护士好找工作。

王：快毕业了，还有一年。她也是喜欢这个。

杨：那您希望她到哪就业？

王：当然还是本地好。

杨：男娃娃找工作了？

王：那两个男娃娃打工去了。他们说现在不想来搞泥哨，等他们结婚后才来。

杨：娃娃都有自己的想法，想出去闯闯也好，外面打工的条件也比较好。你有四个娃娃？两个上大学？

王：是五个娃娃。出去打工的这两个，今年也有点想回来跟我做。

杨：您的手艺会随着时间提升价值。他们也是看到这个比较好。

王：对。现在我的订单比较多，我就不太敢接单子。忙不过来。我这里还是缺人手。

杨：您刚刚说是只有三四个人在跟您做。

王：是的。出嫁的姑娘也是出外打工了。

杨：长期做的是三四个人，徒弟有多少？

王：长期的是三四个。但短期的很多，比如学校的来体验的很多，还有十多天、半个月、二十天的学的，学一段时间又走了，全部算下来有几千人了。正常的长期学的有七八个。有些人感兴趣，来学了一段时间，坚持不下去就走了。泥哨要求的是手上的功夫，能坚持下来也不容易。拿个样品给你捏，捏不像，你也没有办法。

杨：手工艺确实是要慢慢地来。有外面来学的人没有？

王：有的，主要是广东那边的人。前几年我在家的时候都有人来的，问学要多少钱的。

杨：学费？

王：是的。但我也没得时间，传给当地人才有意思。主要是没有时间，教给当地人也是免费的。我们有义务，继承和传下去。

杨：主要还是教给本县城、本乡本土的？

王：贵州的都可以的。

杨：来学的是亲朋好友的有没有？

王：有，还有的是网上查到我的名字来的。而且现在网上直接输我的名字"王登书"都可以查到，然后来找我的。

杨：那能够上网查到来学的应该都是年轻人。来的最小的年纪是多大？

王：最小的都是 20 多岁的。还有一个教授来跟我学。是凯里学院的一个副院长，郭院长，搞美术的，有时间就来。年纪跟我们差不多，四十来岁了。

杨：那去学校上课的时候，应该有很小的娃娃？

王：那些就太小了，五六岁，一个星期上一节课。现在我上来了，他们可能也要去上。

杨：徒弟？

王：也不一定。有些是我的师兄。

杨：您的师兄弟现在是州级还是县级传承人？

王：现在不晓得是不是州级了。

杨：目前跟您在做的徒弟，能够独立地完成全部工序不？还需要您在旁边指导吗？

王：他们只能给我做成半成品，做成泥巴成型。烧他们也可以，但上色只能我自己。

杨：他们是长期给您做，您要付给他们工资？

王：是的，按计件。他们平均下来也是 3000 元左右的收入。他们在家，家里有客人又耽搁下，能够有 3000 元多也算可以了是吧。

杨：是的，周边城市打工工资，除了沿海地区，也不高。他们每天需要固定工作多久时间吗？

王：没有，完全靠他们自己安排。做好了通过班车（客车）发过来，我就去东客站接就可以了。

杨：他们送来，你们再做最后的加工？

王：是的，要上色。像这些都是我自己画的。（边说边拿起展品介绍）他们上色的我还是不放心。

杨：像这样稍微大点的物件售价要多少？

王：一般 120 元一个。

杨：小的呢？

王：15 块。中间的二三十块。

杨：王老师您一年的收入大概在多少？

王：一般是十多二十万元。最多也就 20 万元。

杨：是纯收入，利润这一块？

王：是的，是我们两人（夫妻俩）的利润收入，除去了徒弟们的工资。

杨：徒弟每人 4 万元，一年 10 多万元开支？

王：是的，扣除之后，我们两人一年一人 10 万元。

杨：那比打工还是好的，而且这是自己的事业。还有可以展销，到外面去？

王：是的，还可以拿到误工补贴的。你去打工还要遭人家骂，有些还拿不到钱。

杨：出去也得到人家的尊重。您的产品有没有自己的签名或是标签？

王：大的上面有的。小的上面不好印。

杨：相当于自己的品牌？

王：对的。

杨：印章是您的名字？是一直有的吗？还是别人提醒的？

王：是的，是我的名字。2006 年参加比赛得奖后，县里面说是要做成自己的标记。当时的县工信局提醒的，文广局也讲过的。

杨：您去参加一次展销，大概可以卖出好多产品？

王：前面参加民博会，去年也参加五天，也是得了一两万元。我台湾、香港也去过，这些小泥哨都是全部卖光。文化厅组织的去台湾待了十天，只卖了五天，后来团队有五天去参观了，只有这次没有卖光。去山东也全部卖光。

杨：展销价格是不是要贵点？

王：肯定的。在北京，这种小的要卖 40 元一个。

杨：在香港和台湾能够卖到多少钱？

王：也是一两万元。主要是太重了拿不了好多去。

杨：去外面带的物件少了，价格高了，也差不多。

王：对哩。我去香港 20 天，有好多天都没得货卖了。

杨：有货起码要卖三四万元？

王：是的，卖断货了。

杨：一般去要带多少？

王：不管大小，千把个。主要是小的，大的重。

杨：嫂子是嫁给您后，两口子一直就做泥哨，当时有没有担心，养不起家？

王：是的，那时就开始。也有过担心。1988 年的时候，当时的文化局就组织了一个公司，就在飞云崖那里。原来有十多二十个人搞的。后来生意不好，销不掉，有的就去打工去了。后来就剩下几个人自己搞，大概是三四个人还在做，靠的是质量。到 2006 年参加比赛获奖后才做起来。

杨：那时候文化局只是成立了公司没有帮你们推吗？

王：1988 年、1989 年的样子是有公司的，十多二十个人在做。文化局一直在推这件事。质量不好，销量不好。

杨：销量不好是因为质量问题？

王：是的。

杨：情况好转还是到 2006 年？

王：是的。2009 年我得了州级（非遗）传承人，2010 年得了省级（非遗）传承人。这回申报了国家级，不晓得得不得。

杨：从 1988 年到 2006 年，你有没有通过其他副业来补贴家用？比如娃娃读书，咋办？

王：那几年刚刚结婚，娃娃也还小。90 年代才结婚，我也是自己做点泥哨在街上摆，也是没得好多收入，也还过得下去。

杨：从 2006 年以来，国家政策是越来越好，您觉得最大的变化是哪？

王：现在去哪点都有误工补贴，还要包吃包住。去的时候每次都坐飞机。如果是自己的话，去不了香港、澳门这些地方。又得旅游，又得钱。

杨：最开始是哪年出去的？

王：2010 年，开始去北京，去过了两三次。那时是文化厅组织的 100 名非物质文化遗产传承人活动。到 2015 年就没怎么出去了。香港是 2012 年，2013 年台湾。

杨：一个人？还是嫂子一起？

王：我一个人。每次文化厅要组织十多个人一起去，十来个项目。贵州每个地方有特色都要去。

杨：主要是国内，国外去过没有？

王：没有。就是参加文博会。出去的费用，护照，全部他们办好。开始出去，确实高兴得很。如果我们没有这种技术，也得不到出去。

杨：最开始您学的时候是觉得好玩吗？

王：是的。1988 年，还做过农民画。学泥哨是 1985 年，1988 年组织做过农民画，过了两三年就没有做了。农民画要拿去展览才得钱。

杨：您做的泥哨最贵的卖到多少钱？

王：前几天有一个卖到 480 元。

杨：价位是从 15 到 480？

王：是的。

杨：您现在几分钟就可以捏好一个胚子？

王：是的，徒弟们花的时间要稍微长点。

杨：您一个人做的话，胚子一天可以做多少个？

王：像这样大的，一天可以做 20 个。

杨：从做完，要放多久？

王：看天气，一般 10 多天，有的 20 多天。

杨：烧的话呢？

王：小的一般五六个小时。大的要烧 12 个小时以上。

杨：烧制有哪些要求？

王：用锯木面烧。泥哨一层锯木面一层放好。慢慢烧，从上面燃下去，烧透，八九百度的样子。

杨：您这次是待几天？

王：我们从 2015 年 7 月 24 日开馆以来一直在这。长期在这。

杨：要回家咋办？

王：就放着。

杨：过端午回去吗？

王：这次不回去了。

杨：过年回去？

王：是的，回去几天。工作人员在这也可以帮我们卖。

杨：长期定点在这？徒弟在家？那你们的田土咋办？

王：是的。徒弟在家。家里田地还拿钱请人种。

杨：做泥哨的土哪里来？

王：就是地里的。租别人的土，他得钱也乐意，一块土才几百块钱。

杨：自己的土有没有拿做的？

王：看土质。挖下去看好了才能用。有一年挖了下去，还用不成。

杨：忙的时候，有没有临时请人帮忙？

王：喊不来，泥哨这种需要手艺。有些有空，他不会做也没有办法。这种是细活路，像有很多大学是搞美术的，他们都做不来，只可以来做体验，可以画。去年有老师带了几十个来。上色可以，上釉我自己做。

杨：来很多娃娃体验？

王：是的，有一两岁的娃娃来画，也喜欢。

杨：体验怎么收费？

王：也是一样的价钱，小的 15 元，大的 30 元。他们希望自己画。

杨：这也是一种很好的渠道。你们住在集体宿舍？

王：分男女宿舍的。

杨：免费食宿？水电呢？

王：全免，包吃包住的。一样不用管。

杨：自己负责展览、包装？

王：是的。

杨：您参加过哪样培训没有？

王：有一年去过大学培训，请大学老师上课。2007 年的样子。

杨：有特别希望老师讲什么内容没有？

王：像设计包装这些。他们讲你们的产品都是好的，就是缺乏好的包装。

杨：所以设计包装很重要。这几年还是没有解决这个问题？

王：有一个大公司可以做。但量要多。量少了他不愿意做。

杨：您在非遗馆一般最忙是周末？一天可以卖多少？

王：说不定，一般有几百元，有时候也没有。开幕当天卖得最多。当时三天开馆得了一两万元。后来没有那么多人了。

杨：也比去外面好吧？

王：是的。这里还请得有人做饭。早餐自己煮，自己喜欢吃哪样就煮哪样。中餐、晚餐有人做。

杨：回家的时候，多不多？

王：有事就回家，没事一般都在这，现在这是自己的职业，是一份事业。

杨：再次感谢您。

访谈五

访谈人：刘杰（课题组成员，以下简称刘）

访谈对象：石维仙（贵州省松桃梵净山苗族文化旅游产品开发有限公司员工，以下简称石）

访谈时间：2017 年 5 月 27 日下午

访谈地点：贵州省非遗博览馆

访谈背景："90 后"苗族女青年石维仙，贵州省松桃苗族自治县黄板乡前丰村二组人，现为贵州省松桃梵净山苗族文化旅游产品开发有限公司员工。曾有外出务工经历，初中学历，未婚。受公司派遣负责驻贵州省非遗博览馆松桃苗绣展示点相关事宜。通过对其访谈，了解农村年青一代对非遗传承发展的有关看法。

访谈记录：

刘：石维仙你好，你是苗绣的传承人吗？

石：不是，苗绣的省级传承人是石丽平，现年 51 岁，她是我们的老总，我和她只是姓氏一样，没亲戚关系，我是她的员工。我在省非遗博览馆传承厅苗绣摊位展示苗绣、销售我们的产品是石丽平老总安排来的。我们的公司名称是贵州省松桃梵净山苗族文化旅游产品开发有限公司。公司地址位于贵州省松桃苗族自治县东城新区苗绣基地。

刘：你是小时候就会做苗绣，还是进公司才会做的？

石：小时候在家，看到外婆、妈妈她们经常做苗绣，自己由于要读书，没有亲手做。初中毕业后，跟随村寨年龄大一点的姐妹外出打工，后来在

2014 年看到公司招人，由于自己是苗族嘛，小时候就觉得苗绣漂亮，对做苗绣非常感兴趣，于是进入公司工作至今。进公司后我才开始学绣花的。

刘：在公司是如何学习绣花的，有老师教吗，有没有工资？

石：在公司，懂绣花的老师有十多个，她们都很热心，想学，她们都乐意教我们学习绣花。当时进公司，因为很多东西都不懂，得慢慢学，主要是从事绣花工作，一个月固定工资是 1500 元。

刘：你在公司学习绣花，是哪年能够独立从事绣花工作的？

石：2016 年。公司的产品种类多，有手链、挂件、杯垫、包包等，很多产品都是将绣片和土布镶嵌在一起，一件商品有的地方用机器生产，有的是手工生产。由于公司要派人在多彩贵州文创园来负责展销公司的商品，老板关心我，派我来这工作，一个月的工资是 2800 元，其中 2000 元是基本工资，由于销量没有上来，老板还给 800 元的补贴。当然，卖东西还有 3% 的提成，但得不多，去年得最多的一次是一个月 500 多元。现在搞周末聚，周末人多点，但看的人多，买的人少。其他时候人更少，不好卖。

刘：你参加过苗绣方面的培训吗？

石：参加过。2016 年到过北京参加扎染方面的培训，当时，贵阳、安顺也有人去。记得还有好些能工巧匠也一起去培训的，那一批铜仁有 2 人去培训，松桃就我 1 个。去培训公司对交通给予报销，到北京后，食宿都由主办方解决。

还有就是我给别人培训。比如去年，公司安排我去万山给绣娘培训苗绣一个星期，培训的学员有四五十人。

刘：你到现在掌握的苗绣有多少种针法？

石：有平针、滚边针、打纸绣等十种。不好意思，有好些针法是苗语，比如"本嘎给"等，我还翻译不出合适的名称。

刘：你参加过什么比赛没有？

石：参加过。2014 年我手工编织手链在铜仁市参加比赛，获特等奖。2015 年参加铜仁能工巧匠大赛，2015 年、2016 年省里举办的国际民博会我也来参加的，但是没获奖。

刘：现在，公司估计随时都有新进员工，你带学徒没有？

石：没有，新进的员工专门有师傅带的。但如果师傅有事外出，我们也会教她们。她们在学习中如果有什么疑问，我们也会很好地给她们解答。

刘：你妈妈会苗绣，你在这上班，你会不会叫你妈妈来公司做工？

石：没有。我妈妈在家做农活，没时间来做这个。她在家绣花，都是农闲的时候做点，她绣花只是为了满足自己做衣服来穿的需要，没有做来卖。

刘：你做苗绣得到过什么奖励和扶持吗？

石：得到过，2015 年我代表公司外出参加文博会、两赛一会等活动，年底的时候，老板奖励了我 300 元。其他的就没有了。

刘：你在苗绣公司工作，有工资结余寄回家吗？

石：有。年轻人嘛，用费大，有时还在手机上买点小东西，每个月 2800 的工资也结余不多，但现在在多彩贵州文创园上班还可以，离城远，去不了哪里，每个月都可以寄点钱回去给家里，比如这段时间我都寄了点钱回家补贴插秧等费用。

刘：现在你们公司有多少员工？

石：我们公司现在有 3000 多人。一部分是在公司固定上班的，由于今年过完年我就到贵阳来上班了，具体多少人我就不知道了。一部分主要是绣娘，平时她们在家干农活、带小孩、煮饭等，在照顾家的同时，还可以来公司拿货回家去做。

刘：你们公司是怎样计算工资的？

石：我们公司计算工资，一种是干工资，刚进公司的员工都是 1500 元的工资。在公司时间长了，干得好，老板会加工资。比如我在公司 3 年多了，老板觉得我还行，就安排我到贵阳来工作，加到 2000 元，由于按照 3% 的提成每月没有多少，老板直接就补贴了 800 元；同时，在贵阳这做手链等手工活体验，还可以收入点点提成。总的来说，现在一个月 2800 的工资在公司还算是高的了。还有一种是绣娘，没有什么工资，拿货回去做，做一块得多少钱这样计算。还有就是销售的，除了有保底工资外，销售的商品还有 3% 的提成。

刘：2016 年公司的销售额和利润是多少？

石：这个我不清楚，我只晓得在我们总公司有门面，在松桃苗王湖旅游景区有销售点，在铜仁也有销售点，卖一些小饰品、包包、服装等，生意都很好。

刘：苗绣作为国家级非物质文化遗产，你们公司把它做成产业，可以获得很大的经济效益，当然也解决了很多人就业。但是，正如你所说的，现在生产的产品有手工刺绣，也有电脑刺绣，一个快，一个慢，价格也不同。你对传承发展我们苗绣这种传统工艺，有何想法和建议？

　　石：我想过。比如现在卖的这个杯垫，中间的图案是电脑机绣的，但边上又是手工缝制的，15 元一个，有的客人觉得太贵了，只是看看不买，但要是图案是手工绣的，一个最少要 50 元，客人又觉得纯手工绣的太高档，买回去又舍不得拿来当杯垫。不管怎么说，目前这种 15 元一个的杯垫，由于价格便宜还是有很多客人购买。当然了，还是建议做一部分全手工的，这样不仅让传统工艺得以传承，同时又满足了客户多元化的需求。另外，挂在纺车上的这种紫荆挑花，一般都是作为生产包包的原材料。遗憾的是这种经典的传统工艺现在不晓得还有没有人会做，我所晓得的是现在公司就剩下这一条了，我觉得这种传统工艺特别精致，是我们苗绣的宝贝，得传承好，如果没有人会，现正面临失传的危险。这种紫荆挑花卖得太便宜了，才 80 元一幅。我们现在想学习这种挑花，由于没师傅教，还得认真研究一下看，不晓得能不能做出来。

访谈六

访谈人：余妍洁（课题组成员，以下简称余）

访谈对象：郑传楼（优秀春晖使者，以下简称郑）

访谈时间：2017 年 5 月 29 日

访谈地点：贵州省文化厅

访谈背景：郑传楼，男，中共党员，贵州省正安县安场镇自强村人。1989 年，时任贵州省农业厅机关党委副书记的郑传楼，担任了没有一分钱报酬的自强村"名誉村长"。近 30 年间，郑传楼利用自己的农学专业、信息技术及社会资源等，多方筹集资金，从架桥修路、修渠引水等基础设施，到调整产业结构、改善生态环境，再到传播先进的科学文化知识、提高村民素质，为农村劳动力转移创造了条件。2004 年，受郑传楼"名誉村长"模式启发，共青团贵州省委在全省启动了"春晖行动"。2006 年，郑传楼荣获年度全国"三农"人物十佳提名奖，被共青团贵州省委授予"春晖行动——优秀春晖使者"。

访谈记录：

　　余：郑老师您好！现在贵州省的文化扶贫工作主要是从文化"育民、励民、惠民、富民"的角度展开的，强调了文化的物质和精神层面的双重功能，各地也都有好的模式和载体。作为"春晖行动"反哺家乡的代表性人物，请您从文化扶贫的角度谈谈"春晖行动"在扶贫帮困方面的重要意义，谢谢。

郑：我们的扶贫工作已经经历了30余年，大家已总结出了一条经验：扶贫先扶志。1988年，我被家乡自强村的父老乡亲聘为"名誉村长"后，我带着情感、带着思路、带着责任走进父老乡亲，解决他们小富即安的思想，首先是把"要我致富"转变为"我要致富"，处理好"送鱼"和"送网"的辩证关系，不断启发开导他们，送去发达地区的信息，先让贫困者接受教育，先后召开了百余次群众会，推广先进的农业实用技术。

余：众所周知，正是受您反哺家乡模式的启发，共青团贵州省委在全省启动了"春晖行动"，组织离乡在外的游子关注家乡的扶贫开发及精神文明建设等，并产生广泛影响。就您所了解的，贵州比较突出的"反哺家乡"个案还有哪些？

郑：首先是我的家乡自强村，我通过反哺家乡，一是解决人畜饮水，二是修桥修路，三是建立九年义务学校，四是送文化进村，五是建卫生室。在此之后：特级英雄陈志坤，身残志不残，他创办的母猪养殖场，公司吸纳239名退伍军人、106名残疾人就业。免费培训8000人次的养殖技术人员。先后带动了9000多户农户实行科学养殖、脱贫致富；著名军旅艺术家杜兴成拿出20万元稿费，在家乡政府的支持下，设立了永久性的"杜兴成文艺奖"，以奖励那些在创作上成绩卓著者，又拿出百万元稿费，用以修缮老家清代古建筑，为家乡建设呕心沥血；在深圳工作的胡德芳，出生在贵州省三穗县烧巴村一个贫苦农民家庭，后在深圳创办了拜特科技股份有限公司，现任董事长。为家乡的教育、基础设施建设、招商引资做出了贡献；利美康老总骆刚，为了帮扶家乡发展，先后捐资百多万元，修桥、修路、修学校等；杨文学在贵阳背背篼为家乡背出了一条公路。

余：您有没有想到"春晖行动"可以在短短的几年内形成巨大的"文化回波"？可以谈谈您对为什么会形成这种巨大文化反响的理解吗？

郑："春晖行动"以"亲情、乡情、友情"为纽带弘扬传统美德，它穿越时空，既有传承性，又有传播性，生生不息。开展好"春晖行动"，不仅有利于构建和谐社会，还可以解决当前农村出现的"农业兼业化、劳力空心化（18~50岁年龄的70%外出务工）、性别妇女化（妇女带着小孩在农村种地）、年龄老年化（农村人口平均年龄50岁）"这"四化"现象，强化基层组织建设，推动社会发展。

余：您认为"春晖行动"的最大价值和意义在哪？

郑："春晖行动"是以饮水思源、回报桑梓、扶贫济困为己任，引导、组织在外亲友为家乡发展提供智力、财力、物力等。通过"亲情、乡情、友情"的纽带和"血缘、地缘、业缘"的社会网络，共同为改造我国贫困农村，逐步实现共同富裕和农村现代化，自觉地、无私地贡献自己的力量。所以它是一个"伟大但人人可为"的行动，"春晖行动"为在外游子搭建了一个大平台，调动和整合社会上各种积极力量，已成为社会主义核心价值体系大众化的成功实践。

"春晖行动"的意义在于：传承中华民族饮水思源、反哺故土、回报社会的传统美德，是加强道德建设、弘扬民族精神的新思路；紧扣工业反哺农业、城市支持农村的方针，利用情感杠杆调动社会力量参与政府主导的扶贫大局，是统筹城乡一体化发展、建设社会主义新农村的新举措；唤起人的良知和社会责任感，情为民所系，利为民所谋，是增强党和人民群众血肉联系，加强基层组织建设的新渠道。

余：从一个人、一件事，到一个公益团体，再升华为一个具备一定行政能力的政府公益机构，"春晖行动"的队伍逐渐在壮大，"春晖行动"的号召力也越来越强。您认为"春晖行动"能够一直持续下来并不断强大的核心动因是什么？

郑：改革开放以来，我国经济得到快速发展，人民生活得到极大改善。但在这一发展过程中，物质文明和精神文明不协调的现象时有出现。在这样一个特定环境中诞生的"春晖行动"之所以"一石激起千层浪，唤起工农千百万"，是因为它符合了人民的需要，物质文明和精神文明需要得到协调发展，弘扬和继承传统美德也是人们的呼唤，只要有良知的人们，也愿意通过一种途径把自己的智慧和富足的资金与那些相对弱势的群体一起分享，到自己熟悉的地方去实施项目，会取得事半功倍的经济效益和社会效益，贡献自己力所能及的一份力量，使自己的人生观、价值观、世界观得到不断的升华，把中央提出的工业反哺农业、城市支持农村、城乡互动的要求落到实处。

余：目前全省上下正在深入实施大扶贫战略行动。您认为"春晖行动"给贵州的文化扶贫工作带来了哪些实实在在看得着的成效？

郑：精准扶贫是全面建成小康社会的组成部分，贵州是全国贫困人口最多、贫困程度最深的省份，是决战贫困、决胜小康的主战场，如何实现贵州后发赶超、同步小康，积极开展"春晖行动"意义重大。截至目前，贵州省"春晖行动"发展基金会实施"春晖家园计划"项目 263 个，整合各类民间资金 5 亿元，项目实施范围涉及农村道路交通、人畜饮水、教育基础设施、文化广场、产业结构调整等，覆盖 9 个市（州）、75 个县、1040 个村民组，直接参与受益人数达 31.5 万人，辐射带动 77.5 万人。贵州省各级团组织实施项目 575 个，撬动资金 2 亿多元，涉及 75 个县、1066 个村民组，直接受益群众 85 万人，辐射带动 199 万人。"春晖行动"不仅改变了乡亲们的思想观念，也改善了他们的生产条件和居住条件。

余：在"春晖行动"里，您遇到过什么特别让您有感触的事吗？请举一两个例子谈谈。

郑：我在帮扶乡亲的过程中得到了丰富的回报。一是在和父老乡亲的接触中我感受到了他们那种朴实的家乡情结，进一步理解了水可以载舟，也可以覆舟的深刻道理；二是深刻理解了"三农"工作的重要性，任何时候都没有理由不关心农业，因为农业是国民经济的基础，基础不牢地动山摇；三是任何时候都没有理由不关注农村，因为没有农村的稳定就没有国家的稳定；四是任何时候都没有理由不关爱农民，因为没有农民的小康就没有全国人民的小康；五是通过和乡亲接触，我的工作方法和撰写的理论文章更能接地气，受到大家的好评。

余：您认为"春晖行动"在开展的过程中还存在什么问题或者不足？并请您着重从文化扶贫的角度谈谈建议。

郑："春晖行动"自诞生以来，已在北京、上海、台湾、香港、美国、加拿大等国家和地区建起了"春晖行动"联络处，成为"花开贵州、情动全国、香飘海外、灿若朝霞"的贵州名片。它以"亲情、乡情、友情"的春晖理念，成为没有年龄、没有地域、没有国界、没有贫富之别的大爱文化，这是人们一致的认识。为了发挥好这张"名片"的作用，我认为随着时代的发展，要做到与时俱进：一是要不断创新"春晖行动"的公益活动模式，由团省委主抓的单一模式变为各部门联动、社会参与的运行模式，并建立更加广泛的老、中、青都认同"春晖"理念的爱心志愿者队伍；二是由过去输血式的捐赠模式向投资收益型的造血模式转变，实现慈善活动的可持续发展；三是由单一的经济公益性向文化与经济的公益性转变，做到扶贫先扶志。

访谈七

访谈人：余妍洁（课题组成员，以下简称余）

访谈对象：张明富（梦润集团董事长，以下简称张）

访谈时间：2017 年 8 月 22 日

访谈地点：梦润集团

访谈背景：遵义市正安县大坎村返乡农民工张明富的创业经历，诠释了贵州文化扶贫的励民路径，其立足"春晖文化"激发创业主体内生动力、依托培训机构提升创业主体内在素质、创新发展模式增强创业主体脱贫效能、搭建数据平台释放创业主体内在动能的成功经验，对推动文化扶贫具有重要借鉴作用。

访谈记录：

余：张董您好，众所周知，您现在是贵州返乡农民工成功创业的标杆人物，请问当年您为什么会下定决心放弃在广州更为成熟的创业条件，毅然回到相对贫困落后的家乡创业？当年您有没有想到过您返乡创业的决定和行动会在后来形成这么大的影响力和号召力？

张：我之所以下定决心放弃广州更为成熟的创业条件，毅然回到相对贫困落后的家乡创业，可以从几个方面来说。一方面是因为我当年在家乡兵工厂当油漆工就很成功，有干不完的活，到外地打工是想了解外地的情况，去学习很多当地都学不到的知识和本领，顺便也能更快地积累创业资金。在出去回来的过程中，发现广东的发展真是日新月异，而我的家乡发展却严重滞后，甚至越来越萧条，这种对比在我心中形成了强烈的反差。更为揪心的是，我把亲眼看到沿海发展快的情况跟乡亲分享，他们却不相信，甚至当动员我高中的同学和我一起到沿海打工学习后再回到家乡发展时，他们嘴里不反对，心里却不相信，都不愿意跟我一起外出求知和打工增收致富。这使我产生了为家乡担忧、为农村发展担忧的想法，在我看来，通过我们的劳动和智慧完全可以改变家乡的贫穷面貌。当有人得知我要回家乡农村开工厂时，多人打赌说"张明富能在家乡建工厂，我手板煎蛋吃"，这说明了农民对农村没有希望，农民对自己发展没信心。为什么这么想呢？因为所有农村家庭都把希望寄托在儿女身上，希望他们考上大学，当干部吃皇粮离开农村，哪怕是打工都认为"我们老了，等小孩考不上大学再让他们去打工"。他们想的也是事实，改革开放以来，没有听说哪里的城市人主动跑到农村去打工创业，也没有干部真正地主动从城市调到农村长期工作的，哪怕是搞教育传递理想信念的老师，也不例外。长此下去农村将会空心化、空壳化、贫困萧条化，到那时候我们的党和国家将会付出数倍的代价解决这些问题。我作为一个在党的光辉照耀下学习、打工的致富农民工，有责任、有能力回到农村以创业带动就业，做给他们看，带着他们干，让他们重塑对农村的希望和信心，也让各级干部早日下定决心支持农村与城市同步发展。我毅然决定回到家乡发展就是要解答这样一道证明题。另一方面，我通过学习各个发达地区和发达国家脱贫致富的经验，我认为农村是大有希望、农民是大有可为的，农村与市场广泛联系的潜在市场，以及城市发展的需求给我们未来农村创业提供了大市场需求，所以我在沿海虽然具备找大钱的机会却依然回到家乡创业，决定奉献我的一生扎根山乡拔穷根，实现我的农村创业梦想。

至于影响力和号召力这个问题，影响力是肯定会产生的，因为我们做给农民看，带着农民工干，一定会找到我们的市场。一旦成功，农民和农民工的模仿能力强，还有不服输的特性会让有条件的农民工会纷纷效仿成功者返乡创业，这是我想到的用个人实际行动改变农村的办法。我从来没有想过要有什么号召力。

余：早在 2007 年，您就以"外出务工，回乡创业对建设社会主义新农村和构建社会主义和谐社会的作用"为主题，给时任国务院总理温家宝写了一封信；而时隔 4 年后，您又以民营企业党建工作、村一级党组织建设和如何树立农民工的社会主义核心价值观为主题，给李克强总理写了一封信。您能再谈谈这两封信的主要内容和反响吗？

张：2007 年我以"外出务工、回乡创业对建设社会主义新农村和构建和谐社会的作用及意义"为中心，给敬爱的胡锦涛主席和温家宝总理写信，呈述了自己打工和回乡创业的经历和启发，同时提了三条建议："一是建议政府发挥主导作用，引导富余劳动力有意向地外出打工；二是建立覆盖农村的信息服务网络，减少劳动力盲目流动，降低劳动力转移成本；三是希望党中央国务院制定鼓励支持农民工回乡创业的政策，在创业和发展资金上加以扶持，产生投资三农的政策吸引力。"

2011 年 6 月，我又给李克强总理写信说：近年来，庞大的农民工队伍随着改革开放而形成，但由于人员流动性强、一些企业党建工作缺失等原因，不少农民工难以受到党的教育，对党和祖国感情逐渐淡薄。同时，留守农村的党员先锋模范作用不明显，制约了农村发展。为此建议：加大投入，充分利用各种媒体对农民工群体加强党的政策的宣传教育，使他们树立正确的人生观和社会主义核心价值观；重视加强民营企业党建工作，吸收更多优秀农民工加入党组织，积极引导、鼓励外出务工的优秀党员回农村创业，为村级党组织输入新鲜血液，夯实党在农村的执政基础。

这几封信得到了强烈的反响：2015 年 3 月 28 日国务院调研组奔赴全国调研农民工相关政策情况来到梦润集团，专家组一致认为"一个农民工能得到两任总理的批示肯定"，体现了党中央、国务院对农民工返乡创业产生的效果和作用，以及对农村社会稳定、经济发展和脱贫致富奔小康具有多重功效表示充分的认可；同时国务院调研组又将我给李克强总理的来信和李克强总理的批示转交给国家青年干部调研组，该调研组于 2015 年 7 月 16 日专门针对我的来信和李克强总理的批示，再次来到贵州省遵义市汇川区团泽镇大坎村和梦润集团调研，引起了多个部门和省委、省政府的高度重视，调研组也同时介绍了当年国务院组成 8 个调研组针对我的来信和温家宝总理的批示奔赴全国 110 个县展开调查的情况，所有调查结果都纷纷佐证了我的观点。我给中央领导的建议信，成为了国家鼓励农民工回乡创业政策出台的"催化剂"。

2016 年首届农民工创业创新高层论坛在贵州汇川区隆重举行，大会将"贵州大坎村"认定为"中国农民工政策发源地"。由于有李克强总理的批示，在相关部委的推荐支持下，国务院将贵州汇川区批准为"大众创业、万众创新"示范基地县。

余：是什么驱动您有这样的勇气写下这两封信？

张：因为通过了解全国农村的现象和农民工的问题，为了农村和城市协调发展，为了农民工群体的利益，也为了更好地感恩党和人民的培养，将我调查的情况和见解向中央领导建议，本身就是一个公民的职责。至于面对个人有可能会受到误解等，相比肯定是以农民工群体利益、农村基层党组织建设、社会稳定和城乡协调发展的大局为先，所以就勇气十足。

余：您知道贵州省出台了哪些政策引导和支持农民工返乡创业就业吗？

张：据我所知，有《贵州省人民政府办公厅关于引导和鼓励外出务工人员返乡创业就业的意见》《"雁归兴贵"促进农民工返乡创业就业行动计划》《贵州省人民政府关于进一步做好为农民工服务工作的实施意见》等文件，相关市、县、乡（镇）各级政府等也都积极出台政策引导和支持农民工返乡创业就业。

余： 近年来，贵州省不断完善政策，强化工作措施，以及在以您为代表的返乡农民工创业成功事例感召下，更多农民工兄弟源源不断地返回家乡创业就业，您觉得这种"雁归现象"对贵州的扶贫工作有什么作用？

张： 我觉得农民工返乡创业作用很大，事实证明农民工返乡创业就是精准扶贫，就是脱贫攻坚。因为虽然农民工返回农村创业有可能每投资一块砖都在贬值，但是对于农村贫困户和贫弱劳动力来说就产生了就业机会，获得了打工收入，使之可以迅速脱贫，增强了贫困户发展的造血功能。

余： 您牵头建立了中国第一个农民工返乡创业的大数据平台，您能谈谈这个平台的搭建所带来的成效吗？

张： 这个平台旨在通过对农民工相关信息进行收集、整理、储存、释放：为农民工服务和方便农民工为社会服务，为各类农民工创业提供典型案列（成功案例和失败案例）；为尖端的农民工"工程师"及农民工发明的专利提供一个展示的平台；为农民工提供一个学习和提升素质的平台；为农民工产品提供电子交易的商务平台。此外，我们利用了大数据的创业工具，使农民工信息互通、知识共享，还产生了促进农民工抱团发展和克服困难的作用。

余： 这些年来由共青团贵州省委发起的"春晖行动"影响广泛，而您也是一名"春晖使者"，您觉得怎样才能更好地传播"春晖精神"，吸引更多的"个体"和"团体"反哺家乡？

张： 我觉得春晖行动就是顺应民意的活动，农民工回家乡、回农村创业本身就是春晖行动，我认为有更多的好政策，就会有更多的农民工和社会各界人士返乡、下乡创业，就会产生更好的春晖行动效果，春晖行动就会不断地发扬光大。

余： 您是在当地能人都弃而远之的穷乡僻壤成功创业的，而且准确地讲，您是在农村不断被农民抛弃的时候回乡创业的。那么，在返乡创业的过程中，您遇到过什么重大的困难或挫折吗？是什么支持您一如既往地坚持下去？

张： 遇到的最大困难，就是回到了创业条件最恶劣的地方，也就是说，家乡当时根本不具备创业条件，是逆水行舟。高压电自己安，路自己修，水自己安，等等，特别是来自社会各界的怀疑，创新观念和落后观念的碰撞，一些地方干部将我们的农村创业和城市房产商相比，产生不满情绪和批评声音，是我们遇到的一道大坎。

尽管如此，我一直坚信，我们返乡创业遇到的艰难和问题总有一天会得到上级党委、政府的支持，人民群众获得我们返乡创业的利益后，也会支持我们的，特别是我们返乡创办的实体经济取得的成效，将会使人们改变对我们回农村的看法……为此我们不忘初心，创业创新持续发展。

余：目前在梦润集团，除了您和一些"老人"外，还有大量的年轻人和大学生，据我所知他们有很多都是省外的重点大学毕业，您觉得是什么吸引他们放弃优越的都市生活，来到大坎村参与到梦润集团的发展中？

张：因为通过我们返乡创业的成功范例，又有党的好政策支持，这些有识青年看到了农村的希望，看到了下乡创业的商机；这也是他们施展才华的平台；体现了他们的核心价值观，更体现了他们的社会责任和担当。

余：听说您的女儿当年考上了国外名校的研究生，但最后放弃了深造的机会，选择了留在梦润工作，您怎么看待她的这种选择？

张：我认为她的这种选择具有超前的市场眼光，也是有抱负、有理想的具体体现，把返乡和下乡创业当作人生事业的正确选择，也体现了她有克服创业路上一切困难的能力和信心。

余：可以具体谈谈梦润集团在带动农民工返乡就业创业以及剩余劳动力就地转移过程中比较突出的脱贫例子吗？

张：2016年，在世界金融危机严重影响下，沿海城市招工减少。在此情况下，我们破土动工修建梦润农民工之家和生态养猪场，投入固定资产建设，使当地无法外出务工的贫困户和贫弱劳动力到建筑工地干活，拿到每天平均200元的工资。在我们的项目还没投产时，就使500多户贫困户拿到建筑高工资脱贫致富，如贫困户谢兴志和杨通珍两人在工地做工，11个月就领到了7万多的工资，实现脱贫致富。

余：谢谢张总！最后请谈谈您对农民工返乡就业创业前景的展望，另外对于相关的政策制定和实施您还有什么更好的建议吗？

张：农民工返乡创业的路子会越走越宽，对脱贫攻坚，对新农村建设、建成全面小康社会将会发挥不可替代的作用，也会使各级党委、政府越来越重视这项工作，使人们对农村、对农民产生更大的兴趣和希望。

建议方面，希望出台更精准、更精练的政策条款，去掉现有政策中不起作用的条款，让中央的政策条款具有更好的权威性，条条能落地。例如：金融部门要大力支持农民工返乡创业等，现在是类似的条款不落地，金融部门基本不执行。中央文件在金融部门落不到地，也追不到他们的责任。希望出台一条让金融部门必须执行的支持返乡下乡创业的政策，还要明确金融部门不按政策支持农民工返乡创业产生的亏损责任。

访谈八

访谈人：汤雅乔（课题组成员，以下简称汤）

访谈对象：毛晓舟（多彩贵州文化艺术股份有限公司总经理，以下简称毛）

访谈时间：2017 年 8 月 16 日

访谈地点：多彩贵州文化艺术股份有限公司

访谈背景：多彩贵州文化艺术股份有限公司成立于 2006 年，是贵州省内唯一被文化部授予"国家文化产业示范基地"的演艺文化企业。公司围绕文化演艺、广告媒体、影视动漫、旅游平台建设、旅游节庆活动策划等方面进行文化项目服务与文化产业项目投资运营，是贵州省首家文旅挂牌企业。为深入了解多彩贵州文化艺术股份有限公司基本情况及其在打造文化旅游产品助力脱贫攻坚方面发挥的作用，课题组对其总经理毛晓舟进行了访谈。

访谈记录：

汤：首先请毛总简单介绍一下贵公司的基本情况。

毛：多彩贵州文化艺术股份有限公司是一家剧目创作与剧目运营一体化的服务公司，成立于 2006 年，曾被评为全国文化体制改革工作先进单位、贵州省文化体制改革试点重点单位，是省内唯一被文化部授予"国家文化产业示范基地"的演艺文化企业。公司于 2016 年 9 月正式挂牌新三板，为贵州首家文旅挂牌企业。经过十年多的拓展与积累，公司开展的业务现包含国际文化交流、文化演艺、广告媒体、影视动漫、旅游平台建设、旅游节庆活动策划等方面，已经成为国内较大的文化项目服务商与文化产业项目投资运营商之一。

汤：请谈谈贵公司在打造文化旅游产品、延伸产业链、丰富产品结构等方面有哪些经验？

毛：2006 年到现在，公司从一台演出逐步发展形成一个文化旅游产业圈。在打造文化旅游产品方面，公司借助《多彩贵州风》的品牌和营销资源优势，积极推进中国首部酒文化歌舞诗《天香》、安顺大型实景演艺《大明屯堡》、雷山大型苗族舞剧《蝴蝶妈妈》及《云上凉都》等演艺产品，比如其中的《云上凉都》与《多彩贵州风》实现互动与互融，将《云上凉都》旅游演艺剧目与六盘水自然景区及省内知名景区黄果树、织金洞等组合，形成凉都旅游三日游、四日游等多条旅游线路产品，成立了旅游智慧平台，促进了六盘水文旅融合发展。

同时，公司综合运用传统媒体与新兴媒体进行文化旅游产品的宣传。如：利用剧院户外 LED、主剧场 LED、《多彩贵州风》广告机、剧场小手拍、《多彩贵州风》赠阅杂志、多彩贵州宣传册等进行文化旅游产品广告发布；通过运营"贵州旅游头条""多彩贵州风""多彩黔哨"等新媒体，覆盖省内外文化旅游受众，为贵州各旅游城市与景区做好一对一宣传推广服务；拍摄贵州形象影视宣传精品，其中纪录片《岜沙汉子》《中国古法造纸》《与自然共生》连续三年分别获得美国休斯敦国际电影节纪录片金奖、铂金奖、雷米大奖，湄潭县茶文化形象片《梦里湄潭》、瓮安县古邑文化形象片《千年古邑 红色瓮安》、贞丰县文化形象片《大美贞丰》受到广泛好评。

此外，公司参与进行的省北京路影剧院改造工程项目也将发挥重要作用。这个项目位于贵州国际会议中心正对面，地处贵阳市的文化政治中心。项目建设面积为 3 万余平方米，于 2015 年 12 月动工，预计 2018 年初开业。项目将集演艺剧场、多彩贵州民族民间工艺品展示、贵州民族主题酒店、贵州特色美食餐饮广场等于一体，成为贵阳市内具有文化创意、旅游集散等功能的文化旅游综合体与多彩贵州文化展示之窗。

汤：公司主营业务《多彩贵州风》多年来备受关注和好评，已经是贵州对外交流的重要文化名片。请谈谈《多彩贵州风》在打造文化品牌、促进文旅产业融合发展等方面有哪些经验，收到怎样的效果？

毛：《多彩贵州风》作为贵州最具影响力的文化演艺产品，先后被外交部、文化部、国家旅游局派往国外参加俄罗斯中国文化年、中东欧旅游合作促进年开幕式，英国、澳大利亚、美国、加拿大、法国等"四海同春"大型国际文化交流活动，第六届"相约北京"联欢活动、北京奥运会开幕式前演出，世博会"贵州文化周"等活动。文化是旅游的灵魂，旅游是文化的载体。没有文化的旅游必然是空洞的，是经不起市场考验的。公司在打造《多彩贵州风》时注重深耕贵州特色民族文化，挖掘文化核心资源，发挥多彩贵州风艺术团及多彩贵州艺术学校资源优势培养各类复合型高端文旅人才。通过创意包装，运用品牌化经营模式，创新旅游城市文化 IP，为演艺业、科技业、手工业注入文化之魂，建立大文化旅游产业，实现多业并举、融合发展。

经过十年的不懈努力，公司在《多彩贵州风》原班人马基础上培育出较成熟的编创团队与贵州最大的民营艺术剧团，在国内旅游演艺行业中拥有了资源整合能力。例如目前成功运作的《蝴蝶妈妈》，其演出团队就是由省外顶尖舞蹈优秀人才与多彩风舞团融合而成，编创团队有新锐导演念云华、音乐大师捞仔、音响大师宋多多、服装设计大师阳东霖等的加盟，该作品已成为贵州划时代的标志性文艺精品，中国版的《天鹅湖》，为贵州省三大重点剧目之一。而以《多彩贵州风》驻场的贵阳大剧院为标杆，从剧院运营、剧目打造、剧目引进等方面也与各地剧院展开深度合作，联合贵州省内各大演艺集团组成规模化的贵州院线联盟，统筹管理与规划贵州文化演艺市场，实现抱团发展。与此同时，借助《多彩贵州风》在各地演出契机，让公司与遵义、安顺、六盘水等各大旅游景区及中青旅、龙行神舟等全国大中型旅行社建立顺畅的人脉渠道资源，并结合携程、途牛网、驴妈妈旅游网、美团网以及自有的"自游猫"互联网平台，拓展省内外票务营销渠道，实现了年均 1 个亿的销售额。此外，公司还基于《多彩贵州风》的文化影响力进行衍生产品开发，如书签、T恤、扇子、摆件等手工艺品。

汤："十三五"时期，贵州省高度重视文化扶贫工作，积极实施大文化助推大扶贫。《多彩贵州风》作为贵州文化产业的龙头品牌，在助推群众脱贫方面有些什么举措，取得了怎样的成效？

毛：《多彩贵州风》自推出起，一直保持两个版本同时演出，一个版本作为对外宣传推广，另一个版本则立足贵州本土市场演出。从 2011 年起，第一版《多彩贵州风》在贵阳大剧院天天上演，场场爆棚，客流量极大，公司便在大剧院进门处设置了"爱心漂流书屋"，倡导来观演的游客捐赠家中闲置的书籍、文具等学习用品，共同参与到对贵州贫困儿童的爱心公益活动中来，很多观演旅客在感受到贵州多民族歌舞风情的同时，也对"爱心漂流书屋"的环节设置表示高度认同，并在亲友中宣传，鼓励他们支持、帮助贵州贫困人民。第二版《多彩贵州风》团队经常深入贫困地区参加公益演出，其中在德江县、遵义县、湄潭县和贞丰县举行的"送欢乐、走基层、唱和谐、促发展"文艺演出效果最好，当地群众反响很热烈。此外，公司还在贵州贫困地区选址成立"山里的孩子看世界"爱心图书馆，组织

《多彩贵州风》演员定期赴当地进行免费表演和教学，给山区儿童带去图书、玩具、书包、衣服等用品，目前已在德江县等地成立了 10 座爱心图书馆，受到群众广泛好评。

汤：除《多彩贵州风》外，公司在助推脱贫方面还有哪些亮点？请您再谈谈。

毛：公司在打造民族特色演艺项目时，尤其注重宣传当地民俗民风，也会根据需要直接选用当地演员，给予他们稳定的工资待遇。以苗族舞蹈《踩月亮》为例，不仅培养出一批三都本地的演员，帮助他们开阔眼界、提升艺术素养，还鼓励他们学成后回到家乡自己创业。不少《踩月亮》的演员学成后在家乡当起了导游，组建了小歌队和舞蹈团，成为当地文化旅游致富能人。

汤：作为"贵州文产第一股"，公司已站在高起点，拥有较强融资能力。下一步，公司制定了怎样的发展战略目标？在进一步挖掘贵州文化、延生产业链、促进文旅融合等方面还存在哪些困难，需要得到哪些帮助？

毛：公司于 2016 年 9 月正式挂牌新三板，是贵州首家文旅挂牌企业，下一步公司将以国际化、平台化建设为目标，继续发挥"文化＋旅游＋科技"的资源优势，有序推进多彩贵州大剧院建设项目、贵州雷山大剧院驻场演艺《蝴蝶妈妈》、六盘水大剧院驻场演艺《云上凉都》、安顺大型实景演艺《大明屯堡》、贵州茅台国际巡演剧目《天香》、黄果树地质生态博物馆等文化旅游产业项目的实施，并不断开发文化旅游商业新模式，努力在 2019 年实现主板上市。同时，公司将全力围绕人才培训打造多彩贵州职业培训学院，专注文化旅游人才培养。目前贵州这方面的学院相对较少，文旅融合领域的实用人才缺口较大，建设一所职业学院也需要大块的资金投入，希望能得到政府相关部门的支持。

访谈九

访谈人：汤雅乔（课题组成员，以下简称汤）

访谈对象：张永环（文化信息资源共享工程贵州省分中心主任，以下简称张）

访谈时间：2017 年 7 月 26 日

访谈地点：多彩贵州文化创意园贵州省文化信息资源共享中心

访谈背景：文化信息资源共享工程建设是加快构建现代公共文化服务

体系的重要任务，是信息化、网络化背景下保障人民群众基本文化权益的重要途径，是提升现代公共文化扶贫效能的重要手段。为深入了解贵州文化信息资源共享工程建设情况及其在脱贫攻坚背景下发挥的作用，《文化扶贫的贵州样本研究》课题组对文化信息资源共享工程贵州省分中心主任张永环进行了访谈。

访谈记录：

汤：张主任您好！请简单介绍一下贵州文化信息资源共享工程的建设背景及基本情况。

张：自 2002 年开展文化信息资源共享工程试点工作以来，贵州省委、省政府高度重视，充分看到文化信息资源共享工程对丰富贵州欠发达地区群众精神生活、保障农民群众的基本文化权益、满足不同层次群众文化需求、缩小城乡文化发展差距等方面的重要作用。"十三五"时期，贵州省认真学习《中共中央办公厅 国务院办公厅关于加快构建现代公共文化服务体系的意见》和《文化部公共数字文化工程管理办法》等相关文件，按照《"十三五"时期贫困地区公共文化服务体系建设规划纲要》和基层综合性文化服务中心建设的要求，在原有基础上针对贫困地区情况不断提升数字文化服务能力，进一步丰富完善服务功能，促进贵州省公共数字文化服务整体提挡升级。

在人员配备方面，全省目前从事文化共享工程工作的人员共 21492 人，其中省中心 10 人，负责全省文化信息资源共享工程运行保障、资源建设、业务指导和管理、人才培训等工作。市（州）支中心 18 人，县级支中心 320 人，乡镇基层服务点 1451 人，村基层服务点 19669 人。

资金保障方面，我省文化信息资源共享工程的建设资金主要依靠国家财政投入和省级财政配套。截至目前，全省文化信息资源共享工程中央和地方投入 3 个多亿。运行保障经费拨付分两种，省财政对贵州省中心每年拨付 80 万元用于运行保障，各级支中心和基层点的运行费用按照财政部和文化部相关文件规定，包含在图书馆、文化站和村级文化免费开放经费中。

服务网络建设方面，目前全省共建成各级"文化信息资源共享工程"服务点 19377 个（其中省级分中心 1 个、地级分中心 2 个、县级分中心 88 个、乡镇服务点 1448 个、村级服务点 18369 个、城镇社区服务点 533 个），全省文化信息资源共享工程服务网络已基本形成。

资源建设方面，我省紧紧围绕民族文化资源优势，努力提升资源吸引力。从国家级非物质文化遗产名录入手，贵州省分中心已完成《安顺地戏多媒体数据库》《玉屏萧笛多媒体数据库》《台江反排木鼓舞多媒体数据库》《苗绣多媒体数据库》《堂安侗寨多媒体数据库》等22个多媒体数据库的建设和《安顺地戏》《玉屏萧笛》《台江反排木鼓舞》《苗绣》《苗族芦笙舞》《堂安侗寨》等20个高清专题片的摄制，所有自建资源均已通过国家中心的验收，其中《堂安侗寨多媒体数据库》还获得了国家优秀奖。

汤：请您具体谈下贵州省共享工程在服务城市基层和农村方面的运行情况。

张：文化共享工程贵州省分中心以基层为重点，开展多种形式服务，积极组织各级支中心和基层点充分利用电子阅览室为群众提供绿色上网和信息资源查询服务，让群众更加便利地接触科学文化信息。通过为乡镇、村基层服务点提供硬盘镜像、光盘发送等形式为农村群众服务，组织各级支中心工作人员深入城市基层和农村，依托不同的文化设施和场所，利用广场、节庆、集市等开展有针对性的农业科普知识讲座、实用技能培训和信息资源服务活动，积极帮助农民群众提高职业技能和致富能力。截至目前，全省文化共享工程各级中心和基层服务点累计为群众开展服务近1500万人次。

汤：与国内其他省相比，贵州省的文化信息资源共享工程建设有何创新之处？

张：为让更多的受众认识了解贵州文化信息资源共享工程，充分展示贵州省丰富的民族文化形象，贵州文化信息资源共享工程做了以下尝试。

第一，多方合作展开推广宣传。2016年元月全国文化信息资源共享工程贵州省分中心与贵州广播电视台6频道签订了战略合作协议，就省分中心资源库宣传推广达成一致想法，在贵州广播电视台6频道联合开办周播栏目《贵州共享》，专门推广省分中心资源。从2016年2月1日起，固定每周日晚上8点15分在贵州广播电视台6频道播出1期全国文化信息资源共享工程贵州省分中心提供的视频资源。根据收视数据统计，截至2016年8月，贵州广播电视台6频道的晚间时段平均收视率为0.25%，而周播节目《贵州共享》平均收视率为0.30%，在其频道晚间节目中排名第三位。并且从合作之日起，全国文化信息资源共享工程贵州省分中心还将相应的宣传推广活动放在贵州广播电视台6频道做报道，不断扩展宣传效果。

第二，建特色基地提供崭新的公共数字文化服务。为了将我省丰富多彩的民族文化资源用最先进的科技手段提供服务，在省委宣传部支持下，贵州省级分中心建设的贵州民族文化数字体验馆于 2015 年 7 月 24 日在多彩贵州品牌研发基地正式开放。体验馆建设面积约 600 平方米，共分呈现区、点播区、音乐区、视频观赏区、影视互动体验区共 5 个区域。体验馆利用最先进的现代科技手段，将贵州丰富的民族文化呈现给观众，让观众感受到科技与文化的完美结合，感受到文化共享工程先进的服务手段。贵州民族文化数字体验馆作为国家公共文化数字支撑平台特色应用体验基地，已经成为贵州对外文化宣传的重要平台，截至目前接待公众超过 8 万人次。在2015 首届多彩贵州文博会和首届多彩贵州少儿艺术节期间，平均每天接待人数均达上千人次，在 2016 年首届多彩贵州文化艺术节"非遗周末聚"活动期间，每天也有近 500 人参观体验，特别是在首届多彩贵州文化创意产业博览会期间，时任贵州省委书记陈敏尔，省委副书记谌贻琴，常务副省长秦如培，原省委常委、省委宣传部部长张广智等多位省领导亲临该馆体验公共数字文化服务，都对数字体验馆的建设与服务进行肯定，时任省委常委、宣传部部长张广智还曾多次陪同中央有关领导到数字体验馆进行考察指导。

汤：我省共享工程在开展服务助力脱贫方面采取了哪些措施？这些措施分别起到怎样的效果？能举一两例说明吗？

张：为充分发挥数字文化资源优势，推动文化育民、文化励民、文化惠民和文化富民，贵州文化信息资源共享工程结合自身工作实际，开展了多种形式的服务。

第一，利用公共文化一体机和中国文化网络电视互动终端实现精准扶贫。贵州文化信息资源共享工程以公共文化一体机和中国文化网络电视互动播出终端为贫困群众提供丰富多彩的文化节目，进行全民艺术普及，丰富其精神生活。具体如：开设扶贫讲堂、科学种植养畜，将国家优质教育资源与贫困地区无缝对接，通过网络电视渠道实现就业创业、改变命运，显著增强贫困群众脱贫致富的内生动力；推介贫困地区特色农产品、手工艺品等特色旅游产品，充分利用网络电视 2200 余万海内外家庭用户和手机用户，通过多终端、多渠道推送，"线上展示 + 线下推广"，形成强大购买力，直达千家万户，切实带动贫困户增收获益；为乡镇干部和农村青年致富带头人、大学生村官等开展网络技能、电商物流、市场经营管理等培训指导，在加强扶贫人才队伍建设、提升其工作能力和专业化水平的同时，树立致富带头人榜样，实现精准脱贫。

第二，开展专题活动。全国文化信息资源共享工程贵州省级分中心在文化部全国公共文化发展中心和贵州省文化厅的指导下，深入瓮安县草塘镇、德江县枫香溪镇等贫困地区开展以"根植红色文化沃土，传承红军长征精神"为主题的"红色文化进校园"活动，让学生在全面接受素质教育的同时，学习和传承"自强不息，百折不挠，求实创新，团结奋进"的长征精神，让长征精神在他们幼小的心灵中生根发芽，不断提升他们的文化自信、文化自强，利用红色数字文化资源创新贫困地区德育工作。为传承发展贵州丰富的非物质文化遗产，提升贫困地区群众的文化自觉，省中心还开展了"乐享文化·通过影像看自己"系列服务活动，在威宁县板底乡中心小学，黔东南州黎平县、施秉县、台江县等非物质文化遗产专题片制作地制作、播放专题片，同时向当地小学赠送书包、文具盒等学习用品。让参加拍摄的当地群众来到现场通过影像看自己，观看文化共享工程地方特色资源制作成果，唤起他们对本土文化遗产的保护和传承意识。专题片放映结束后还播放了精彩的电影，让大山深处的群众享受丰富的文化生活。

第三，利用电子阅览室丰富文化扶贫形式。各级基层点利用公共电子阅览室为贫困群众开展形式多样的服务活动。以遵义市正安县为例，正安是一个劳务输出大县，65万人中，常年在外务工的青壮年人口达24万之多，家中留下的或是老人，或是妇女，或是小孩，一年就是通几次电话，很少见到面，有些甚至几年都见不到面，特别是青壮年夫妇都外出的，家里就剩下老人和小孩了，他们之间的牵挂之情不言而喻。县支中心针对这一实际情况，积极为他们提供"亲情视频通话"服务，并要求有条件的乡镇、村级站点开通这一服务，让远在他乡的亲人们能够及时地与家人面对面地交流，唠家常、话亲情、聊生活、谈牵挂，结合现代手段提升文化惠民效能。另外，安顺市普定县支中心为老百姓制作了服务卡，针对不同的需求，利用电子阅览室为他们提供培训和查阅相关资料等服务，并在春节期间开展为进城务工人员网上订购车票工作，不断丰富文化育民、文化惠民的内容。

汤：再请谈谈我省共享工程在运行中面临的主要问题及下一步的对策措施。

张：贵州省自2002年开展文化信息资源共享工程试点工作至今，已取得了一定成就，也面临着一些困难。其中专业技术和管理人员欠缺是目前最大的问题。近年来，省中心通过办培训班、远程指导等方式培训各级支中心和基层点人员，一定程度上有助于我省文化共享工程队伍素质和服务能力的提高。下一步，共享工程准备综合集中授课、网络互动、光盘教学等多种方式开展培训工作，针对卫星设备、网络、电话、服务器、投影机、移动播放器故障进行专门培训，积极采取有效措施稳定农村基层服务点专、兼职工作队伍，结合相关政策大力开展人才引进工作。不断加强文化共享工程队伍建设，组建一支稳定的、适合共享工程发展需要的管理队伍，形成高水平的资源建设和网站维护的专业技术骨干队伍。

二　相关文章

以大文化助推大数据大扶贫战略行动

徐　静①

　　刚刚结束的中共贵州省委十一届六次全会明确提出了大数据、大扶贫两大具有引领性的战略行动，并提出了一系列具有很强操作性的战术抓手。其中，多彩贵州民族特色文化强省建设工程就是一个重要抓手。我理解，就是要以多彩贵州民族特色文化强省建设工程为重点突破，建设好多彩贵州的大文化格局，回应好大数据和大扶贫战略行动，为决战全面小康提供强大文化支撑力。

大数据大扶贫战略行动需要大文化支撑

　　省委十一届六次全会提出要重点实施大数据、大扶贫两大战略行动，这是贯彻习近平总书记视察贵州重要指示，决战全面小康的重大举措。今年6月，习近平总书记在贵州视察时作了很多重要指示。关于大数据，总书记指出，面对信息化潮流，只有积极抢占制高点，才能赢得发展先机。要推动信息化和工业化深入融合，必须在信息化方面多动脑筋、多用实招。我国大数据采集和应用刚刚起步，要加强研究、加大投入，力争走在世界前列。关于扶贫开发，总书记指出，对贵州来说，保障和改善民生最主要的是打好扶贫开发攻坚战，没有农村的小康，特别是没有贫困地区的小康，就没有全面建成小康社会。习近平总书记这两个方面的重要指示，既充满了引领发展潮流的战略思维，又充满了民生情怀的底线思维。

---

　　①　作者时任贵州省文化厅厅长。

习近平总书记尤其强调，贵州要守住发展和生态两条底线，培植后发优势，奋力后发赶超，走出一条有别于东部、不同于西部其他省份的发展新路。但新路在哪里？大数据就是一个重要的战略取向，大数据是我省弯道取直、后发赶超的大战略、大引擎和大机遇。底线是什么？我理解贫困就是底线中的底线。要守住发展的底线，针对的是"穷"，要守住生态的底线，还是要针对"穷"才能破题，因为现实中很多生态环境破坏都与"穷"分割不开，往往是经济贫困与生态破坏的恶性循环。如果说大数据战略行动上接"天"，那么大扶贫战略行动则下接"地"，一个强化对发展趋势的引领，一个强调对发展短板的修复，一个强调对经济的强势驱动，一个强调对财富的民生普惠。两大战略行动相互照应，既是基于我省贫困落后是主要矛盾、加快发展是根本任务这一基本省情的判读，又是对我省"十二五"期间提出的"主基调、主战略"的坚持和深化，更是对我省"十三五"期间决战全面小康的重大举措和战略行动。

而这里特别值得提出来加以思考的是，无论是大数据还是大扶贫，其实都离不开大文化的有力支撑。

首先，大数据需要与大文化深度融合。当今时代，大数据产业风起云涌，而在其内容层面显然离不开文化的有力支撑。没有文化内容、文化创意的大数据，往往只是一个技术上的大数据壳。另外，大文化也需要借助大数据以提升其传播力、影响力。但目前，现代高新技术尤其是数字技术在文化事业和文化产业中的渗透和融入程度明显不够，文化科技人才极度紧缺。没有科技支撑，文化的传承、保护，传播和创新容易流于形式、成为空谈。现代社会迫切呼唤文化与科技的深度融合、比翼齐飞。

其次，大扶贫需要与大文化深度融合。扶贫扶什么？习近平总书记指出，"扶贫先要扶志""扶贫必扶智"。总书记提出了扶贫中既要"扶志"又要"扶智"的双重命题，而其更深刻的意义在于把扶贫工作上升到了一种大文化的高度，转变成了一个深刻的文化命题。一些贫困地方、一些贫困人口多年来越扶越穷，其根本原因就是扶不起"志"，"等、靠、要"思想依然严重，认同自己的贫困地位和贫困身份，简单地说，就是"认命"。因此，扶贫，只有立下愚公志，才能打好攻坚战。

大文化的建设目标在于推进多彩贵州民族特色文化强省建设

省委十一届六次全会在明确提出要突出抓好大数据、大扶贫两大战略行动的同时，还明确提出了推进多彩贵州民族特色文化强省建设等战术抓手。显然，大文化的建设无疑必须紧紧围绕多彩贵州民族特色文化强省建设这个抓手。正是基于此，多彩贵州民族特色文化强省建设工程，既是一个战术抓手，又是一个战略目标。从战术抓手来看，这个工程要服务于大数据、大扶贫战略行动。从战略目标来看，这个工程的目的是要建设一个文化强省，这里的"强"是个形容词。把文化做强了，文化才能成为一个有力的战术抓手，来助推大数据大扶贫战略行动。而如何做强多彩贵州民族特色文化？这又必须以大文化的思路有力推进。

从大文化的视角来看，文化不仅是指文化事业，也不仅是指文化产业，更是指一种强大的文化精神。正是在这个意义上，习近平总书记连续两次把文化作为重要主题，主持了中央政治局第十二次、十三次集体学习，去年又召开了文艺工作座谈会，并在多次讲话中强调指出，"提高国家文化软实力，关系'两个一百年'奋斗目标和中华民族伟大复兴中国梦的实现""实现中华民族伟大复兴需要中华文化繁荣兴盛"。也正因为如此，贵州近年来着力构筑精神高地，旨在冲出"经济洼地"。贵州省十一次党代会在文化建设部分特别指出，"一要改变自卑、自轻、自懦、自弃及自大心理，树立和形成自尊、自重、自信、自强的文化思想。二要抛弃故步自封、不思进取的精神状态，倡导改革创新、锐意进取的文化氛围。三要破除畏难情绪、懦夫思想，坚持和发扬不畏艰苦、百折不挠的顽强作风。贵州的文化建设，无论是文化事业的发展还是文化产业的振兴，都必须牢牢把握和始终坚持这几条。"从这个视角来看，今天我们推进多彩贵州民族特色文化强省建设工程，必须要有自信、有创新、有担当。

第一，要有自信。"多彩贵州"是10年来成功雕琢的贵州文化名片，是对贵州地域文化形象特征完整、准确的概括和全面诠释，已成为独特的省域文化符号，对于提高贵州知名度，增强贵州文化自信、提升贵州文化软实力发挥了重要作用。"多彩贵州"的成功打造，让我们不仅对历史积淀的丰硕文化资源充满自豪，而且对历史文化资源在当代的创造性发展创新性转化充满自信。

第二，要有创新。"多彩贵州"已经成为贵州的一张亮丽名片，但"多彩贵州"也还需要进一步拓展。贵州之所以被称为"多彩"，是因为这片土地不仅积淀了丰富的民族文化，更积淀了同样丰富的红色文化、山地文化、传统文化。多彩贵州民族特色文化强省建设要能真正成为大数据、大扶贫战略行动的抓手，就需要我们以更高的标准推进多彩贵州民族特色文化强省建设工程，切实做"强"红色文化、做"亮"民族文化、做"优"山地文化、做"厚"传统文化。充分展现贵州文化的历史底蕴和多元一体、多样和谐的特质，塑造新时期贵州形象，传播新时期中国价值。

第三，要有担当。正因为多彩贵州民族特色文化强省建设工程是大数据、大扶贫战略行动的战术抓手，因而必须站在战略和全局的高度，以改革创新的精神，扎实推进。要狠抓文化自觉自信自强，创先创新创优，激发大扶贫中的反贫扶贫抗贫动力，激活大数据中的创意创新创造活力。要狠抓文化民生，均衡配置公共文化资源，尤其是推进农村贫困地区基本公共文化服务均等化。要狠抓文化经济，推动文化与农村贫困人口的就业、创业融合发展，推动文化与市场、文化与科技、文化与金融融合发展，推动文化与工业化、城镇化、信息化、绿色化和农业现代化融合发展。

总之，让大文化助推大数据、大扶贫战略行动，让大数据因为大文化的融入而风起云涌，让大扶贫因为大文化的融入而奋力攀高，这才是当代文化工作者应有的选择和担当。

《贵州日报》2015 年 11 月 17 日

贵州文化走上扶贫开发主战场
徐　静①

中央扶贫开发工作会议是党的十八届五中全会后召开的第一个中央工作会议，充分体现了党中央对扶贫开发工作的高度重视。习近平总书记在会上发表重要讲话，讲话中明确指出："脱贫攻坚任务重的地区党委和政府要把脱贫攻坚作为'十三五'期间头等大事和第一民生工程来抓，坚持以脱贫攻坚统揽经济社会发展全局。"贵州是全国实现脱贫攻坚任务最重的省份，各项工作谋划显然更必须导向于服从这一"头等大事"、助力这一"第一民生工程"。而在这场输不起的攻坚战中，贵州的文化更应有超过历史上文化扶贫的更强脱贫担当。在从扶贫攻坚到脱贫攻坚要求的提升中，贵州文化将全面走上扶贫开发主战场。

文化有效助推了贵州扶贫攻坚

由于自然、历史、经济、社会等多方面的原因，长期以来贵州发展相

① 作者时任贵州省文化厅厅长。

对滞后，贫困问题十分突出。经过长期的努力，到 2014 年底，全省贫困人口减至 623 万人，占全国贫困人口的比重下降到 8.9%。这其中，文化写下了贵州扶贫攻坚历史的辉煌一笔。尤其是省第十一次党代会明确提出"构筑精神高地，冲出经济洼地"以来，全省共产党员、广大干部，响应肩扛起重于泰山般的富民兴黔使命、树立起坚如磐石般的后发赶超信心、振作起敢为人先的精神状态的号召，带领全省人民万众一心、攻坚克难、奋力跨越，文化在发挥精神激励、行为引领功能，助推全省经济社会发展方面发挥了重要作用。回顾过去，特别是即将过去的"十二五"时期，贵州文化有效地助推了贵州的扶贫攻坚。一是贵州文化进一步走向自觉自信自强。贵州文化多元一体、和谐共生的特质得到广泛认同，立足文化多样性、原生性的文艺精品打造风生水起、绚丽多姿，"多彩贵州"品牌进一步巩固树立，有效提升了贵州的知名度和美誉度，贵州文化软实力继续得到提升，极大地鼓舞了贵州人脱贫攻坚的信心和志气。二是围绕文化民生的公共文化服务基础设施建设不断完善，基本实现县县有图书馆和文化馆、乡乡有综合文化站，覆盖城乡的公共文化服务设施网络初步形成，经费保障水平明显提升，队伍建设不断壮大，服务效能进一步提高，一定程度地夯实了基层脱贫攻坚的公共文化基础。三是实施"八大文化惠民工程"，人民基本文化权益得到较好保障，文化民生的"短板"得到较好修复。四是通过"百村计划"、传统村落整体保护利用等进一步将乡村特色文化资源转变为经济发展优势，有效助推了贫困地区的经济社会发展，改善了贫困地区群众的人居环境质量，提升了贫困地区群众物质和精神文化生活水平。五是非物质文化遗产保护与合理利用走在全国前列，开启了文化传承与扶贫攻坚融合发展之路。黔东南民族文化生态保护实验区获文化部批准设立；"丹寨石桥黔山古法造纸合作社"被文化部评为首批国家级非物质文化遗产生产性保护示范基地；台江芳佤银饰刺绣有限公司、贵州丹寨宁航蜡染有限公司成为第二批国家级生产性保护示范基地；等等。总之，在通过实施"整体性保护""活态保护""生产性保护"等方式来促进非遗合理利用、促进非遗资源富集地经济社会发展方面积累了宝贵的"贵州经验"。

文化现实地担负着贵州脱贫攻坚的新使命

如果说贵州文化历史地成就了贵州扶贫攻坚的基础成就，那么在今天《中共中央关于制定国民经济和社会发展第十三个五年规划的建议》明确提出"实施脱贫攻坚工程"、中央扶贫开发工作会议毅然吹响脱贫攻坚战冲锋号、贵州省召开"贯彻中央扶贫开发工作会议精神落实大扶贫战略行动推进大会"作出脱贫攻坚战具体部署后，贵州文化更将现实地担负起贵州脱贫攻坚的更艰巨使命。这里的关键是，"脱贫"与"扶贫"虽仅一字之差，但内涵却有很大的不同。"脱贫"直指目标结果，彰显了党中央带领全国各族人民在2020年如期全面建成小康社会的信心和决心，具有更鲜明的激励鼓舞作用。换言之，相比"扶贫攻坚"，"脱贫攻坚"更有着增强主体动力、具象目标内容、确保目标结果的内在规定。也正是在这个意义上，文化无论是从鼓舞士气、凝聚力量的精神层面还是在助推脱贫、决战决胜实现全面小康的目标层面，都承载着比以往更加显性和深重的使命。

首先就增强主体动力而言，文化应该有更强的担当。习近平总书记在这次中央扶贫开发工作会议上强调："脱贫致富终究要靠贫困群众用自己的辛勤劳动来实现。没有比人更高的山，没有比脚更长的路。要重视发挥广大基层干部群众的首创精神，让他们的心热起来、行动起来，靠辛勤劳动改变贫困落后面貌。要动员全社会力量广泛参与扶贫事业。"如何让贫困地区群众的心热起来、行动起来，这便是文化工作者义不容辞的首要使命所在。

而就具象目标内容而言，文化权益的精准保障应成为完成脱贫攻坚任务更明确的题中应有之义。这是因为我们所说的同步实现全面小康，除了有和全国同步的时间要求外，更有小康实现内容和人群的全覆盖要求，就是不仅仅是物质层面的小康，还应包括让全体人民享有健康丰富的精神文化生活的内涵。显然在具体的工作中，除了相关公共文化服务的资源、资金要向贫困地区倾斜，面向贫困地区的公共文化服务质量要进行着力提升外，还要重视发现和培养贫困地区的乡土文化能人特别是非物质文化遗产项目代表性传承人，鼓励和扶持各类文化人才和文化活动积极分子，通过他们引导贫困地区群众在文化建设中自我表现、自我教育、自我服务，积极搭建公益性文化活动平台，依托重大民族民间节庆等文化资源，组织引导开展群众乐于参与、便于参与的文化活动，凝聚形成贫困地区群众昂扬向上、奋发有为、攻坚克难的正能量。

大文化建设是贵州脱贫攻坚文化担当的必然要求

如果说贵州的脱贫攻坚离不开文化的担当，那么这种必然锁定于文化励民、文化惠民、文化富民的担当，显然提出了对大文化建设的迫切需求。中国自古以来就是文化泱泱大国。《易经》中有："刚柔交错，天文也；文明以止，人文也。观乎天文以察时变，观乎人文以化成天下。"这其中，文化作为一个涵盖广而深的概念呈现，其所体现出的一种精神力量，甚至精神信仰，显然是今天贵州脱贫攻坚文化担当的第一基石，必须首要打造。习近平总书记两次召集主持中央政治局集体学习，就提升国家文化软实力和培育弘扬社会主义核心价值观发表重要讲话，重点指出："提高国家文化软实力，关系'两个一百年'奋斗目标和中华民族伟大复兴中国梦的实现。"并且指出："核心价值观是文化软实力的灵魂、文化软实力建设的重点。"这是我们今天进行大文化建设，以实现大文化担当大扶贫的首要基本遵循。正是在这个意义上，我们进行大文化建设，首先需要真正树立起大文化的理念，这样才能在实际工作中澄清一些模糊认识，比如，认为扶贫工作是专门部门的事情，文化工作与其联系不多，等等。而如果基于大文化的理念，文化的助推和参与，必然内在地成为脱贫攻坚的题中之义。因此站在大文化的高度，面向"十三五"，我们必须自觉地将文化建设放到国家和省的战略发展全局来进行谋划。

一是加强文化引领力。面对全省脱贫攻坚这场输不起的"攻坚战"，文化工作要发挥更加强大的引领作用。首要的就是要以文化艺术的生动形式，润物无声、潜移默化地推进社会主义核心价值观的培育和践行，发挥文化引领人、激励人、提升人的重要功能。立足贵州民族特色文化资源优势，创作推出更多更好反映中国精神、贵州特色的优秀文艺作品，在全省大力营造后发赶超、攻坚克难、永不退缩的良好氛围，更好发挥文化工作应有的作用。

二是强化文化支撑力。抓紧补齐包括贫困地区在内的公共文化服务设施建设、内容提升等方面的短板，依托民族文化、红色文化、传统文化、山地文化等特色文化资源优势，注重传统文化的创造性转化和创新性发展，处理好"赶"与"转"、传统和现代、文化事业和文化产业几对关系。注重文化智库建设，真正沉下心来思考问题，用研究的态度抓工作，强化问题导向，以当前全省文化建设中面临的重大现实问题为主攻方向，多开展全局性、战略性、前瞻性的研究并注重成果转化，有力指导全省文化建设实践。当前，尤其亟须以多彩贵州民族特色文化强省建设为目标，抓紧开展全省文化空间布局研究，以此推动全省各地特色文化空间布局更加明晰，特色文化定位更加准确，特色文化产业布局更加合理，特色文化品牌的打造更加精准凝练，特色文化项目的谋划更加务实有效。由此，真正构筑起大文化支撑大扶贫的文化建设体系。

三是彰显文化融合力。前面提到的处理好传统与现代、文化事业与文化产业等几对关系，根本来说就是发挥好文化的融合力问题，而这种融合力是文化动力的一个关键。如传统再好，也必须加以现代性转换，才会受到今天人们的喜爱。这里的关键是，每一时代都有每一时代的文化呈现样式，所以需要创新性继承。当然，创新必须是在"来龙"的基础上找到"去脉"，而非凭空杜撰。同时我们还必须看到，无论现代文化业态如何发展变化，作为"正能量"这一文化的精神内核永远都是不会变的。为了更充分地发挥这一内核作用，需要在新的时代需求背景下，让文化与各领域、各业态尽可能地融合发展。因为说到底文化产品不是一般意义上的商品，它既是具有重要精神引领功能和鲜明意识形态属性的精神产品，又是融入经济社会发展的要素产品，立足于大文化的建设，我省文化建设的方方面面，都应该也必须共同担负起助力脱贫攻坚的神圣使命。

《贵州日报》2016 年 1 月 5 日

三　媒体采访

大文化助推大扶贫打造多彩贵州民族特色文化强省

——专访徐静同志①

《中国文化报》记者　程丽仙　胡克非

2016 年 3 月 25 日上午，徐静同志接受《中国文化报》和《人民日报》记者的联合采访。

记者：去年 11 月举行的贵州省委十一届六次全会提出建设多彩贵州民族特色文化强省。对于贵州省的这一文化发展新定位，您是如何理解的？

徐静：建设多彩贵州民族特色文化强省，一方面，是建设文化强国的内在要求，是贵州省推进"五位一体"总体布局的必然选择，事关贵州能否实现全面小康、谱写好中国梦贵州篇章这个大局。另一方面，也是对贵

---

① 徐静同志时任贵州省文化厅厅长。

州文化特色的深刻把握和体认。贵州文化的内在精神是"天人合一、知行合一",外在表现是"多"与"和"。我们紧扣决胜全面小康、谱写中国梦贵州篇章的发展大局,提出打造多彩贵州民族特色文化强省的目标,非常契合贵州文化发展的资源优势和前进方向。

具体来说,建设文化强省:一要强文化引领,让贵州文化更好承载社会主义核心价值观,对全省社会思潮、社会心态、社会风气的走向产生强有力的引领功能;二要强文化内核,让贵州文化更多更好地表现"天人合一、知行合一"的贵州人文精神;三要强文化特色,彰显贵州文化"多"与"和"的特色,将其打造成有民族"情"、红色"心"、传统"根"、绿色"衣"的多彩和谐文化品牌体系;四要强文化精品,让文艺创作旺起来、优秀剧目演起来,文化人才强起来;五要强文化产业,切实把文化产业建成为国民经济支柱性产业;等等。

记者:围绕找准多彩贵州民族特色文化强省建设的精准坐标,在具体工作层面,省文化系统有哪些施策思路和方案?

徐静:"十三五"时期贵州文化工作的总体思路是:紧紧围绕"五位一体"总体布局和"四个全面"战略布局,围绕树立和贯彻创新、协调、绿色、开放、共享的发展理念,围绕"守底线、走新路、奔小康"的目标要求,着眼于文化励民、文化惠民、文化富民,依托多彩贵州民族特色文化资源,通过大文化助推大扶贫、大数据战略行动,实施十大文化工程,打造十大文化品牌。

其中,文化建设的"十大工程"包括:一是实施文化传承脱贫工程,将文化遗产保护传承与脱贫攻坚有机结合;二是实施文化基础建设工程,完善省、市、县、乡、村五级公共文化基础设施;三是实施文化精品打造工程,打造一批有影响力、竞争力的文艺精品;四是实施文化服务大众工程,统筹好"种文化""送文化""养文化";五是实施文化活动品牌工程,依托特色文化资源打造系列重要文化活动品牌;六是实施文化遗产保护工程,实现保护与利用双赢;七是实施文化数字建设工程,整合文化系统数字资源,建设文化大数据平台,加快文化科技发展;八是实施文化产业促进工程,培育新型文化业态和特色文化产业,促进文化与旅游融合发展,推动贫困地区群众就业、创业;九是实施文化交流提升工程,构建全方位、多层次、宽领域、高效率的对外和对港澳台文化交流格局;十是实施人才高地建设工程,完善人才培养、引进、使用、激励机制。

"十大文化品牌"包括：一是打造以阳明文化为主的传统文化品牌；二是打造以遵义会议为核心的长征文化品牌；三是打造黔东南国家级民族文化生态保护实验区文化品牌；四是打造黔南好花红文化品牌；五是打造黔西南山地文化品牌；六是打造"藏羌彝文化产业走廊"毕节品牌；七是打造以六盘水为代表的"三线"文化品牌；八是打造梵净山佛教文化品牌；九是打造安顺屯堡文化品牌；十是打造贵安生态文化品牌。

记者：在"十三五"决胜全面小康的大局中，贵州如何发挥文化扶贫作用，实现文化担当？

徐静：贫困是当前贵州决胜全面小康的最大短板，文化更要发挥应有的担当，积极助推大扶贫战略行动，把文化融入贵州的经济社会发展之中，实现文化产业双效统一。

从思维层面来说，我们要有大文化的视野，不能局限于一般意义上的唱唱跳跳的文化演出活动，要突破仅把文化工作当作行政工作来抓的传统思路，要从更高更广层面上去考虑有利于民生的文化抓手项目，将文化工作融入其中，系统推进。

具体来说，我们要让文化与大数据、大旅游、大生态融合起来，更好地发挥文化对建成全面小康的影响力，体现文化的担当。比如，在文化与大数据深度融合方面，我们将着力打造多彩贵州文化大数据平台，推动发展数字出版、数字印刷、三网融合、新兴媒体、动漫网游等新业态。在文化与大生态深度融合方面，我们将通过主办"生态文明贵阳国际论坛"文化分论坛，探讨文化推动生态文明建设的价值与作用，开展一批实实在在的生态文化活动。在文化与大旅游深度融合方面，将打造一批精品文化旅游线路、特色旅游产品和有市场竞争力的演艺作品，提升旅游品质，助力贵州山地旅游品牌。前不久，贵州省文化厅和省旅游局签署了战略合作备忘录，联合开展打造文化旅游发展创新区的实践工作。

记者：贵州的毕节市和六盘水市分别被纳入《藏羌彝文化产业走廊总体规划》的核心与辐射区域，这对建设多彩贵州民族特色文化强省有什么特别意义？

徐静："藏羌彝文化产业走廊"的建设给贵州省发展特色文化产业提供了很好的宏观背景，按照《藏羌彝文化产业走廊总体规划》的要求，结合贵州省的实际情况，我们依托民族特色文化资源，提出了一些具体项目和做法。

比如，上个问题提到的十大文化品牌中有关毕节和六盘水的部分，都与"藏羌彝文化产业走廊"有关，换句话说，"藏羌彝文化产业走廊"就是毕节品牌的文化抓手。从历史上来看，毕节在 1988 年 6 月经国务院批准建立"开发扶贫、生态建设"试验区，近 30 年后，在经济发展新常态和精准扶贫的背景下，毕节试验区如何升级？扶贫工作如何进一步发展？我们思考的答案就是文化产业。也就是说，打造毕节扶贫工作的升级版，需要文化引领，需要文化内核，从这个意义上来讲，建设"藏羌彝文化产业走廊"对于贵州的意义和价值格外重要。

《中国文化报》2016 年 4 月 6 日

从盆景到风景 用大文化助推大扶贫

——专访徐静同志①

经济日报—中国经济网记者　成琪

2016 年，"文化扶贫"一词写进了贵州省委出台的《关于建设多彩贵州民族特色文化强省的实施意见》的顶层设计中。在此基础上，贵州省文化系统提出了"文化育民，文化惠民，文化励民，文化富民"的四个着力点，为全省的文化扶贫指明了方向。2017 年，《贵州省十三五文化事业和文化产业发展规划》中又提出"大文化助推大扶贫"。

"多彩贵州"的打造并非一蹴而就

经济日报—中国经济网记者：从提出"多彩贵州"这个品牌到现在，贵州经历了一个怎样的过程？

徐静：我觉得这个问题比较关键。贵州的文化符号——"多彩贵州"在全国乃至于全世界，都是比较唱响的符号，但是对"多彩贵州"的打造不是一蹴而就的。

2004 年，我们反思贵州为什么落后，找了很多原因。交通不发达就打通道路，"要想富先修路"是大家耳熟能详的。贵州观念落后就提升观念，培养人，培训人。投入不足我们就加大投入。找了很多很多原因，但是当我们把这些工作完成以后，突然发现贵州还是落后，尤其从纵向来比，贵

---

① 徐静同志时任贵州省文化厅厅长。

州和全国的差距越来越大。

后来大家坐在一起反思，贵州的落后在于什么？确确实实在于一种观念，这种观念最根本在于它的开放度不够，实际上贵州属于特别封闭，或者说半封闭的状态。

过去大家对于贵州和贵阳的关系都不清楚。贵阳和遵义究竟怎么区分？这种行政区域概念不清晰，所以要想发展贵州，必须做强贵州，做强贵州的美誉度、知名度、影响力。在这种情况下，我们就思考，用什么文化符号？也就是说用什么文化做强贵州，这就思考出了"多彩贵州"的符号。

"多彩贵州"符号出来后，有些专家学者认为贵州是多彩，那么七彩云南呢？还有人认为"多彩贵州"不像齐鲁文化有集中的文化符号，不是特殊的文化符号。大家又在一起思考，贵州是多元、多层次的文化，所以最后锁定的还是"多彩贵州"。

这个文化符号一旦提出来，我们就经历了几个阶段，首先是做宣传，接下来就是用少数民族的歌舞做强"多彩贵州"这个品牌。从 2005 年开始，我们实施"多彩贵州"文化品牌战略，起步是从民族文化开始，也就是多姿多彩的民族文化，通过民族服饰、民族歌舞、民族风俗习惯、民族节日走向世界，做强自己的影响力和知名度。

这个效果是非常显著的，很快在贵州唱响，我们现在有一个驻场演出《多彩贵州风》，这台节目现在已经走到了 20 多个国家，演出 3700 多场，是贵州现在在文化产业体系发展当中最出色的一台节目，这个演出是一家民营企业做的。

《多彩贵州风》所带来的贵州文化旋风更多地还是集中在民族文化上，这个过程走了十年，走到了 2015 年，2015 年贵州开始思考，多彩文化不仅仅是民族文化，还包括我们的红色文化、历史文化、生态文化，这当中的一个节点就是 2016 年总书记视察贵州。

他到了贵州以后，首先视察指导遵义的红色文化、遵义纪念馆的建设，结束以后他特别讲到要运用好遵义会议历史经验，让遵义会议精神永放光芒。这些话对我们来说，恰恰是深化多彩贵州文化体系建设的一个契机。所以对原本提出的多彩贵州从集中打造民族文化为主，拓展为现在多元文化支撑的一个文化体系的建构。

2016 年，当我们提出多彩贵州民族特色文化强省建设阶段的时候，就已经不再是原本意义上的多姿多彩的民族文化，它涵盖了民族文化、生态文化、历史文化和红色文化，是一个总体体系的支撑。

经济日报—中国经济网记者：从打造"多彩贵州"到现在建设民族特色文化强省，贵州增强了文化自信，在提升文化自信方面，贵州有哪些具体做法？

徐静：这个问题实际上提到我们现在文化扶贫的几个功能。从理念构建上我们以大文化助推大扶贫，其实它的内涵比较丰富，包括文化育民功能、文化励民功能、文化惠民功能和文化富民功能，这四个功能共同组成为贵州文化扶贫的一个大的工程构建。

所以讲到文化自信，实际上就是通常上讲的文化励民功能，贵州省独有的、红军长征到贵州所凝聚沉淀下来的红色文化和历史文化，成为现在激励贵州后发赶超的一种精神动力。在整个过程当中，我们充分挖掘历史文化、红色文化，来提升人的内在动力。

2016 年我们推出首届多彩贵州文化艺术节，这个节虽然叫文化艺术节，但是突破了小舞台的概念，前缀有一个文化，也就说把传统意义上的小舞台变成了大文化。在这个艺术节当中，不仅有舞台表演，还有非遗展示，红色传承，群众文化等，把老百姓的激情点燃起来。

通过艺术节把艺术传承、把全省人民内在发展动力和发展自信激发出来、凝聚起来，我觉得在贵州还是比较典型的，从开始提出"构筑精神高地、冲出经济洼地"口号，到现在已经实现从理念到战略的跃升。在这个过程当中，我觉得精气神的资源是充足的。

贵州的物资资源是有限的，在全国的经济板块当中，贵州的经济总量是微不足道的，但为什么在经济总量只有 2%，人口只有 3% 的情况下，能够刮起贵州旋风，这里面很大的原因就是文化的价值，就是你说的文化自信。

从 2005 年提出"多彩贵州"这个文化战略之后，这十几年的时间，贵州实现了三个方面的改变，体现我们的文化自信。第一个是贵州从封闭走向开放，这是一个非常大的改变。第二个是贵州从资源导向走向市场导向。原来是有什么我们生产什么，我们只能站在产业的低端；现在不同了，我们可以利用大数据、大生态把一些传统的技艺高端化。第三个是最大的变化，我们从自卑走向了自信。贵州人在发展过程当中被激励的文化自信，使贵州人特别具有一种自信心，一种自豪感。现在我们走出去以后各个层面各个领域都为自己是贵州人而自豪。

非遗在贵州 从盆景到风景

经济日报—中国经济网记者：贵州是个多民族的省份，非遗的数量众多，目前发展的情况如何？

徐静：丰富的少数民族文化形成多彩贵州一条亮丽的风景线，17个少数民族在这块神奇的土地上生根，85项（140处）国家级非遗项目在这里孕育着古老的文化。据统计，目前贵州共有57位国家级非遗传承人，其中手工艺占了30%左右，90%以上的手工艺传承人组成了自己的工作室或作坊，相当多的传承人带领一方村民形成了合作社，成为依靠地方文化脱贫致富的中坚力量。

我这里做了一下统计：我省一至四批省级以上非遗名录共561项（653处），传统工艺所属的传统技艺、传统美术类项目140项（174处），占省级以上名录总数的1/4；一至四批省级以上非遗代表性传承人共402人，传统工艺所属的传统技艺、传统美术类传承人139人，占省级以上传承人总数的1/3还多；所有非遗"十大类"名录项目都与传统工艺息息相关，互为依存。贵州是非物质文化遗产大省，正是因为世代相传的工匠们，才让贵州的非物质文化遗产瑰宝得以保存，成为建设"多彩贵州民族特色文化强省"的重要基础。

过去的非遗除了在田间地头以一些产品彰显以外，非遗的传承更多做的是盆景。现在贵州省通过非遗传承带动扶贫攻坚更多做的是风景，就是把以前在田间地头口口相传的非遗，变成了现在通过集群、通过产业园区聚起来，逐步推开的一个风景。

如果说，原来的非遗解决的只是贫困人口贫困群体的基本需要，现在的非遗要解决的是人的发展需求，通过做大产业，使这个地区得到发展，贫困群体在地区发展的基础上，实现后发动力增强的脱贫。

经济日报—中国经济网记者：非遗是文化之根，怎么能做得让它既保留了传统，又让老百姓赚到钱。目前在非遗保护和传承上有哪些困难？

徐静：在非遗的发展上，我们需要尽快突破从盆景变成风景。所谓的盆景是说每一个区域都有非遗，这种非遗更多的状态是一个封闭或者半封闭。

此外，从目前来看，我觉得非遗还是一个点，为什么呢？有两方面原因。一方面每一个地方都把非遗当成自己的活化石，当成自己博物馆中的一个藏品。一定程度上就是把自己封闭起来，这带来了什么呢？在进入市场的过程中不能做强做大，而且也出现了区域与区域之间的内耗，一种内在的同质化的竞争，这是不能做大做强的比较大的一个问题。另一方面就是我们的拉动不够，我们缺乏国际市场和国家平台上的整合，从政府的层面可以有所作为。

现在，我们文化厅的工作从职能上要求，要通过引领尽快让各个地方非遗储藏变得开放化，甚至世界化。通过一些大企业、大园区甚至大平台，把各个地方各有特色的非遗产品、非遗创意进行整合包装，把点变成线乃至于最后变成片，在文化助推脱贫攻坚的过程中，就非遗产品开发而言，这可能是重点需要解决的问题。

经济日报—中国经济网记者：这种集群的发展和以前可能是十几个人做一项非遗的产品的小作坊，最大的区别是什么？

徐静：与传统意义上的小作坊不同，虽然小作坊也能实现商业需求的对接，但是我们现在主要还是依托大的产业园区，对传承人进行现代企业理念的培训，通过产业循环生产，把传统意义上的加工变成商品生产，甚至通过一些大企业对接国际市场进行高端生产、高端创意。

传统意义上的文化产品，基本上是在原生态状态上开发。这种产品的科技含量、欣赏价值、市场价值是有局限的。现在我们通过和大开发企业对接，然后统一引进在国内比较高端的有技术含量的创意，来进行包括非遗银饰的产品生产和加工，使得我们的文化产品在原本的意义上，它的科技含量、艺术含量能够提供给人一种高水准的享受，能够得到提升。所以它就突破了一般意义上的小作坊，从而使这种低水平的文化产品的生产，能够进行高端对接的生产，就能够适应市场比较广泛的需求。

但同时我们还要注意一个问题，就是在这个过程当中，要避免因为商业化的竞争，使我们文化产品失去一些应该有的原生态的意义。因为这种原生态文化对于产品的文化价值提升是有利的，也有利于商业价值的提升，这是一个非常关键的问题。如果过度开发，失去了文化本身的价值，实际上它的商业价值也会下降。

经济日报—中国经济网记者：有些东西要变，有些东西不能变，尤其是非遗的技艺，它有它的价值。

徐静：这个问题确实很关键，有的要变，有的不变，就是它本身文化所承载和传承的意义是不能变的。那它能变的是什么呢？能变的是它的附加值，也就是说基因是不能变的，但是在基因的传承当中，所承载的现代意义和价值需要提升，这就需要变。

经济日报—中国经济网记者：这也是我们现在迫切面临升级换代的原因吗？

徐静：升级换代的原因主要是两个适应。一个是要适应大众消费的需求。因为这种商品的价值，其实需要有消费群体，如果太过原本意义，太过原生态，只有所谓的原始传统文化，没有一种现代欣赏，不符合大众审美需求的话，它是不能实现市场对接的。但是如果太泛化，完完全全像一种机器流水线生产，它又失掉本身文化拥有的独特的魅力，也会失去它的商业价值。

总的来说，我觉得要处理好通常意义上讲的原生态和现代的关系、田园化和市场化的关系、本土化和世界化的关系、传统和现代的关系。实际上文化扶贫，相对于其他的扶贫来讲，更加复杂，更加多元，而且它需要把控的方位可能更加复杂。它不是一般意义的扶贫产业、脱贫产业，也不是一般意义的文化事业。所以我觉得文化脱贫攻坚的把控对引领者，对于主体，尤其对于我们地方的政府，可能比其他的产业更考量我们地方官员的智慧。

经济日报—中国经济网记者：我在贵州松桃看到过，由一家企业组织绣娘培训，设计产品，对外销售。带动了当地3000多人的就业。

徐静：对，这也是政府扶持和推动的一个事情。

从文化产业的角度来讲比较成功，它成功就在于整合。就是说以企业以园区作为一个平台，把这些手工技艺传承人集中在一起进行生产，能够实现规模化。而且在一个空间里面进行聚集，有利于互相交流、互相启发，也是一种培训的必须，因为在生产中也实现了学习和传承。

所以从这个角度来讲，还是需要聚合，就是小分散、大聚合，需要有这么一个过程，否则这些非遗确确实实就是活化石、是"盆景"，达不到"风景"。这种规模经营不是一家一户能实现的。

对一个企业来说，培训这么多的绣娘和手工技艺传承人，不可能给每家每户发订单，至少还要有一个工厂化的聚集让大家在一起，提高生产效率，相互提升自己的手工技艺，这也需要一种聚合。现在贵州在这一块已经迈出了实质性的步伐，但是我觉得它还是没有成规模体系。

经济日报—中国经济网记者：为什么说没有成规模体系？

徐静：没有成规模体系是因为不能引进一些高端的企业进行生产和引领，这个方面还是比较大的问题。此外，高端企业引领进来以后，能不能把我们非遗保护下来。这也是我们面临的难点。

很多非遗被开发后商业化程度很高，从手工技艺传承人来看，感觉到自己的文化被丢失了，很失落。这就是我说的分散和集中的关系要处理好。例如，我们能不能在一些区域，能够真正保存一种原生态的传承，我觉得这是需要的。

顶层构建 大文化助推大扶贫

经济日报—中国经济网记者：贵州的"十三五文化事业与文化产业发展规划"中提出了大文化助推大扶贫，怎么理解？

徐静：和原本传统意义上的文化扶贫相比，大文化助推大扶贫可以说是升级换代。

首先，从理念上看是一个大理念，以大文化来助推大扶贫。所谓大文化，不仅仅把文化只看成单方面的资源。贵州文化是一个体系，包括红色文化、民族文化、历史文化、生态文化。这种文化体系对扶贫的支撑就突破了一个点，它要把文化做成一个产业引领扶贫。比如像绣娘这样的传统技艺传承人，必须有一个大的园区存在，必须有大的企业引领，生产的产品不仅仅是一种文化产品还是一种精神产品，这种格局，从传统意义上文化扶贫来说，是一个比较大的突破。

其次，现在的文化扶贫必须紧跟国家扶贫脱贫攻坚的大局，从全省的角度来看，它不仅仅是一个领域、一个点位，它实际上是围绕我们省提出的脱贫攻坚总体战略。

传统意义上的文化就是一个小文化，但是现在我们打造的是一个文化整体系统，利用文化总体的资源，文化多元的功能。比如说，首先文化应该有励民功能、育民功能，让文化凝聚人、激励人、激发人，成为脱贫攻坚的内在动力，同时把文化要素提炼出来，与物质要素相结合，使文化资源更加商品化、企业化、市场化，引领我们脱贫人口进入脱贫攻坚的主战场。

经济日报—中国经济网记者：这两年贵州进行文化扶贫的项目与其他地方最大的区别是什么？

徐静：我觉得最大的区别就是顶层构建，大文化助推大扶贫这个理念。

过去扶贫可能是主要在点位上，比较个体化，最多是小群体，现在扶贫已经进入战略层面，已经进入主战场。

第二是通过"多彩贵州"这个文化符号来做强做亮贵州，在这个阶段我们也实现了一个理念，就是构筑精神高低、冲出经济洼地。

现在我觉得是真正进入了贵州文化助推扶贫的战略阶段，我们提出构建民族特色文化强省的建设，这个阶段最主要的特色是文化扶贫理念，就是用文化的多元化来支撑一个大的脱贫攻坚的文化体系。

所以归纳起来就是，今天的扶贫既有理念也有行动，既有所谓原生态意义上的文化也有对文化价值的提升。所以说现在的文化扶贫是真正文化扶贫的战略构建。

经济日报—中国经济网 2017 年 9 月 8 日

培育内生性文化动力助推大扶贫

——专访徐静同志①

《贵州日报》记者　王小梅

强化文化扶贫

记者：在我国打响新一轮扶贫攻坚战中，贵州大文化大扶贫领域备受关注。中国扶贫看贵州。贵州省文化系统多年来在文化扶贫方面力推文化扶贫的新模式。文化扶贫对于贵州新时期的扶贫来说有何重要意义？

徐静：贵州是全国扶贫攻坚的主战场，贫困是贵州决战全面小康的最大短板。2015 年，全省有农村贫困人口 493 万，贫困发生率 14.3%。全省88 个县（市、区、特区）中有贫困县 66 个（50 个国家扶贫开发工作重点县和 16 个片区县）、934 个贫困乡、9000 个贫困村。在国家确定的"11 + 3"集中连片特困地区中，涉及我省的有武陵山区、乌蒙山区、滇桂黔石漠化区"三大片区"，覆盖全省 85.3% 的土地面积、91.2% 的贫困人口、90.6% 的贫困乡镇、92.1% 的贫困村、82.5% 的民族乡镇。受区域整体贫困与民族地区发展滞后并存、经济建设落后与生态环境脆弱并存、人口素质偏低与公共服务滞后并存"三重矛盾"的制约，扶贫攻坚任务十分繁重艰巨，贫困已经成为贵州决胜全面小康的最大短板。作为中国脱贫攻坚主战

---

① 徐静同志时任贵州省文化厅厅长。

场的贵州省，"十三五"时期深入实施大扶贫战略行动，2016 年脱贫攻坚首战告捷。2016 年全省减贫 120.8 万人，农村贫困人口减少到 372.2 万人，贫困发生率降低到 10.6%，超 1500 个贫困村"摘帽"。

在脱贫攻坚的主战场上，不能少了文化的力量。习近平总书记说，"扶贫先扶志""扶贫必扶智"，不仅把扶贫工作上升到文化高度，同时也强化了大扶贫工作中的文化使命。我们越来越深刻地认识到，加大内生动力培育力度，离不开文化扶贫。在扶贫攻坚主战场上，文化能育民、能励民、能惠民、能富民。尤其对那些虽扶仍贫、长期存在"等、靠、要"思想的地方，更需要的往往是"志气＋信心＋行动"，更需要的往往是构筑自己的"精神高地"，因此，多强调一些文化的扶智补脑、凝魂聚气、强心壮骨作用，就显得更加弥足珍贵。增强文化担当、紧扣最大短板、决战全面小康，已经成为一个重大的实践课题。基于此，我们从文化所具有的物质和精神二重属性探讨文化在扶贫攻坚中的基本功能，立足于以大文化助推大扶贫，初步形成了以文化育民、文化励民、文化惠民、文化富民为主要内容的理论框架。

记者：文化扶贫的贵州实践是如何探讨的？

徐静：全省各地积极打造特色文化品牌，助推脱贫攻坚，取得了一些成效，涌现出一些亮点。贵州省文化厅牵头多部门开展的传统手工技艺"十百千万"培训工程，2016 年培训传统手工技艺传承人 23000 多名，带动了数千个传统手工技艺传承骨干和数万名传统村落贫困农户参与，提升了贫困地区群众自主奔小康的能力，积累了文化育民的重要经验，文化扶贫的典型经验值得深入总结和积极推广。此外，还大力推进非遗项目生产性经营，将非遗资源的"创造性转化、创新性发展"作为重要内容，将非遗的传承发展和脱贫攻坚紧密结合，努力推进非遗资源的创造性转化和创新性发展，为焕发非遗活力、助推脱贫攻坚贡献了积极力量，实现了非遗保护传承和农民脱贫致富的双丰收。

贵州省新闻出版广电局实施多彩贵州"广电云"村村通工程，目前全省累计新建乡镇至村通村光缆干线 62913 公里，实现村村通，使农村贫困地区群众能跟城市居民同样享有有线电视"内容丰富、画面优质、方便快捷"的服务，在公共文化服务严实兜底方面作出了表率。

贵州省正安县吉他产业园区经过几年的发展，其产量已占据全国 1/3 的市场份额，尤其是威伯吉他有限责任公司淘宝网店每天的下单量基本维持在 1000 单以上，一般组装工人月收入可达 3000 元左右，有效带动了周边贫困群众就业脱贫，积累了特色文化产业助推脱贫攻坚的重要经验。

贵州在实施脱贫攻坚战略中，积极探索文化扶贫新路径，明确以大文化助推大扶贫的"十三五"文化工作总思路，出台了《关于建设多彩贵州民族特色文化强省的实施意见》，立足文化育民、文化励民、文化惠民、文化富民的行动框架，实施八大文化工程，尤其提出"文军扶贫"行动计划，实施"舆论扶贫""文化扶贫""社科扶贫"。相关部门先后印发《贵州省宣传文化系统助推脱贫攻坚行动方案》《文化产业扶贫"千村计划"实施方案》《贵州省传统手工技艺助推脱贫培训计划》。总体上看，"文化扶贫"以文化传承脱贫、文化基础建设、文化服务大众、文化产业带动等，具象了以大文化助推大扶贫的行动平台。

培育内生动力

记者：在贵州新一轮极贫乡镇扶贫攻坚战中，人是关键。在您的研究中，在专项的国家课题中，曾深入探讨过社会的大众化参与。一项扶贫活动的社会化大众化参与，以政府有规划有计划整体性的发动性为引擎，如何发动大众参与到扶贫过程中来？

徐静：对贫困地区来说，我们必须深刻地认识到，文化是"五位一体"总布局的重要组成，文化扶贫是脱贫攻坚的重要板块。我们既需要用文化来提升发展能力、拓宽致富路子，更需要用文化来凝心聚力、凝魂聚气、弘扬主旋律、传递正能量。这些，都意味着文化在大扶贫工作中的功能亟待进一步强化。目前，文化扶贫虽然取得了一定的成效，但在最终形成一个自上而下、上下联动的统筹格局方面，仍存在一些不足。各地对文化扶贫工作的归纳总结不够，缺乏对文化扶贫的深入研究。希望国家层面和省的层面能够高度重视文化扶贫，把文化扶贫纳入整个大扶贫战略行动的框架内统筹考虑，高度重视文化扶贫战略研究，制订文化扶贫的行动计划，形成大文化助推大扶贫的工作格局和强大合力。另外，就是需要积极地发动大众参与，尤其是调动贫困群众自身的力量，积极参与进来。而这首先就是要把文化扶贫作为育人工程来抓。

文化扶贫是育人工程，需要积极培育贫困主体自我发展能力。现实中贫困人口一个重要的制约正在于发展能力弱，如何提升贫困人口的自我发展能力是一个关键。让贫困地区的孩子们接受良好教育，是扶贫开发的重要任务，也是阻断贫困代际传递的重要途径。因此，文化扶贫的关键是育人，是着力提升贫困地区群众自主奔小康的能力。着力于文化育民，贵州在文化部支持下积极推进"三区"文化人才支持计划、非物质文化遗产传统手工技艺培训计划、西部文化产业人才培训班等，大力培养本地文化人才，同时更多组织文化志愿者到贫困地区参与文化扶贫，积累了文化领域"以智扶贫"的新经验，上升为全省大扶贫战略行动的有机构成。前面提到的传统手工技艺"十百千万"培训工程，2016年培训23000多人，带动了数万贫困户积极参与到扶贫攻坚的伟大实践中来。

记者：包括扶贫者和被扶贫者，在这个过程里如何培养精神动力推动扶贫工作有效进行，或者激发自身需要脱贫的主人翁意识和自我行动能力，而非等待"被扶贫"的状态，如何培育扶贫过程中整个参与群体的内生性动力？

徐静：我们一直认为，文化扶贫更是励志工程，需要最大限度发掘文化的精神动能。而现实中一些贫困地区人口缺乏发展信心，"等、靠、要"思想严重，正好彰显出文化励志的客观需要。对于贫困地区来说，要冲出经济洼地，首先要构筑精神高地，改变自卑、自轻、自懦、自弃及自大心理，树立和形成自尊、自重、自信、自强的文化思想，倡导改革创新、锐意进取的文化氛围，坚持和发扬不畏艰苦、百折不挠的顽强作风，激活贫困地区人民反贫抗贫动力、创业创新活力。

同时，文化扶贫还是惠民工程。抓好基层公共文化服务是文化小康的重要内容，也是发挥基层文化阵地教育人、激励人的重要方面。因此，对贫困地区来说，公共文化服务体系建设是脱贫攻坚的重要内容和抓手。加快构建覆盖城乡、便捷高效、保基本、促公平的现代公共文化服务体系，打通公共文化服务贫困地区群众的"最后一公里"，补齐贫困地区公共文化服务短板，推进城乡公共文化服务均等化，是文化扶贫的核心任务。

此外，文化扶贫还是富民工程。如何通过特色文化产业为贫困群众找到一条脱贫致富奔小康的新路子，本身也是激发群众内生动力的重要方面。有了发展路子，才有发展动力。因此，在以大文化助推大扶贫的过程中，更要推动文化与经济融合，探索文化如何融入发展的新路子，从文化角度发力供给侧结构性改革，推动传统产业转型发展、特色产业加快发展、新兴产业高端发展。

总之，文化扶贫是个系统工程，是整个大扶贫战略行动系统中一个重要的子系统。做好文化扶贫工作，必须深刻认识到文化本身所具有的物质与精神二重属性，既要从文化的精神层面探索如何用文化培育人、激励人，又要从文化的物质层面探索将文化作为发展的资源要素，融入经济建设的大格局，为深化供给侧结构性改革、助推产业转型升级、提质增效，最大限度地发挥文化的现实担当。而这些，都是激活群众内生动力的重要方面。

攻克坚中之坚

记者：习近平总书记指出，要攻克深度贫困，也就是要攻克坚中之坚。怎样理解深度贫困？

徐静：现在，攻克坚中之坚，已经成为当前和今后一个时期扶贫攻坚的重点和难点。攻克坚中之坚，就是要攻克深度贫困。深度贫困具体到贵州来说，主要是指三种地区：一是 14 个深度贫困县，具体包括望谟、册亨、晴隆、剑河、榕江、从江、紫云、纳雍、赫章、威宁、沿河、德江、三都、正安等。二是深度贫困乡镇，也就是去年省里确定的 20 个极贫乡镇，由 20 个省领导带队定点帮扶。三是深度贫困村，贫困发生率 20% 以上的 2760 个村。下一步，省委、省政府将认真贯彻落实习近平总书记重要讲话精神，分层级制订实施深度贫困地区脱贫攻坚两年行动计划，攻克坚中之坚。

记者：在攻克坚中之坚方面，我省文化系统的扶贫实践，目前是什么样的状态？

徐静：目前，主要是做了极贫乡的脱贫攻坚工作。2016 年，贵州根据贫困发生率、人均可支配收入、贫困人口规模和发展环境等情况，同时适当考虑区域平衡和发展示范带动作用的要求，对全省 934 个贫困乡（镇）的贫困程度进行评估，最后选出了 20 个极贫乡（镇），覆盖 17.3 万建档立卡贫困人口。20 位省级领导带队对选定的 20 个脱贫难度大的极贫乡（镇）开展定点扶贫，确保到 2020 年实现所辖贫困村全部出列、贫困人口全部脱贫，并示范带动其他乡镇脱贫，解决区域性整体贫困问题。面对极贫乡脱贫攻坚，文化厅一方面积极认真梳理 20 个极贫乡的公共文化服务体系建设情况、文化遗产保护传承情况，积极配合相关部门做好极贫乡文化小康工作，另一方面认真做好桶井乡的脱贫攻坚工作。德江县桶井乡是全省 20 个极贫乡之一，具体的责任单位是省文化厅。

具体到德江县桶井乡的工作来说，我们也从两个方面进行努力。

一方面是严格做好规定动作。自 2016 年 8 月桶井乡被确定为全省 20 个极贫乡（镇）之一以来，我们严格按照省委、省政府的要求迅速行动，立即成立了由省、市、县、乡四级组成的脱贫攻坚指挥部，省委常委、省委宣传部部长任指挥长，省文化厅厅长、铜仁市委书记任副指挥长，省文化厅副厅长任前线工作队队长。指挥部成立后，多次到桶井乡调研。前线工作队更是扎实驻村。指挥部和工作队先后对《德江县桶井极贫乡脱贫攻坚定点包干项目实施方案》进行了反复研究论证。项目涉及交通、水利、农村环境整治、小城镇、社会公共服务、特色产业等6个方面，总投资26.57亿元。指挥部严格按照"基础先行、重在产业、民生优先"的思路，指导桶井乡党委、政府积极推进项目建设。

另一方面是做好自选动作。我们结合宣传文化工作的特色和优长，着力扶贫先扶志、治贫先治愚，脱贫攻坚，文化先行。把正信、扶智、励志贯穿脱贫攻坚全过程，深入开展文化"四个一四个二"工程，即成立一个民间文化协会、制作一首具有桶井特色的脱贫攻坚之歌、建成一座脱贫攻坚纪念馆、拍摄一部脱贫攻坚纪录片，培育20名文化辅导员、成立20支村级文艺表演队、放映200场红色主题电影、开展200场文艺表演活动。让文化在大扶贫战略中，以文化扶贫扶出脱贫的精气神、扶出发展的智慧门、扶出文化的自信心、扶出百姓的致富路。

记者：攻克坚中之坚，以文化扶贫助推大扶贫和大发展，文化系统如何谋划？

徐静：今年以来，省文化厅多次深入贫困地区开展文化扶贫调研，并召开全省文化扶贫工作专题会。在充分调研的基础上，出台了《贵州省文化厅文化扶贫行动计划（2017-2019）》（以下简称《行动计划》），旨在以大文化助推大扶贫战略为行动目标，提升贫困地区群众自主奔小康的能力，增强贫困地区群众自主奔小康的自信，强化贫困地区群众共享基本公共文化服务的保障，拓宽贫困地区群众持续奔小康的产业支持，全面实现文化小康。

该《行动计划》从文化育民、文化励民、文化惠民、文化富民等方面量化了目标并落实了相关责任单位。包括：每年培训"三区"人才1000人，培训传统手工艺传承人1万人以上等育民计划；结合精准扶贫工作实际，创作一批反映精准扶贫工作的艺术精品，重点推出1部反映扶贫工作的舞台艺术作品，扶持2部扶贫内容的舞台艺术剧本创作；每年举行惠民群众文化活动500场以上，打造阳明文化、长征文化、乡村文化、好花红文化、藏羌彝文化、三线文化、屯堡文化等一批彰显区域特色的文化品牌；确保每个贫困县都配备流动文化服务车，完成2000余个村级综合文化服务中心示范工程建设，全面推进贫困地区公共文化设施建设和免费开放工作，确保完成贫困地区人均拥有公共图书馆藏量达到0.5册等具体目标。

下一步，我们不仅要认真贯彻好文化扶贫行动计划，更要严格按照省委、省政府关于深度贫困县、深度贫困乡、深度贫困村脱贫攻坚的总体谋划，出实招、见实效。近期，我们还要在铜仁市举办"2017特色文化产业与扶贫攻坚高峰论坛"，就是要探索文化扶贫的特色新路，全力推进文化扶贫，攻克坚中之坚。

《贵州日报》2017年7月12日

四　新闻报道

本书入选

本报讯　（记者　曹雯）10月12日，全国2016年文化艺术智库项目集体开题研讨会在贵阳举行。"文化艺术智库"是中国特色新型智库体系的重要组成部分，文化部于今年4月启动了首次文化艺术智库项目申报工作，并从全国34个省区市的申报项目评选出4个项目立项。由省文化厅科研团队申报的《文化扶贫的贵州样本研究》位列其中。

作为立项项目之一，《文化扶贫的贵州样本研究》围绕以大文化助推大扶贫战略行动，将全省乃至全国具有一定影响的文化扶贫的行动典型，以及我省文化系统重点帮扶的区域典型，进行归纳凝练，探讨贵州文化扶贫的思路亮点和现实路径，重点剖析以文化育民提升贫困人口的发展能力、文化励民增强区域短板修补的主体动力、以文化惠民强化区域短板修补的兜底功能、以文化富民实现区域短板修补的持续效应方面的做法、成效和经验等。

作为全国扶贫攻坚的主战场，贫困是贵州决战全面小康的最大短板。近年来，我省开展了大量工作，初步探索了以文化育民、文化励民、文化惠民、文化富民为主要内容的行动框架和实践样本。与会专家认为，开展文化扶贫的贵州研究，对贵州决战决胜全面小康社会阶段，充分彰显文化的主体功能和责任担当具有重要价值和意义，对西部欠发达地区乃至国家层面如何做强文化资源长板、助力脱贫攻坚具有重要的现实借鉴意义，对在推动经济社会发展过程中探索文化资源的保护与发展具有重要的现实参考意义。

《文化扶贫的贵州样本研究》目前已进入资料收集阶段，计划于今年完成资料收集梳理及实地调研工作，并于明年初完成初稿撰写工作。

《贵州日报》2016 年 10 月 14 日

2017 特色文化产业与扶贫攻坚（贵州）高峰论坛成功召开

中国经济网铜仁 8 月 14 日讯（记者 成琪 魏金金）2017 年是打赢脱贫攻坚战的关键一年，特色文化产业在遗产保护、文化传承和推动文化产业成为国民经济支柱性产业过程中的作用更加凸显，在扶贫攻坚中发挥着越来越重要的作用。为进一步促进特色文化产业助力扶贫攻坚，在中农办、国务院扶贫办、文化部等有关部门指导下，8 月 14 日，"2017 特色文化产业与扶贫攻坚（贵州）高峰论坛"在贵州铜仁成功举办。

据中国经济网文化产业频道记者了解，今年年初，贵州省文化厅出台了《贵州省文化厅文化扶贫行动计划（2017—2019)》，该"行动计划"以大文化助推大扶贫战略为行动目标，着力推进文化育民、文化励民、文化惠民、文化富民。在开幕上，贵州省副省长何力简单介绍了贵州省内贫困县的发展情况，详细介绍了贵州当地的历史文化积淀与山水文化，他表示，此次论坛的举办也将为今后贵州文化产业发展与脱贫攻坚的工作提供更多的正能量与发展思路。

文化部科技司领导孙若风在会上强调，"十三五"时期是打赢脱贫攻坚战的重要阶段。文化扶贫工作，作为当前文化建设的一项重点工作，不论是在国家社科基金艺术学重大项目招标选题的设置上，还是近几年全国艺术科学规划项目《课题指南》的制定中，文化部都把文化扶贫、精准扶贫列为重点选题和研究方向。在这样的背景下，举办此次论坛对于充分发挥文化在脱贫攻坚，特别是发挥贫困地区转变就地文化资源优势为经济发展优势有着重要的意义。

国务院扶贫办政策法规司副司长夏长勇就目前我国脱贫攻坚的进展与形势作了详细介绍，他表示，党中央把脱贫攻坚摆到治国理政重要位置，当前"四梁八柱"的顶层设计已经基本完成，并建立了脱贫攻坚责任与政策、投入、评估、动员、督查体系等，重点工作稳步推进，包括开展了教育、健康、金融、交通、水利、劳务、危房改造、科技、中央企业等进入贫困地区，可以说，在一定程度上，十八大以来我国脱贫攻坚工作取得了重大进展。但不可忽视的是，当前工作也遇到了一些困难与问题，诸如资金使用、内生动力不足、"硬骨头"、形式主义、扶贫不精准等问题。他表示，作为打赢脱贫攻坚战的关键一年，2017 年不仅要着力有效解决以上问题，更要进一步坚持精准扶贫，推广优秀典型案例，形成示范作用。

中国传媒大学协同创新中心教授、博导齐勇峰围绕文化经济、特色经济与特色文化产业扶贫这一话题，从理论角度为大家带来了更多新的思考。在介绍文化经济的内涵和发展特点后，他认为当前文化与经济和社会生活处于全面融合的"文化生活"发展阶段，国民经济和社会生活基本实现文化化、艺术化、特色化、生态化。他说："在新形势下发展特色文化产业，我们需要紧抓行业机遇，站在高起点去谋划区域特色文化产业经济发展战略规划，以创意、设计推动特色文化产业转型升级，跨区域、跨行业配置优质文化资源。"

从全国范围来看，贵州、云南和甘肃成了西部地区最贫困省份，如何借助时代契机，实现区域经济的快速发展？在华中师范大学教授、博导范建华看来，西部少数民族地区贫困的原因在于中国地理空间和相关历史原因，加之地域差异、发展不平衡等因素，脱贫攻坚现实状况着实堪忧。但与此同时，相对东部地区，西部地区是中国民族文化最聚集的地区，又是世界文化与自然遗产聚集的"遗产走廊"，发展特色文化产业具有先天优势。他表示，西部地区特别是民族地区、边疆地区、革命老区、连片贫困地区贫困程度深、扶贫成本高、脱贫难度大，是脱贫攻坚的短板。而将西部丰富多彩的民族文化资源转换为优势的特色文化产业，正是西部贫困地区实现精准扶贫的有效路径。目前只有发展特色文化产业，才能更好地助力脱贫攻坚，"文化产业发展的关键在于人才，面对如此优质的特色文化资源，西部地区优秀特色传承人不仅是发展特色文化产业的智力支撑，同时也是获得国际国内异文化消费市场的巨大支撑"。

全省深入实施"文军扶贫"脱贫攻坚三年行动动员大会召开
孙志刚、谌贻琴作批示

7 月 27 日，全省深入实施"文军扶贫"脱贫攻坚三年行动动员大会在贵阳召开。省委书记、省人大常委会主任孙志刚，省委副书记、省长谌贻琴作批示。省委常委、省委宣传部部长、省委教育工委书记慕德贵出席并讲话。

　　孙志刚在批示中指出，在习近平新时代中国特色社会主义思想指引下，全省上下牢记嘱托、感恩奋进，脱贫攻坚战正扎实向纵深推进。在这一过程中，全省宣传系统和教育系统大力开展"文军扶贫"行动，做出了重要贡献。今年是我省打赢脱贫攻坚战至关重要的一年，要坚定不移贯彻落实习近平总书记对贵州工作的系列重要指示精神，强化"四个意识"，坚定"四个自信"，尽锐出战、务求精准，向绝对贫困发起总攻。要持续推进"文军扶贫"，紧扣"四场硬仗""五个专项治理""四个聚焦""一场产业革命"等关键战役，加快舆论扶贫、免费广告精准扶贫、文化扶贫、社科扶贫、挂帮扶贫和网络扶贫等协同联动、务求实效，不断激发全省广大干部群众发起总攻夺取全胜的强大动力，为确保按时打赢脱贫攻坚战做出新的贡献。

　　谌贻琴在批示中指出，希望全省宣传和教育系统深入学习贯彻习近平总书记关于脱贫攻坚的重要指示精神，全面落实省委十二届三次全会的部署要求，尽锐出战、务求精准，工作在脱贫攻坚第一线、战斗在决战决胜最前沿，进一步把舆论扶贫、免费广告精准扶贫、文化扶贫、社科扶贫、挂帮扶贫和网络扶贫等往深里推、往实里做，全面提升教育扶贫质量，真正成为发起总攻、夺取全胜的生力军。

　　会议要求，全省"文军"队伍要提高政治站位、增强政治自觉，深入学习领会宣传贯彻习近平新时代中国特色社会主义思想、对毕节试验区重要指示精神和省委全会精神，以有力有效的宣传推动习近平新时代中国特色社会主义思想和省委全会精神深入人心、落地生根。要围绕中心服务大局，开展最强势的正面宣传，激发最高昂的战斗士气，提供最坚实的文化支撑，汇聚最广泛的社会合力，全力营造发起总攻、夺取全胜的浓厚氛围。要聚焦贫困地区贫困家庭，巩固提升基础教育，大力发展职业教育，发掘高等教育潜力，全面推广"校农结合"，坚决打赢教育脱贫这场关键战役。要作表率走前列，咬定目标不放松，坚持精准不失焦，集中力量不分散，多出实招不走样，确保各项工作任务落地生效，为确保按时打赢脱贫攻坚战做出新的更大贡献。

　　会上还签订了《中央广播电视总台中共贵州省委宣传部2018年下半年"国家品牌计划——精准扶贫"项目合作书》。（记者王恬）

　　　　　　　　　　　　　　　　　　《贵州日报》2018年7月28日

图书在版编目（CIP）数据

文化扶贫的贵州样本 / 徐静主编 . --北京：社会
科学文献出版社，2020.10
ISBN 978 - 7 - 5201 - 7095 - 6

Ⅰ.①文… Ⅱ.①徐… Ⅲ.①扶贫 - 研究 - 贵州②地
方文化 - 文化事业 - 发展 - 研究 - 贵州 Ⅳ.①F127.73
②G127.73

中国版本图书馆 CIP 数据核字（2020）第 146435 号

文化扶贫的贵州样本

主　　编／徐　静

出 版 人／谢寿光
组稿编辑／王　绯
责任编辑／孙燕生

出　　版／社会科学文献出版社·政法传媒分社（010）59367156
　　　　　地址：北京市北三环中路甲 29 号院华龙大厦　邮编：100029
　　　　　网址：www. ssap. com. cn
发　　行／市场营销中心（010）59367081　59367083
印　　装／三河市龙林印务有限公司

规　　格／开本：787mm × 1092mm　1/16
　　　　　印张：15.5　字数：258 千字
版　　次／2020 年 10 月第 1 版　2020 年 10 月第 1 次印刷
书　　号／ISBN 978 - 7 - 5201 - 7095 - 6
定　　价／89.00 元